HOLLE VERGANGENE KULTUREN

Herausgegeben von Uwe K. Paschke

Bild 1: Das Felsbildwerk des Darius in Bisotun bei Kermânshâh vom Jahre 520 v. Chr.

Darius und die Perser

Eine Kulturgeschichte der Achämeniden

von

WALTHER HINZ

HOLLE VERLAG · BADEN-BADEN

Meiner Frau

UMSCHLAG: Elamischer Gardist des Darius aus Susa um 500 v. Chr. Heute im Louvre in Paris.

WINKE FÜR DIE AUSSPRACHE

Iranische Eigennamen werden in vereinfachter Umschrift gegeben. Bei den Herrschern wählte ich die uns geläufige, griechisch-lateinische Form, also: Kyrus, Darius, Kambyses, Xerxes, Artaxerxes. Denn der heimische Name etwa des Xerxes, *Chshayarshâ,* wäre für ungeübte Zungen sowieso kaum auszusprechen, und obendrein erschiene uns eine solche Namensform gar zu fremd. Bei sonstigen iranischen Persönlichkeiten habe ich jedoch, auch wenn ihre Namen in griechischen Quellen überliefert sind, im allgemeinen die heimische Form eingesetzt, also etwa Gaubarva statt Gobryas. Sonst könnte nämlich der irrige Eindruck entstehen, Iran sei im Altertum hauptsächlich von Hellenen besiedelt gewesen.
Wer bestrebt ist, die persischen Namen richtig auszusprechen, möge folgendes beachten:
z ist immer weiches s wie in ›Rose‹ oder in französisch *zéro,* also nicht ts! *th* ist stets wie in englisch *thing* auszusprechen, *dh* wie in englisch *the; s* ist ein scharfes, stimmloses ß, *ch* ein rauher Laut wie im Schweizerischen, allenfalls wie in deutsch ›Bach‹; *y* ist deutsches j, *v* etwa deutsches w; *sh* ist wie im Englischen auszusprechen, also nicht ganz so breit wie unser sch; *zh* bezeichnet den Laut *j* in französisch *journal; dj* ist englisch auszusprechen, also etwa = dsch, nur nicht so breit; *â* meint ein langes a wie in ›Ahn‹.

ZUERST VERÖFFENTLICHT 1976
ISBN 3 87355 165 9

PRINTED IN AUSTRIA
OFFSET-REPROS: KLISCHEE BECKER, KARLSRUHE
UMSCHLAG- UND EINBANDGESTALTUNG:
KLAUS PACHNICKE, STUTTGART
GESAMTHERSTELLUNG: WELSERMÜHL, WELS

INHALTSVERZEICHNIS

VORWORT

Das Buch *Darius und die Perser* ist der Versuch einer Kulturgeschichte Irans unter den Achämeniden.
Es wendet sich weniger an die gelehrte Welt als an jene Leser, die für orientalische Kulturgeschichte aufgeschlossen sind. Daher wurde auf alles rein Fachwissenschaftliche verzichtet, also auch – mit wenigen Ausnahmen – auf Anmerkungen mit Belegstellen und auf Blattweiser.
Das Buch birgt den Ertrag von fünfunddreißig Jahren Forschung. Es verwertet – erstmalig – *sämtliche* Quellen, gleichviel, in welchen Sprachen diese abgefaßt sind. Auch habe ich die archäologischen Denkmäler der Achämenidenzeit Irans (550 bis 330 v. Chr.) vor Augen gehabt und die wichtigsten Schauplätze damaligen Geschehens aufgesucht. Da es mir darum ging, meine Darstellung anschaulich zu machen, ist das Buch reich bebildert. Wort und Bild sind als Einheit gedacht.

Zu den Völkern, welche Weltgeschichte machten, gehören mit Vorrang die *Perser.* Was sie unter den Achämeniden getan und geschaffen haben, wirkt, dem tiefer Blickenden erkennbar, noch heute nach. Das sechste vorchristliche Jahrhundert hat Karl Jaspers mit einem von ihm glücklich geprägten Ausdruck die *Achsenzeit* genannt. »In ihr entstand der Mensch, mit dem wir bis heute leben*.« Um die Achse jener Epoche kreiste in Iran das Dreigestirn Zarathustra, Kyrus und Darius. In Indien wirkte der Buddha. China erlebte seinen Lao-tse, seinen Konfuzius. In Israel erstanden die Propheten Jeremia, Ezechiel und der Zweite Jesaja. In dieser Achsenzeit der Weltgeschichte wurde die Erde mit geistigem Licht überflutet wie nie zuvor. Wieviel Licht dabei auf Iran fiel, das will dieses Buch aufzeigen.
Den Titel *Darius und die Perser* habe ich aus zwei Gründen gewählt.
Zum einen hat uns gerade Darius für Geschichte und Kultur Alt-Irans die meisten Quellenzeugnisse hinterlassen. Sie wurden zum Teil erst im letzten Jahrzehnt erschlossen. Durch sie ist der Geschichtsschreiber instandgesetzt, ein Bild vom Iran der Achämeniden zu entwerfen, das nicht mehr zu neun Zehnteln auf fremde, meist griechische – also grundsätzlich gegnerische – Quellen angewiesen ist.
Zum andern scheinen auf geheimnisvolle Weise die Fäden der Weltge-

* *Vom Ursprung und Ziel der Geschichte* (München 1949), Seite 19.

schichte im Altertum über Zarathustra und Kyrus auf Darius zuzulaufen. Darius hat diese Fäden aufgenommen, gesammelt und geordnet. Er gab sie der Nachwelt so weiter, daß alles Spätere seine formende Kraft verrät. Darius hat Iran auf Jahrhunderte hinaus geprägt.

Freilich, unsere Zeit ist den Großen der Geschichte nicht besonders günstig gesinnt; den Untertanen gilt eher ihre Anteilnahme als dem Herrscher. Allein, die Welt braucht beide. Auch darum der Titel: *Darius und die Perser.*

Bei meinem Versuch, Alt-Irans Kulturgeschichte in einem überschaubaren Rahmen darzustellen, bekenne ich mich dankbar als einen Schüler Jacob Burckhardts. Doch während der Basler Kulturhistoriker beim Leser eine ungefähre Kenntnis der äußeren Geschehnisse voraussetzen durfte, mußte ich notgedrungen auch die politischen Ereignisse des Alten Orients einbeziehen, weil sie im Abendland weithin unbekannt sind. So ist in diesem ersten Band das Kulturgeschichtliche durchsetzt von allgemein-geschichtlichen Schilderungen. Jacob Burckhardt würde das Ergebnis vielleicht als Kentauren getadelt haben: als ein Mischwesen aus Kultur, also Bleibendem, und aus Politik, also Einmalig-Vergänglichem. Ich habe aber keine andere Lösung gefunden. Der zweite Band hingegen behandelt, nach einem einführenden Abschnitt über die äußeren Ereignisse von Xerxes bis Alexander, ausschließlich die Kulturgeschichte Alt-Irans.

Hätte ich versuchen wollen, *alle* Tatsachen zu bringen, die wir aus der Zeit der Achämeniden heute kennen, so wäre ein Umfang von gut zweitausend Seiten erforderlich gewesen. Das aber hätte das Maß des Möglichen und Sinnvollen überschritten. Ich mußte mich also beschränken. Aus der Fülle des Stoffes habe ich nur das herausgehoben, was mir bedeutend erschien. Meine Darstellung mag daher subjektiv erscheinen, vor allem da, wo die Sachverhalte selbst noch umstritten sind. Dies gilt leider für fast alles, was sich auf die Geschichte Alt-Irans bezieht. Gleichwohl hoffe ich, wenigstens ein in sich folgerichtiges *Gesamtbild* der Achämenidenzeit entworfen zu haben. Neue Quellenfunde können es jederzeit verändern, berichtigen. Nichts wäre mir willkommener.

Vielen Gelehrten, früheren und jetzigen, auf deren Arbeiten meine eigenen Forschungen fußen, schulde ich Dank. Es gäbe eine lange Aufzählung, und ich sehe hier von ihr ab. Mit einer Ausnahme: meinem Göttinger assyriologischen Kollegen Rykle Borger danke ich ganz besonders. Ohne seinen nie versagenden, fachkundigen Rat wären mir viele Umwege und Irrtümer nicht erspart geblieben.

Göttingen, im Juli 1967 *Walther Hinz*

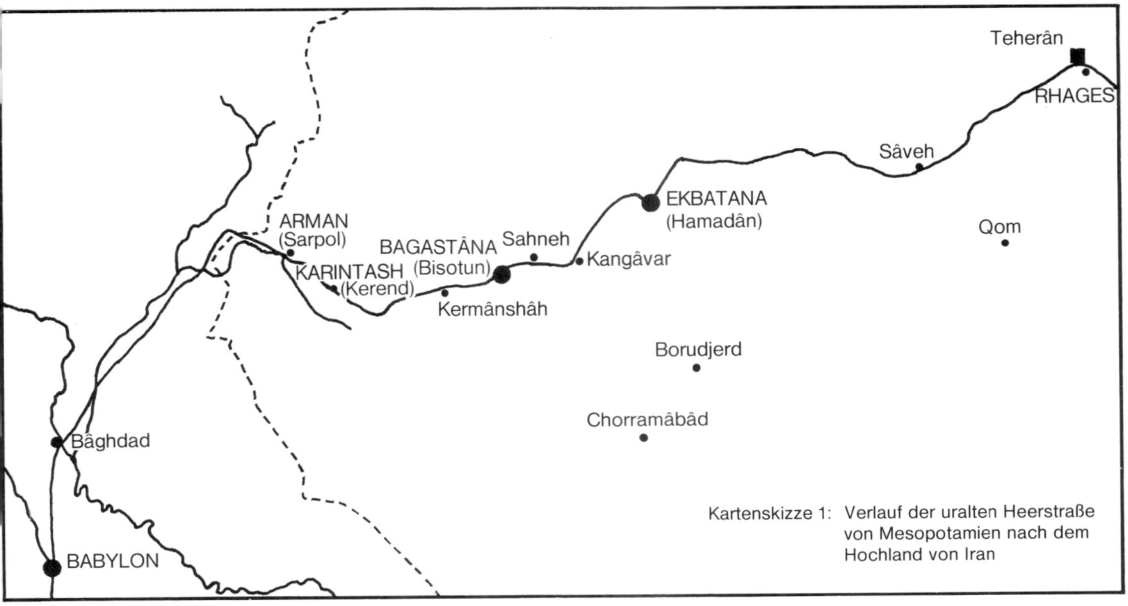

Kartenskizze 1: Verlauf der uralten Heerstraße von Mesopotamien nach dem Hochland von Iran

1 DIE URKUNDE AM TOR VON ASIEN

An der uralten Heerstraße, die aus Mesopotamien, dem Tiefland von Euphrat und Tigris, hinaufführt auf das Hochland von Iran und weiter bis nach Innerasien, erstreckt sich zwischen Sarpol und Hamadân das ›Tor von Asien‹, wie Ernst Herzfeld es genannt hat. Der Reisende begegnet dort zahlreichen Felsdenkmälern. Das großartigste findet er bei dem Dorfe Bisotun unweit Kermânshâh. Hier entspringt am Fuße eines steilaufragenden Berges ein Quellsee. An ihm haben Jahrtausende hindurch Reiterscharen und Karawanen gerastet.

Der Ort war seit alters geheiligt. Entweiht hat ihn erst neuzeitliches Wirtschaftsdenken, das ihn zwischen Getreidesilo und Zuckerfabrik zwängte. Bisotun hieß im Mittelalter *Behistân,* im Altertum *Bagastâna.* Der Name bedeutet ›Götterstätte‹. Hier ließ, hoch oben am Felsen, Darius der Große im Jahre 520 v. Chr. seine Machtergreifung bildhaft darstellen und durch Inschrift verewigen.

Das Darius-Denkmal von Bisotun ist die wichtigste Urkunde nicht nur am Tor von Asien, sondern in ganz Iran. Ohne sie wüßten wir von der Geschichte der Perser des Achämenidenreiches nicht viel mehr, als uns ihre Feinde, die Griechen, überliefert haben. Zugleich ist die Urkunde am Tor von Asien Grundstein aller heutigen Wissenschaft vom alten Vorderasien. Denn Darius hat – zu unserem Heil – seine Inschriften *in drei Sprachen* einmeißeln lassen: auf Elamisch, auf Akkadisch (Babylonisch) und auf Altpersisch. Die persische Keilschrift wurde auf Befehl des Großkönigs eigens für diesen Zweck geschaffen. Weil sie von allen Keilschriften die einfachste war mit nur 42 Zeichen, wurde sie als erste entziffert. Dadurch lieferte die persische Keilschrift den Schlüssel zur Entzifferung auch der akkadischen Keilschrift mit ihren fünfhundert Zeichen und der aus ihr abgeleiteten elamischen Keilschrift, die zur Darius-Zeit aus 131 Zeichen bestand.
Ohne die dreisprachigen Inschriften des Darius gäbe es noch heute keine Wissenschaft der Assyriologie. Ohne Darius besäßen wir so gut wie keine Kunde von Sumerern und Akkadern, von Hethitern und Urartäern, von Assyrern und Elamern. Die Hunderttausende von Keilschrift-Täfelchen, durch Ausgrabungen mühsam dem Boden Vorderasiens abgewonnen, würden unentziffert, ungelesen, unverstanden in den Museen der Welt verstauben. Einzig der Entschluß des Darius, seine Taten der Mit- und Nachwelt in *drei* Sprachen zu verkünden, ermöglichte es dem Scharfsinn der abendländischen Gelehrten des 19. und 20. Jahrhunderts, allmählich sämtliche Keilschriften zu entziffern und so die Sprachen und Kulturen der Völker des alten Vorderasiens zu erschließen.
Von dieser Tatsache geben sich selbst die Leute vom Fach kaum je Rechenschaft. Darius hat nicht nur Geschichte gemacht – er hat sie, nachdem seit seinen Inschriften fast zweieinhalb Jahrtausende verstrichen waren, auch der Wissenschaft erschlossen. Nicht bloß seine eigene, sondern die Geschichte von ganz Vorderasien.
Der erste Abendländer, der von der Urkunde am Tor von Asien berichtet hat, war um 400 v. Chr. Ktesias aus Knidos, ein griechischer Arzt am Hofe des zweiten Artaxerxes. Sein Bericht ist, wie bei Ktesias meist, eine krause Mischung von Wahrem und Falschem. Richtig ist seine Angabe, am ›Bagistan-Berg‹ rage über eine Quelle eine Felswand steil empor. Die Quelle bewässere einen Park; diesen bezeichnet er mit dem aus dem Medischen entlehnten Wort ›Paradies‹. An der Felswand sei eine Fläche geglättet und zeige ein Bildwerk samt Inschriften in assyrischen Zeichen. Ungefähr richtig ist seine Bemerkung, die Stätte sei ein Heiligtum des Zeus: Ktesias hat offenbar den höchsten Griechengott gleichgesetzt mit dem von Zarathustra verkündeten, alleinigen Schöpfergott *Ahura Mazdâh*, dem ›Allweisen

Bild 2: Lagernder Herakles am Fuße des Felsens von Bisotun bei Kermânshâh, im Juni 149 v. Chr. gestiftet von Hyakinthos, Sohn des Pantauchos, »zur Rettung des Kleomenes, des Befehlshabers der oberen Satrapien«. Das Bildwerk fällt also in die Zeit des Partherkönigs Mithridates I., der damals von Medien her gegen die Seleukiden zog. Es erfüllte seinen vom Stifter erhofften Zweck jedoch nicht: der ›schöne Siege verleihende‹ Herakles hielt es mit den Iranern gegen die Hellenen, die damals aus Iran vertrieben wurden.

Bild 3: Zeichnung des Darius-Denkmales in Bisotun von Robert Ker Porter (1818), stark verkleinert.

Herrn‹, dessen Sinnbild Darius oben am Felsen schwebend hat einmeißeln lassen.
Die nächste Nachricht findet sich, ein halbes Jahrtausend nach Ktesias, bei dem römischen Schriftsteller Tacitus. Er berichtet, in der Gegend dort werde besonders Herakles verehrt. Diese bisher wenig beachtete Notiz hat sich im Jahre 1959 überraschend bestätigt. Damals trat nämlich beim Straßenbau unterhalb des Bisotun-Berges ein hellenistisches, aus dem Felsen gehauenes Bildwerk ans Licht. Es zeigt einen lagernden Herakles mit einer Weinschale in der Linken. Seine Keule hat er an die Wand gelehnt. Die hinter dem Halbgott angebrachte Steintafel mit siebenzeiliger griechischer Inschrift nennt als Datum umgerechnet das Jahr 149 v. Chr.[1]
Nach Tacitus hörte das Abendland von Bisotun erst wieder eineinhalb Jahrtausende später. Der erste neuzeitliche Berichterstatter war der Franzose Abel Pinson, Kammerdiener des britischen Abenteurers Anthony Sherley. Sir Anthony war mit seinem Bruder Robert nach Persien gereist, um Schah ʻAbbâs den Großen zu einem Bündnis mit Kaiser Rudolf II. von Habsburg zu bewegen, das sich gegen den gemeinsamen Feind, die Türken, richten sollte. Die bunt zusammengewürfelte Reisegesellschaft übernachtete am 24. November 1598 in dem Karawanserai von Bisotun. »Der Ort ist unter einer sehr steilen Klippe oder Felswand erbaut«, schreibt Abel Pinson. »Man erblickt dort eine Darstellung der *Auffahrt unsres Herrn* mit einigen griechischen Zeichen.«
Der biedere Franzose hatte also das oben schwebende Sinnbild des altirani-

schen Gottes Ahura Mazdâh für eine Wiedergabe der Himmelfahrt Christi gehalten ... Immerhin erscheint sein Irrtum verständlicher als die Mißdeutung, die dem Denkmal bei anderen Gewährsleuten widerfuhr. So fand beispielsweise im Jahre 1807 der Franzose Ange Gardane an der Felswand von Bisotun »ein Kreuz und die zwölf Apostel« ausgemeißelt. Elf Jahre nach ihm, am 21. September 1818, galt dem Engländer Robert Ker Porter das Darius-Denkmal als biblische Szene alttestamentlicher Prägung: nach seiner Meinung standen Vertreter der zehn Stämme Israels vor dem Assyrerkönig Salmanassar; den Skythenkönig Skuncha auf der äußersten Rechten hielt er wegen dessen spitzer Mütze für den Leviten ...
Gleichwohl gebührt Ker Porter das Verdienst, die erste brauchbare Zeichnung des Behistân-Denkmals angefertigt zu haben; sie befindet sich heute in der Eremitage zu Leningrad. Erst sein Landsmann Sir Henry C. Rawlinson hat 1846 nicht nur das Denkmal als Werk des Darius erkannt, sondern auch den wesentlichen Inhalt der Inschriften veröffentlicht. Der Ruhm, als erster Keilschrift entziffert zu haben, fiel indes nicht dem britischen Offizier und Gelehrten zu, sondern einem deutschen Schulmann: Georg Friedrich Grotefend in Göttingen.

Die Entzifferung der Keilschrift

Die Entzifferung der Keilschrift gehört zu den Großtaten der Wissenschaft. Da sie an Darius anknüpft, sei hier näher auf sie eingegangen.
Den Ausdruck Keilschrift hat als erster wahrscheinlich der Forschungsreisende Engelbert Kaempfer aus Lemgo im Lippischen geprägt. Zwar findet sich in seinen deutschen Tagebuchnotizen kein Beleg dafür aus der Zeit seines Aufenthaltes in der Darius-Pfalz Persepolis im Jahre 1685. Erst in seinem 1712 in Lemgo gedruckten Buche, in den *Amoenitates exoticae,* spricht Kaempfer von Zeichen in ›Keilform‹. Inzwischen aber hatte bereits der Oxforder Gelehrte Thomas Hyde in seinem 1700 erschienenen Buche über die Religion der alten Perser ›pyramiden- oder keilförmige Zeichen‹ erwähnt. Im Gegensatz zu Kaempfer hielt Hyde jedoch die Keilzeichen irrig für bloßen Zierat.
Der erste Gewährsmann, der dem Abendland einen ungefähren Begriff von altpersischer Keilschrift vermittelt hat, war der Italiener Pietro della Valle. In einem langen Bericht aus Schiras vom 21. Oktober 1621 erwähnt der Reisende auch Inschriften in merkwürdigen Zeichen. Pietro della Valle hat geistreich erschlossen, daß die Keilzeichen von links nach rechts gelesen werden müssen. »Als Probe«, so schrieb er an seinen Freund Schipano nach

Rom, »habe ich so gut als nur möglich fünf davon abgeschrieben, wie ich sie häufig in der Schrift sah und erkannte; es sind die Zeichen, die ich hier anfüge.«

Es handelt sich bei dieser Zeichnung, wie wir heute wissen, um eine kleine Auswahl aus der persischen Keilschrift, und zwar um die Zeichen *ku, â, y,* um den als Worttrenner dienenden Schrägkeil und um *ch.*
Ausführliche Abschriften lernte das Abendland erst durch zwei Reisende kennen, deren Werke zufällig zu gleicher Zeit und am gleichen Ort erschienen – nämlich 1711 in Amsterdam durch den Franzosen Jean Chardin und den Niederländer Cornelis de Bruin. Die Abschriften des zweiten waren genauer als die Chardins; doch wurde de Bruin seinerseits übertroffen von dem Forschungsreisenden Carsten Niebuhr, einem gebürtigen Holsteiner. Niebuhrs Abschriften, 1778 veröffentlicht, gaben vierundzwanzig Jahre später die Grundlage ab zu einem ersten geglückten Entzifferungsversuch. Auch bewies Niebuhr, was Pietro della Valle nur erschlossen hatte, nämlich daß die Keilschrift von links nach rechts zu lesen ist, und er erkannte, daß von den drei Arten von Inschriften, die ihm in Persepolis auffielen, die ›Gruppe I‹ mit nur 42 Zeichen auskommt. Diese einfachste Keilschrift ist, wie sich später herausstellte, die persische mit 36 Zeichen für Buchstaben bzw. Silben, mit einem Worttrenner und mit fünf Wortzeichen oder Logogrammen.
Nach Niebuhr (1778) und vor Grotefend (1802) machten sich nur zwei Forscher an die Keilschriften: Oluf Gerhard Tychsen an der Universität Rostock und Frederik Münter von der Akademie in Kopenhagen. O. G. Tychsen erkannte in dem Schrägkeil der Schrift der Gruppe I einen Worttrenner. Darüber hinaus gelangte F. Münter zur selben Zeit (1798) zu der wichtigen Einsicht, daß eine bestimmte, häufig wiederkehrende Folge von sieben Zeichen »für den Schlüssel zum ganzen Alphabet gehalten werden kann«. Allein, diesen Schlüssel fanden weder Oluf Tychsen, der die besagte Zeichengruppe für den Namen des Partherkönigs Arsakes hielt, noch Frederik Münter, der hinter den sieben Zeichen eine religiöse Formel vermutete, sondern *Georg Friedrich Grotefend,* Sohn eines Schuhmachers aus Hannoversch-Münden, damals 27 Jahre alter Hilfslehrer am Göttinger Gymnasium.
Das Schlüsselwort, die erwähnte Gruppe von sieben Keilzeichen, war das altpersische Wort für ›König‹. Mit Recht konnte Grotefend später schrei-

Bild 4: Georg Friedrich Grotefend.

ben: »Hr. Tychsen hat ... die Bemerkung gemacht, daß in manchen Inschriften die so oft vorkommende Zeichenreihe durch ein einzelnes Monogramm ersetzt wird, und würde vielleicht vor mir die ganze Schrift völlig

Bild 5: Das Haus Gotmarstraße 8 in Göttingen (vor dem im Jahre 1932 erfolgten Abriß), in welchem 1802 zum ersten Male Keilschrift entziffert worden ist.

entziffert haben, wenn er mit mir dieses Monogramm nicht für den *Namen,* sondern für den *Titel* des Königs gehalten hätte.«

Grotefends Geniestreich war durch eine Art Wette ausgelöst worden. An einem Julitag des Jahres 1802 machte er in Göttingen – vermutlich im Hainberg – einen Spaziergang zusammen mit seinem Freunde Wilhelm Fiorillo, dem Sekretär der Königlichen Bibliothek. Die beiden gerieten in einen Wortstreit darüber, ob es möglich sei, eine Inschrift zu entziffern, von der weder Schrift noch Sprache noch Inhalt bekannt sind. Grotefend, der sich gerne mit Rätseln, Rebus und Geheimschriften abgab – im übrigen war er ein tüchtiger Griechisch- und Lateinlehrer ohne orientalistische Kenntnisse –, behauptete, solches sei möglich. Da erwiderte Fiorillo: »Das kannst du mir am besten dadurch beweisen, daß du zum Beispiel eine der Keilschriften entzifferst!« Grotefend berichtet dazu: »Diese Herausforderung nahm ich an, wofern er willens sei, mir alle dazu erforderlichen Unterlagen zu beschaffen.« Fiorillo willigte freudig ein. »Nachdem dies geschehen war, ging ich mit Hilfe meines Freundes jene Schriftart an, die schon Oluf G. Tychsen zu entschlüsseln versucht hatte, da sie offenbar die leichteste von allen ist.« Diese war wie erwähnt die persische Keilschrift.

Göttingische gelehrte Anzeigen

unter der Aufsicht

der königl. Gesellschaft der Wissenschaften.

149. Stück.

Den 18. September 1802.

Göttingen. Tychsen.

In eben der Versammlung der königl. Societät der Wissenschaften ward ein Aufsatz des Hrn. Georg Friedrich Grotefend, Collaborators an hiesiger Schule, vorgelegt, mit der Aufschrift: Praevia de cuneatis, quas vocant, inscriptionibus Persepolitanis legendis et explicandis relatio, dessen Inhalt um so überraschender ist, da der Verfasser kein Orientalist ist, und ganz zufällig auf die Entziferung dieser bisher räthselhaften Schrift geführt wurde. Ein freundschaftlicher Streit gab die Veranlassung, daß der Verfasser, der schon seit lange sich eine Fertigkeit im Dechifriren erworben hatte, sich anheischig machte, eine der Persepolitanischen Inschriften zu entziferu. Der Versuch gelang über die Erwartung, und in wenigen Wochen sah er sich im Stande, den größten Theil der Inschriften zu erklären, und hier von seinem Verfahren und seinen Resultaten eine vorläufige Nachricht mitzutheilen. Der Verfasser handelt zuerst von der Keilschrift überhaupt, und stellt dabey folgende Grundsätze auf: 1) die

D (7)

Bild 6: Die erste Veröffentlichung der Keilschrift-Entzifferung durch Georg Friedrich Grotefend.

Grotefend wohnte damals im Hause Nr. 518 von Göttingen, das dem Universitäts-Procurator G. A. Oppermann gehörte, heute Gotmarstraße Nr. 8. »Das Glück war mir hold«, fährt er fort, »und so konnte ich bereits nach wenigen Wochen, unter Aufbietung aller Entzifferungskunst, den größten Teil der Inschriften übersetzen.«

Mit dieser Schilderung beginnt die lateinische Abhandlung, die Grotefend am 1. September 1802 der Göttinger Akademie der Wissenschaften einreichte. Sein Vermittler war dabei der Theologe und Orientalist Thomas Christian Tychsen, ein Namensvetter des Rostocker Gelehrten; er wohnte

nur wenige Häuser neben Grotefend (heute Gotmarstraße Nr. 3). Bereits am 4. September trug Thomas Tychsen die Abhandlung der Akademie vor; zwei Wochen später veröffentlichte er einen deutschen Auszug daraus in den ›Göttingischen gelehrten Anzeigen‹. Grotefends *Vorläufiger Bericht über Entzifferung und Deutung der sogenannten Keilinschriften aus Persepolis* machte Epoche. Seine Ergebnisse bildeten die Grundlage für die Entzifferungsbemühungen einer ganzen Forschergeneration.
Zwar hat die Göttinger Akademie Grotefends Abhandlung erst 1893 gedruckt[2], doch hatte die gelehrte Welt die wesentlichen Tatsachen schon aus Thomas Tychsens Kurzbericht und später – im Jahre 1805 – durch Grotefends Beitrag zu einem Geschichtswerk von A. H. L. Heeren erfahren. Ausgegangen war Grotefend bei seiner Entzifferung vornehmlich von der in Bild 7 wiedergegebenen Keilschrift-Zeichnung von Carsten Niebuhr.

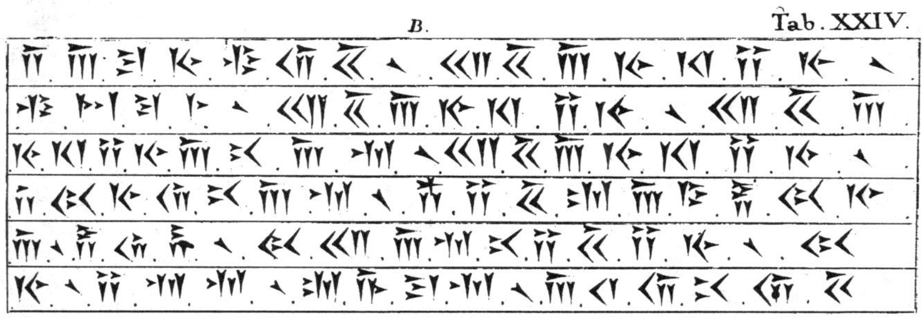

Bild 7: Eine altpersische Darius-Inschrift aus Persepolis. Zeichnung von Carsten Niebuhr (1778).

Die schon erwähnte Gruppe von sieben Zeichen, in der Grotefend scharfsinnig das Wort für ›König‹ erraten hat, findet sich in dieser Inschrift gleich in der ersten Zeile, in der zweiten Hälfte: unter dem *B* steht ein Schrägkeil als Worttrenner, und an ihn schließen sich die sieben Zeichen an, wieder mit einem Worttrenner endend. In der zweiten Zeile folgen zunächst vier andere Zeichen (es ist das altpersische Wort für ›groß‹), ein Worttrenner und erneut unser Wort, auf welches dasselbe Wort abermals folgt, doch diesmal

Bild 8: Sir Henry Creswicke Rawlinson, der 1836–47 die Inschriften des Darius-Denkmales von Bisotun abschrieb und Abklatsche von ihnen anfertigte. Aufnahme nach einem Gemälde, veröffentlicht mit freundlicher Genehmigung der Royal Asiatic Society in London.

(in Zeile 3) um vier Zeichen länger. In dieser Doppelwendung erkannte Grotefend den Ausdruck ›König der Könige‹. Tatsächlich hat er den ungefähren Sinn der ganzen Inschrift erraten, ehe er auch nur ein Zeichen lesen konnte.

Da die Inschrift in Persepolis über dem Flachbild eines Herrschers steht, hielt Grotefend sie mit Recht für eine Königsbeischrift. Aus mittelpersischen Königsinschriften, die kurz zuvor Silvestre de Sacy in Paris veröffentlicht hatte, bot sich ihm ein Rahmen für die Abfassung einer solchen Urkunde mit Herrscherprotokoll. So fand Grotefend für unsere Inschrift folgende Übersetzung: »Darius, der mächtige König, König der Könige, König der . . ., des Hystaspes Sohn.« Statt ›mächtig‹ muß es besser ›groß‹ heißen, und für die Pünktchen wäre ›Länder‹ einzusetzen – sonst ist die Übersetzung vollkommen richtig getroffen!

Gleichwohl gelang es dem Entzifferer im Jahre 1802 nur, zehn Keilzeichen genau zu bestimmen.

Ausgegangen war er dabei von der Annahme, das erste Wort in der Zeichnung von Bild 7 (erste Zeile, oben links) enthalte den Namen Darius, was zutrifft. Da die persische Lautung des Namens, nämlich *Dârayavahush* = ›der das Gute bewahrt‹, damals noch nicht bekannt war, stellte Grotefend allerlei Kombinationen an. Schließlich verfiel er auf eine Namensform *Dârheûsch,* wodurch er immerhin die Zeichen *d, â, r, u* und *sch* herausfand, also fünf von sieben Zeichen richtig bestimmte, was sehr beachtlich ist. Er konnte ja noch nicht wissen, daß in der persischen Keilschrift *h* vor *u* merkwürdigerweise nicht geschrieben wurde, und vor allem: er erkannte nicht, daß die meisten Zeichen dieser Schrift nicht nur als Buchstaben, sondern auch als Silben zu lesen sind.

Allein, den Grundstein der Entzifferung hat Grotefend gelegt, und darin besteht sein bleibendes Verdienst. Im Jahre 1838 waren durch sechs weitere Forscher 31 der insgesamt 37 Buchstaben bzw. Silben der altpersischen Keilschrift ermittelt. Die Vollendung der Entzifferung blieb Sir Henry C. Rawlinson (1810–1895) vorbehalten. Seine außergewöhnliche Leistung bestand darin, die großen Inschriften am Felsen von Bisotun unter Lebensgefahr abgeschrieben, abgeklatscht und im wesentlichen zutreffend übersetzt zu haben. Dabei hat Rawlinson, fern von den Hilfsmitteln der europäischen Forschung, fast die ganze Entzifferungsarbeit bewältigen müssen – »eine Leistung«, so hob der Leipziger Orientalist Heinrich Leberecht Fleischer 1849 hervor, »die kein Keilschriftforscher vor ihm aufweisen kann«. Leider dürfe er »infolge der Mißgunst der Umstände mit Ausnahme von fünf Fällen auf die Priorität der Entdeckung oder Bekanntmachung keinen Anspruch erheben«.

Seither haben sich zahlreiche weitere Gelehrte mit der endgültigen Erschließung der Darius-Inschrift von Bisotun abgemüht. Noch sind freilich gar manche Einzelfragen strittig, und es fehlen überhaupt brauchbare Aufnahmen aller Inschriften. Der Geschichtsforscher aber darf sich auf Grund des bisher Erreichten getrost ans Werk machen.

Die Entstehung des Denkmales von Bisotun

Erst in den letzten Jahren ist deutlich geworden, *wie* das Bildwerk und die Inschriften von Bisotun eigentlich entstanden sind.
Der Gedanke, seine Taten nach der Machtergreifung am 29. September 522 an der Felswand von Bagastâna zu verewigen, muß Darius unmittelbar nach der Niederwerfung des letzten, neunten Rebellen im Dezember des Jahres 521 gekommen sein. Zunächst plante er lediglich ein Bildwerk mit Beischrift. Vorbild war dabei offensichtlich das hochgelegene Felsbild eines sonst unbekannten Lullu-Königs Anubanini aus der Zeit um 2000 v. Chr. Es befindet sich beim heutigen Sarpol, dem alten Arman[3], also ebenfalls am ›Tor von Asien‹, doch an dessen westlichem Ende, an der Paßstraße, die vom Zweistromland auf das Hochland hinaufführt.
Das Flachbild des Anubanini (Tafel 1) schildert den Sieg des Königs über seine Feinde – es sind ihrer neun, was vielleicht neun Siege versinnbildlichen soll. Dem gefährlichsten Gegner setzt Anubanini den Fuß auf den Leib. Die übrigen Gefangenen – sie sind alle nackt – werden dem Lullu-König von der Göttin Ishtar (Astarte) zugeführt, der vorderste an einem Strick. Ishtar trägt ein sumerisches Zottengewand und eine Hörnerkrone, die sie als Göttin ausweist. Ihr Sinnbild ist der achtstrahlige Stern (in der Aufnahme leider im Schatten liegend). Sie überreicht dem König den Reif der Herrschaft. Der Anführer der Gefangenen der unteren Reihe trägt anscheinend eine geriefte Filzkappe, wie sie eineinhalb Jahrtausende später den persischen Garden eigen war. Rechts unten im Bildwerk steht eine akkadische Inschrift: »Anubanini, der mächtige König, König der Lullu – sein Bild und das Bild der Göttin Ishtar hat er hier auf dem Berge Batir anbringen lassen.« Daran schließt sich ein Fluch gegen allfallsige Zerstörer von Bild und Beischrift.
Den Grundzügen dieses Bildwerkes begegnen wir auch im Denkmal des Darius in Bisotun, allerdings mehrfach abgewandelt.
An die Stelle der akkadischen Göttin ist die Erscheinung des von Zarathustra geoffenbarten Gottes Ahura Mazdâh getreten. Er schwebt sinnbildlich über der Szene und überreicht Darius – wie die Ishtar dem Anubanini – den

den Reif der Herrschaft. Auch er trägt eine Götterkrone mit Hörnern, darüber eine Scheibe mit achtstrahligem Stern. Wie Anubanini hält Darius in der Linken seinen Bogen; doch anders als sein Vorbild hebt er die Rechte anbetend zur Gottheit empor. Auch Darius setzt den Fuß auf seinen Hauptgegner: es ist der Magier Gaumâta, der flehend die Arme emporstreckt. In langer Reihe stehen vor dem Großkönig, gefesselt und mit einem Strick am Hals zusammengekettet, weitere acht Aufrührer; doch nicht entblößt wie im Vorbild von Sarpol – die Kunst Altpersiens hat nie Nacktes abgebildet. Hinter Darius stehen sein Bogenträger Vindafarnâh und sein Lanzenträger Gaubarva. Leo Trümpelmanns Zeichnung (Bild 9) gibt diese Erstfassung des Denkmales wieder.

Bild 9: Der erste Entwurf des Darius-Denkmales von Bisotun.

Der Entwurf entstand in den frühen Monaten des Jahres 520 und wurde am Felsen in Angriff genommen, sobald die Witterung es erlaubte. Auch die Beischrift über dem Herrscher wurde damals eingemeißelt, zehn Zeilen *elamischen* Textes. Denn zu dieser Zeit besaßen die Iraner noch keine eigene Schrift. Da Persien ursprünglich elamisches Gebiet gewesen war, bedienten sich die Perser als Eroberer notgedrungen heimischer, also elamischer Schreiber. Darius diktierte ihnen den Wortlaut seiner Beischrift auf persisch, und die Sekretäre übersetzten ihn ins Elamische. Sie entwarfen eine Vorlage auf Pergament, und Steinmetzen übertrugen die elamischen

Bild 10: Skizze des Darius-Denkmales am Felsen von Bagastâna, zweite Phase (520 v. Chr.). Sie zeigt das Relief samt elamischen Beischriften sowie die rechts hinzugefügte erste elamische Fassung der großen Inschrift des Darius.

Keilzeichen auf die Felswand. Was aber hatte Darius ihnen diktiert?
»Ich bin Darius der König, des Hystaspes Sohn, ein Achämenide, König der Könige. Ich bin gegenwärtig König in Persien.«
»Kündet Darius der König: Mein Vater ist Hystaspes; des Hystaspes Vater ist Arsames; des Arsames Vater war Ariaramnes; des Ariaramnes Vater war Teispes, und des Teispes Vater war Achämenes.«
»Kündet Darius der König: Deswegen nennen wir unser Geschlecht das achämenidische. Seit alters sind wir adlig, seit alters ist unser Geschlecht königlich.«
»Kündet Darius der König: Acht Könige unseres Geschlechtes haben vordem die Königsherrschaft ergriffen. Ich übe als neunter die Königsherrschaft aus. In zwei Linien sind wir Könige.«
In der Beischrift zu seinem Bildwerk über seinem Haupt wollte Darius also nur sein Herrscher*recht* begründen. Im ersten der vier Absätze nennt er sich selbst, und das ziemlich unbeholfen: er vergaß dabei seinen Haupttitel ›Großkönig‹, und erst hinterher fügte er schnell noch den Titel ›König der Könige‹ ein. Mit Nachdruck betont er in dieser frühesten Bekundung, die wir von Darius besitzen: »Ich bin gegenwärtig König in Persien.« Man vermeint noch heute zu verspüren, daß er diesen Satz mit einem stolzen Aufatmen diktierte. Es hatte furchtbare Kämpfe gegeben. Sogar Persien selbst war zeitweilig von ihm abgefallen – aber jetzt waren die Gegner besiegt. Mit tiefer Genugtuung stellt Darius fest: »Ich bin gegenwärtig König in Persien.« Nicht das Weltreich, sondern Persien war ihm die Hauptsache.
Im zweiten Absatz führt Darius seinen Stammbaum auf den Begründer der Achämeniden-Dynastie zurück, auf Achämenes, wie die Griechen ihn nannten; persisch hieß er *Hachâmanish.* Im dritten Absatz betont der Großkönig seine adlige Abkunft, das Königtum seiner Vorfahren, und im vierten erläutert er deren Herrschaft in zwei Linien. Er sagt aber nicht, daß seine Linie die jüngere war, und er nennt mit Namen keinen der Achämeniden der älteren Linie, nicht einmal den großen Kyrus . . .
Während seine Bildhauer und Steinmetzen emsig die erste Fassung des Denkmales gemäß Bild 9 verwirklichten, kam Darius ein neuer Gedanke. Die Betrachter des Bildwerkes würden bald nicht mehr wissen, wer die dargestellten Besiegten waren. Daher sollten diese ebenfalls eine (elamische) Beischrift erhalten. Doch auch das war nicht genug: er würde den ganzen Tatenbericht seines ersten Jahres nach der Machtergreifung diktieren und auf Elamisch rechts neben das Bildwerk in den Felsen meißeln lassen. Dem Entschluß folgte, wie bei Darius meist, sogleich die Ausführung, und es entstand als zweite Phase des Denkmales von Bisotun das, was Heinz Luschey in Bild 10 skizziert hat.

Auf den Inhalt des Rechenschaftsberichtes komme ich später ausführlich zu sprechen; hier geht es zunächst lediglich um die Entstehungsgeschichte der Bisotun-Inschriften. Als Einführung zu seinem Tatenbericht übernahm Darius den Wortlaut der Beischrift über seinem Bildnis am Felsen. Nun aber meldeten sich die elamischen Sekretäre seiner Kanzlei zu Wort und erwirkten für den Beginn des großen Berichtes ein formvollendetes Königsprotokoll. Demgemäß lautet in der elamischen Inschrift rechts vom Bildwerk der erste Absatz jetzt so: »Ich bin Darius der Großkönig, König der Könige, König in Persien, König der Länder, des Hystaspes Sohn, des Arsames Enkel, ein Achämenide.« Von der so persönlichen, hochgemuten Bekundung: »Ich bin gegenwärtig König in Persien«, blieb nur ein kahles »König in Persien« übrig. Korrekter Kanzleistil hatte über einen gefühlsbetonten Satz des Herrschers gesiegt.
Den Winter 520/519 verbrachte Darius – und das wurde später zur Regel – im milden Elam. Damals, in Susa, beauftragte er die babylonischen Sekretäre der Hofkanzlei, für das Denkmal von Bagastâna nun auch eine akkadische Fassung anzufertigen. Dies geschah. Doch nahmen sich die Schreiber bei ihrer Übersetzung aus dem Elamischen die Freiheit, den einzelnen Schlachtberichten die Zahlen der toten und gefangenen Feinde anzufügen. Dies waren sie gemäß alter Sitte bei ihrer babylonischen Chronikführung gewohnt, und Darius ließ sie gewähren. Auch die später angefertigte aramäische Fassung, die man in Ägypten fand, hat diese Verlustziffern der Feinde.
Doch wo die babylonische Fassung am Felsen anbringen? Der Raum rechts vom Bildwerk war von den vier großen Spalten der elamischen Inschrift verbraucht; links aber ragte ein ungefüger Block aus der Bergwand heraus. Das kümmerte den Großkönig nicht: er befahl, die babylonische Übersetzung seines Tatenberichtes auf ebendiesen Felsvorsprung zu meißeln. Da die elamischen Beischriften für die besiegten Rebellen *über* deren Köpfen angebracht worden waren, wurden die babylonischen Beischriften kurzerhand *unter* den Gestalten in den Felsen gehauen. Dies war die dritte Phase des Denkmales von Bisotun.

Die neue Schrift des Darius

Während auch dieser Befehl in der Ausführung begriffen war, verfiel Darius auf einen ganz neuen Gedanken.
Seit ihrem Einmarsch nach Südiran um das Jahr 700 v. Chr. hatten alle Achämeniden auf elamische Sekretäre zurückgreifen müssen. Ihre Königssiegel trugen elamische Aufschriften (Bild 16). Elamische Schreiber be-

sorgten auf Tontäfelchen auf Elamisch die Buchführung der Perserherrscher. Nachdem Kyrus der Große im Jahre 539 Babylon erobert hatte, traten zu den elamischen Sekretären seiner Kanzlei nun auch babylonische und aramäische. Die Perser regierten jetzt ein Weltreich vom Mittelmeer bis nach Mittelasien – doch eine eigene Schrift besaßen sie nicht. Weder die Perser noch ihre Vorgänger und früheren Oberherren, die Meder, noch irgendeiner der iranischen Stämme im Norden und Osten.

Dieser Sachverhalt verletzte den Stolz des Weltreichherrschers Darius. Ausgerechnet die Iraner sollten keine eigene Schrift besitzen? Dem mußte schleunigst abgeholfen werden. Ende des Jahres 520 oder Anfang 519 erging daher des Großkönigs gemessener Befehl an die elamischen und aramäischen Sekretäre der Hofkanzlei, unverzüglich eine iranische Schrift zu erfinden. Sein Tatenbericht am Felsen von Bagastâna solle aus dem Elamischen ins Persische rückübersetzt, ihm zur Billigung vorgelesen und dann in der neuen iranischen *(arischen)* Schrift eingemeißelt werden.

Die bestürzten Sekretäre wandten ein, dafür sei doch kein Platz mehr an der Felswand: rechts vom Bildwerk habe die elamische Fassung allen Raum beansprucht, links sitze die babylonische sowieso schon ganz unglücklich auf dem Felsvorsprung – wohin also mit der persischen Fassung? Darius verfügte: man solle sie einfach *unter* das Bildwerk setzen.

Man mag sich ausmalen, welche Aufregung dieser verblüffende, gänzlich unerwartete Befehl des Großkönigs auslöste. In der Hofkanzlei machten sich Elamer und Aramäer in größter Eile daran, eine persische Keilschrift zu erfinden. Die Sekretäre nahmen die Bestandteile aller Keilschriften, nämlich senkrechte Keile, waagrechte Keile und Winkelhaken, und verquickten sie mit der Eigenart der aramäischen Buchstabenschrift, also des heutigen hebräischen Alphabetes. So entstanden binnen kurzer Frist jene künstlich ersonnenen 37 Zeichen der persischen Keilschrift, die teils – wie im Elamischen – als Silben zu lesen sind, teils – wie im Aramäischen – als Buchstaben. Es war keine sehr glückliche Lösung. Denn die neue Schrift vermengte zwei verschiedene Schreibweisen und übernahm dadurch, außer einigen Vorzügen, auch alle deren Mängel.

Ein nicht geringeres Durcheinander als in der Darius-Kanzlei entstand am Felsen von Bisotun.

Bisher hatten die Werkmeister auf einem Gerüst gearbeitet, das auf einem breiten Felsvorsprung zu Füßen des Bildwerkes bequem Platz gefunden hatte. Jetzt sollte aber gerade an dieser Stelle der Fels auf vier Meter hinab abgesprengt und geglättet werden, um die persische Fassung der Inschrift darauf anzubringen. Technisch war dies zwar kein Problem: die Meister jener Zeit verstanden sich darauf, so geschickt Löcher in den Fels zu bohren, daß, nachdem sie diese mit Holz verstopft und dann Wasser in sie eingeträufelt hatten, die Quellkraft des Holzes das Gestein flächenglatt absprengte. Für die Absprengung aber mußte das Gerüst abgerissen und danach in doppelter Höhe erneut errichtet werden.

Glücklicherweise waren damals, im Frühjahr 519, wenigstens die Flachbilder beendet. Jetzt galt es, noch mit dem alten Gerüst vor allem die neuen persischen *Beischriften* zu den Rebellen-Gestalten einzumeißeln. Waren schon die elamischen Beischriften oberhalb der Köpfe der ›Lügenkönige‹ nicht eingeplant gewesen, so war für die persischen Beischriften an mehreren Stellen einfach kein Raum mehr am Felsen. Denn aus Prestigegründen mußten natürlich die persischen *über* den elamischen stehen. In ihrer Not brachten die Steinmetzen die persischen Beischriften an allen nur erdenklichen Stellen an, etwa zwischen den ›Beinen‹ des Gottessymboles. Für den medischen Rebellenkönig Fravartish aber, genau unter dem Ahura-Mazdâh-Sinnbild, war auch dieser Ausweg verbaut, und so blieb nichts übrig, als dem Meder seine Beischrift *auf den Rock* und rechts daneben zu setzen (Bild 36).

Inzwischen hatten elamische Sekretäre den Wortlaut der Inschrift rechts vom Bildwerk aus dem Elamischen ins Persische rückübersetzt. Als sie dem Herrscher dann in der neuen Schrift vorgelesen wurde, merkte Darius, daß er vor Jahresfrist manches diktiert hatte, was ihm nun nicht mehr so recht behagte.

Die Schwierigkeit war indes, daß er grundsätzlich nichts verändern *durfte.* Lesen wir doch im Buche Esther (8, 8): »Denn eine Schrift, im Namen des Großkönigs verfaßt und gesiegelt, kann nicht zurückgenommen werden.« Höchstens solche Veränderungen kamen in Frage, die nicht weiter auffielen. So gliederte Darius seinen Tatenbericht jetzt besser durch, indem er die Zahl der Abschnitte – sie beginnen jeweils mit der stehenden Wendung *Kündet Darius der König:* – von 54 auf 69 erhöhte. Vor allem aber scheute er sich nicht, da und dort etwas *wegzulassen.* Dafür einige Belege.

In Abschnitt 25 sagt Darius von seinem Feldherrn Vidrna, dieser habe nach dem Sieg über aufständische Meder am 12. Januar 521 nichts weiter unternommen, sondern das Eintreffen des Großkönigs abgewartet. Das ursprüngliche Diktat: »Danach tat mein Heerbann nichts, sondern wartete auf mich ...« wurde nun abgeändert in: »Danach wartete dieser mein Heerbann auf mich.« Zuzugeben, ein Heerbann des Darius *tue* gelegentlich *nichts,* würde ein schlechtes Licht auf die Perser werfen – und auf ihren König.

Schwerer wiegt ein anderes Beispiel. In Abschnitt 41 heißt es in der elamischen und babylonischen Fassung, nur wenige Einheiten der *persischen*

Garden seien damals, im Jahre 522, nicht von Darius abgefallen. Diese schmachvolle Tatsache sollte wenigstens den iranischen Hörern seines Rechenschaftsberichtes vorenthalten bleiben. Darum wurde der ganze Satz in der persischen Fassung kurzerhand und ersatzlos gestrichen.
Es hatte Darius genug gewurmt, daß ein Großteil gerade der persischen Garden anfänglich nicht zu ihm gehalten hatte. Sie sollten nicht daran erinnert werden, und er selbst wollte auch nicht mehr daran erinnert sein. Schlimm genug, daß die Fremdvölker es erfuhren. Das ließ sich nicht mehr ändern. Denn schon waren elamische, babylonische, aramäische Abschriften gefertigt, ausgesandt und durch Herolde allerorts bekanntgemacht worden. Ihr Wortlaut wurde auch nachträglich nicht mehr ›verbessert‹.
Beim heutigen Assuan in Ägypten, im antiken Yeb oder Elephantine hat eine von den Persern unterhaltene jüdische Garnison noch hundert Jahre danach die aramäische Fassung (von 521) abgeschrieben, weil der Originalpapyrus brüchig geworden war. Teile dieser Abschrift haben sich erhalten; in ihr findet sich unverändert der Satz von den treulosen persischen Garden ...
Außer den erwähnten ›Verbesserungen‹, die Darius an seinem ursprünglichen Diktat anbrachte, enthält die persische Fassung einen zusätzlichen Abschnitt 70, der sich auf die Schaffung der neuen Keilschrift bezieht. Er steht ganz am unteren Ende der vierten Spalte der persischen Inschrift unter dem Bildwerk. Eine elamische Fassung mußte aus Platzmangel oben links an der Bildwand eingemeißelt werden, noch über der elamischen Beischrift zu Häupten des Großkönigs. Eine babylonische Fassung entfiel ganz: für sie war wirklich kein Platz mehr am Felsen.
In der Geschichte der Forschung bildet dieser hinzugefügte Abschnitt 70 ein eigenes kleines Kapitel. Lange heftig umstritten, ist sein Inhalt heute einwandfrei ermittelt[4]. In diesem berühmten Abschnitt 70 schildert Darius die Einführung der persischen Keilschrift in folgenden Worten:
»Nach dem Willen des Allweisen Herrn [Ahura Mazdâhs] ist dies meine Schrift, die ich geschaffen habe. Übrigens war sie auf iranisch (arisch), und sie ist auch auf Tontafeln und auf Pergament angebracht worden. Auch meinen Namen mit Titulatur habe ich in ihr angebracht. Man schrieb mit ihr und las sie mir vor. Dann habe ich diese Schrift in alle Reichslande gesandt. Die Leute erlernten sie.«
Bei der elamischen Fassung, die sich ja nicht an Iraner, sondern eben an Elamer wandte und in deren Keilschrift eingemeißelt ist, änderte Darius den Anfang sinnentsprechend ab: »Durch die Fürsorge Ahura Mazdâhs habe ich eine andersartige Schrift geschaffen, auf iranisch, *was es vorher nicht gab.*« Darum konnte später Themistokles, der griechische Sieger in

Bild 11: Goldene Schale (11,5 cm hoch, 20,5 cm breit), heute im Altertumsmuseum in Teheran, mit der Aufschrift ›Xerxes der Großkönig‹ – links altpersisch, in der Mitte elamisch, rechts babylonisch.

der Seeschlacht von Salamis, in einem Brief die Schrift erwähnen, »die Darius, der Vater des Xerxes, unlängst den Persern gestiftet hat[5].« Gleichwohl vermochte die neue persische Keilschrift ihre alteingesessenen Vorgängerinnen nicht zu verdrängen. Sie nahm viel mehr Raum in Anspruch als die elamische Schrift, und erst recht als die babylonische und die aramäische. Beispielsweise benötigte das so häufige Wort ›König‹ in der persischen Keilschrift, wie wir sahen, sieben Zeichen, nämlich die ganze rechte Hälfte von Zeile 1 in der Inschrift von Bild 7. Daher führte die Hofkanzlei dafür bald ein persisches Wortzeichen ein, jenes ›Monogramm‹, das G. F. Grotefend als erster erkannte. Hinzu kamen dann später noch Wortzeichen für ›Land‹, ›Erde‹, ›Ahura Mazdâh‹ und – unter Xerxes, ganz vereinzelt – für ›Gott‹.

Allein, es war verlorene Liebesmüh. Im Schriftverkehr des Weltreiches setzte sich das Aramäische immer mehr durch. Unter Artaxerxes I., im Jahre 457 v. Chr., trat es sogar das Erbe der bisher in der persischen Finanzverwaltung führenden elamischen Sprache an. Zugleich rückten Pergament und Papyrus als Schreibmaterial an die Stelle des zwar weniger handlichen, dafür aber so viel haltbareren Tones.

Die persische Keilschrift behauptete sich selbst unter Darius im wesentlichen nur in monumentalen Bekundungen, also an Felswänden, auf Palastpfeilern und in Grundstein-Urkunden aus Marmor, Gold oder Silber. Selten wurde mit ihr auf Ton geschrieben, und noch seltener wurde sie in Siegelsteine geritzt. Denn die persischen und medischen Großen fuhren mit wenigen Ausnahmen fort, ihre Siegel in Elamisch oder Aramäisch beschriften zu lassen. Dagegen behauptete sich die persische Keilschrift auf den silbernen und goldenen Gefäßen des Hofschatzes. Gerade diese ihre durchgehende Verwendung in der achämenidischen Metallkunst ließ die persische Keilschrift als eine im Grunde ›königliche‹ Schrift erscheinen, die zu übernehmen weite Kreise sich scheuten.

Dafür ein bezeichnender Beleg aus griechischer Quelle. Als Themistokles durch ein Scherbengericht aus Athen verbannt und später, im Jahre 464, nach Kleinasien ins persische Exil getrieben wurde, bat er in seinem vorhin schon erwähnten Brief an einen Freund in Argos, ihm vier große silberne Krüge sowie seine goldenen Räucherschalen nachzusenden, »die mit den alten Schriftzeichen der Syrer beschriftet sind«. Damit ist, wie Carl Nylander gesehen hat, die aramäische Schrift gemeint. Der Freund solle ihm ja nicht, so fügt Themistokles hinzu, Gefäße mit Aufschriften in persischer Keilschrift schicken. Offenbar stammten diese Schätze aus seinem Anteil an der Perserbeute nach dem Sieg über Xerxes bei Salamis im Jahre 480, und ebenso offenbar wußte damals jedermann, daß kostbare Gefäße mit persischen Aufschriften ausschließliches Eigentum des Großkönigs waren. Mit solchen Beutestücken wollte Themistokles nicht vor die achämenidischen Behörden treten, über die er sein Asylgesuch an Artaxerxes richtete. Von der Schönheit dieser Kunstwerke gibt einen Begriff Bild 11; es zeigt eine bei Hamadân (dem alten Ekbatana) gefundene Goldschale mit der dreisprachigen Aufschrift ›Xerxes der Großkönig‹.

Bild 12: Ausschnitt aus dem Bisotun-Relief des Darius. Rechts der 519 v. Chr. hinzugefügte Skythenkönig Skuncha ›mit dem spitzen Helm‹; vor ihm der aufständische Margier Frâda, der am 28. Dezember 521 beim heutigen Merw besiegt wurde.

Ohne die von Darius ausgehenden, ständigen Anstöße wäre seine Schrift indes überhaupt nicht zur Geltung gekommen. Schon sein Sohn und Nachfolger Xerxes hinterließ weit weniger persische Inschriften, und die späteren Achämeniden stifteten nur noch ganz vereinzelt solche für uns unschätzbare Zeugnisse.
Darius merkte bald, daß die Perser sich nicht für seine neue Schrift begeisterten, und so traf er entsprechende Vorkehrungen. Der Zufall der Funde hat uns zwei elamische Tontäfelchen aus der Hofkammer von Persepolis bewahrt, welche zeigen, daß Darius den Widerstand gegen seine persische Keilschrift an der Wurzel zu packen gedachte. Die beiden Urkunden verbuchen nämlich Verpflegung für neunundzwanzig »persische Buben, welche Schrift erlernen«. Sechzehn von ihnen erhielten außer ihrer Gerstezuteilung als ›Dessert‹ noch sauren Wein, und zwar im Monat je einen halben Liter. Die Schulklasse hatte auch einen Sprecher, der monatlich sogar einen ganzen Liter Wein zugeteilt erhielt. Die sechzehn Begünstigten waren wohl junge Adlige, die der unerbittliche Großkönig vom Reiten und Bogenschießen weg an die Schulbank abkommandiert hatte. Man ahnt noch heute, wie die persischen Buben darüber gestöhnt hatten ...

Die Geschichte des Bildwerkes von Bagastâna ist aber mit dem Abschnitt 70 über die Einführung der persischen Keilschrift noch nicht zu Ende. Im zweiten Jahr des Darius, 520 v. Chr., war Elam abermals aufständisch geworden. Der Großkönig hatte seinen Lanzenträger und engsten Vertrauten, Gaubarva, mit einem Heerbann ausgesandt. Der Aufstand wurde niedergeworfen, der elamische Rebellenführer Attamaita hingerichtet. Im Jahr darauf, 519, zog Darius selber aus, um die unbotmäßigen Skythen ostwärts des Kaspischen Meeres zu unterwerfen. Auf Baumstämmen setzte er mit seinen Truppen über den Oxus, den heutigen Âmu Daryâ, besiegte die Skythen, »die mit den spitzen Helmen«, und nahm ihren König Skuncha gefangen.

Tafel 1: Flachbild des Lullu-Königs Anubanini aus der Zeit um 2000 v. Chr., hoch oben am Felsen des Berges Batir beim heutigen Sarpol.

Tafel 2: Elamische Silbervase aus dem 23. Jahrhundert v. Chr., mit einzeiliger Inschrift in altelamischer Strichschrift, 1966 bei Persepolis gefunden, heute im Altertumsmuseum in Teheran.

1

2

3

4

Nach dem Willen des Großkönigs sollten diese beiden Siege ebenfalls der Nachwelt überliefert werden. So entstanden zusätzlich die Abschnitte 71 bis 76, als fünfte Spalte rechts unter dem Bildwerk. Aus Platzmangel konnten diese Zusatzberichte nur in persischer Keilschrift eingemeißelt werden. Zur Verzweiflung brachte Darius jedoch seine Bildhauer und Steinmetzen durch den Befehl, den Saken-König Skuncha mit seinem spitzen Helm auch noch im Bilde zu verewigen. Auf die Hinzufügung des Elamer-Rebellen Attamaita verzichtete er – der war ihm nicht wichtig genug.
Vergebens wandten die Bildhauer ein: wenn man den Skythen auch noch anbringe, müsse man ja die große elamische Inschrift rechts neben dem Bildwerk zerstören! Ungerührt erwiderte der Herrscher, das lasse sich nicht vermeiden. Man solle sie eben abradieren und als Ganzes links unten, neben der persischen Fassung und unter der babylonischen, *erneut* einmeißeln.
Gemäß allerhöchstem Befehl wurde das schon wie ein Flickwerk aussehende Denkmal abermals mißhandelt. Allerdings gewann es durch die Gestalt des Sakenkönigs mit seinem vier Spannen hohen Helm an malerischem Reiz (Bild 12). Und erst recht hat der Geschichtsforscher keinen Anlaß, sich über die Zusätze des Jahres 519 zu beklagen.
Aus der Ferne und Tiefe betrachtet – denn Darius hat dafür gesorgt, daß niemand seinem Bildwerk zu nahe kommen kann –, fallen die Einflickungen und das ›Überstopfte‹, wie Heinz Luschey es nannte, nicht weiter auf. Durch all die Jahrhunderte bis auf diesen Tag steht der Betrachter in Bewunderung und Ehrfurcht vor dem unvergleichlichen Denkmal[6].
Die Einführung in die Urkunde am Tor von Asien fiel so umfänglich aus, weil die Entstehung des Bildwerkes und seiner Inschriften nicht nur kulturgeschichtlich reizvoll ist, sondern ein bezeichnendes Licht auch auf den Charakter ihres Stifters Darius wirft. Nun aber müssen wir auf die Anfänge der Perser zurückgehen – auf ihre Landnahme in Iran.

Tafel 3: Zarathustras zweite Heimat Keshmar in Nordostpersien, südlich Neishâbur. Der Grabturm rechts stammt erst aus Irans Mongolenzeit (13. Jahrhundert).

Tafel 4: Zarathustrischer Feueraltar (links) in Pasargadae; rechts Ehrenpodest, vermutlich für den Großkönig Kyrus bestimmt.

2 VOM BLAUSEE NACH ANZAN

Weltgeschichte kommt auf unhörbaren Sohlen. Niemand weiß genau zu sagen, wann und wie die Perser, die Meder und die sonstigen Iraner in jenes Hochland eingewandert sind, das seither nach ihnen *Iran* heißt, eigentlich ›Land der Arier‹. Wahrscheinlich kamen die Perser aus dem südlichen Rußland. Mit Wagen und Pferden und Herden zogen sie auf der schmalen Heerstraße heran, die sich zwischen Kaukasus und Schwarzem Meer hindurchwindet, und siedelten sich westlich und südlich des Urmia-Sees an.

Wie ein tiefblaues Juwel, von weißer Salzkruste eingefaßt, liegt der Urmia-See in der graugelben Landschaft Aserbeidschans in Nordwestiran. Unvergeßlich ist jedem Reisenden die Schönheit und Fruchtbarkeit der Gegend. Die alten Iraner tauften den See *Kapauta,* den ›taubenblauen‹; seit 1935 heißt er nach Schah Rezâ Pahlavi (1925–42). Am Westufer des ›Blausees‹ stießen im Jahre 843 v. Chr. die Assyrer unter ihrem König Salmanassar III. auf ein ihnen bisher unbekanntes Volk, das sich *Pârsa* nannte. Es ist die erste Erwähnung der Perser in der Geschichte. Wann sie dorthin eingewandert sind, ist unbekannt – wahrscheinlich nicht allzu lange vor 843.

Weder im Zweistromland noch in Elam, weder in Kleinasien noch in Syrien und Palästina schenkte man den Neuankömmlingen aus dem Norden irgendwelche Beachtung. Allein, nach wenig mehr als drei Jahrhunderten waren sie unumschränkte Herren dieser Länder und weit darüber hinaus.

Unmerklich hatte der Weg der Geschichte die Perser in so steile Höhen geführt. In Iran waren ihre Anfänge bescheiden genug. Das fruchtbare Gebiet westlich des Blausees, das sie besetzten, war ja kein unbesiedelter Raum gewesen, der nur auf die Nordländer gewartet hätte. Staatlich gehörte es zu *Urartu,* dem Land des biblischen Ararat. Im Süden des Blausees saßen die *Mannäer,* die nun nach dessen Ostufer hin auswichen. Noch südlicher siedelten die mit den Persern stammverwandten *Meder,* nämlich im Gebiet des heutigen Persisch-Kurdestan sowie in dem großen Raum ostwärts bis in die Gegend des heutigen Teheran und noch weiter. Die Meder sind allem Anschein nach aus den Steppen östlich des Kaspischen Meeres nach dem Hochland eingewandert, schon vor den Persern. Assyrische Quellen erwähnen sie allerdings erst im Jahre 835 v. Chr., also acht Jahre nach den Persern.

König Aramu von Urartu – seine Hauptstadt war Tushpa am Van-See – hatte die Einwanderung der Perser in sein östliches Reichsgebiet nicht ver-

hindern können. Vielleicht waren sie ihm als Bundesgenossen gegen die ihn ständig bedrohende Großmacht Assyrien sogar willkommen. Denn die Perser haben am Blausee keine ruhigen Zeit erlebt.
Im Jahre 829 war Salmanassar III. abermals, von Ninive beim heutigen Mossul her, zum Kelishin-Paß vorgedrungen. »Zum Lande Pârsava stieg ich hinab«, heißt es in seiner Chronik; »den Tribut der Könige des Landes Pârsava nahm ich entgegen.« Auch im folgenden Jahr 828 suchte Salmanassar die Perser heim. »Ein Blutbad richtete ich unter ihnen an, gefangen schleppte ich sie fort« – nämlich entlang der großen Heerstraße bis zum Simesi-Paß, also durch das Tor von Asien. Ob die gefangenen Perser einen Blick hinaufwarfen zum Felsbild des Anubanini, welches sie das Schicksal ahnen ließ, das sie in Ninive erwartete? . . .
Der immer härter fühlbare Druck der Assyrer und die wachsende Macht der Könige von Urartu, die sich mit den Mannäern verbanden, haben die Perser allmählich aus der Gegend des Blausees nach Süden abgedrängt, wo sie ihren Vettern, den Medern, in die Quere kamen. Doch hatten die Perser während des ersten Jahrhunderts ihres Aufenthaltes auf urartäischem Boden eine unschätzbare Erfahrung gemacht: sie erlernten dort die Kunst, unterirdische Bewässerungsgräben anzulegen. Diese offenbar urartäische Erfindung übertrugen die Perser später auf ihre neue südliche Heimat in Anzan. Sie erst ermöglichte die Schaffung blühender Siedlungen in den Trockengebieten Irans, und sie erklärt – zu einem Teil wenigstens – den Aufstieg der Perser zur Führungsmacht Asiens.
Noch heutigen Tages wird in Iran der Wasserbedarf von Stadt und Land zu einem Großteil durch solche unterirdische Bewässerungsgräben gedeckt. Man bezeichnet sie mit dem arabischen Wort *Qanât;* das früher dafür übliche persische Wort war *Kahrîz.* Einen anschaulichen Bericht von dieser Bewässerungskunst überliefert der antike Geschichtsschreiber Polybios (X 28):
»An der Oberfläche [der Gegend südlich des Elburs-Gebirges] ist nirgends Wasser sichtbar«, heißt es bei Polybios im Zusammenhang eines Berichtes vom Jahre 209 v. Chr. »Jedoch gibt es eine Anzahl unterirdischer Kanäle, die an verschiedenen Stellen als Brunnen ans Tageslicht treten und nur den Einheimischen bekannt sind. Diese erzählen davon eine Geschichte, die den Tatsachen entspricht. Zu der Zeit, als die Perser über Asien herrschten, gaben sie denen, die auf vorher nicht bewässertes Land Quellwasser leiteten, das Recht, fünf Generationen lang dieses Land zu nutzen . . . Die Bewohner nahmen alle nur erdenklichen Mühen und Kosten auf sich, um unterirdische Kanäle zu bauen und in ihnen Wasser aus großer Entfernung dorthin zu leiten, Kanäle, von denen heutzutage nicht einmal die Benutzer wissen, wo sie anfangen . . .«

Von Persien aus verbreitete sich die Kunst unterirdischer Bewässerungsanlagen in alle dafür geeigneten Trockenräume Asiens und Nordafrikas. Über Tunesien und Marokko gelangte sie nach Spanien und von da sogar bis nach Mexiko, wo Carl Troll sie 1954 nachwies[7].

Die Kunst des Kahrîz-Baues besteht darin, Grundwasserflächen an Berghängen unterirdisch anzuzapfen und das Wasser unter Ausnutzung des natürlichen Gefälles an die Oberfläche zu bringen, wie dies im Querschnitt Bild 13 verdeutlicht.

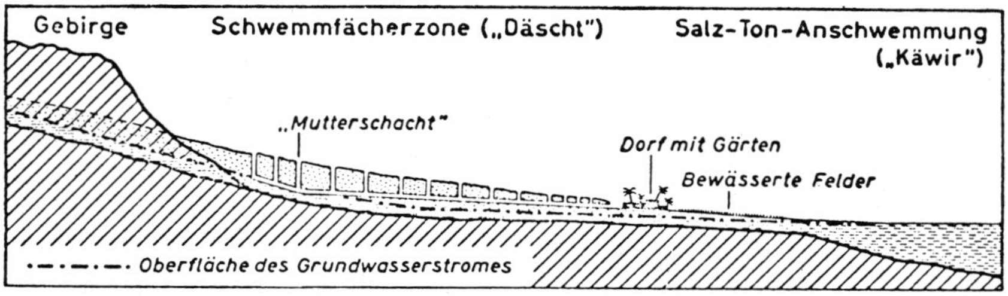

Bild 13: Querschnitt durch einen unterirdischen Bewässerungskanal, gezeichnet von H. Bobek.

Obwohl nur einfachste Mittel verwendet wurden – die Alten hatten ja noch nicht einmal eine Wasserwaage –, bezeigten die Perser beim Stollenbau hohes technisches Geschick und eine große Erfahrung in Bodenkunde und Wasserbau.

Die Anlage beginnt mit einem am oberen Ende ausgehobenen Mutterschacht, der hundert und mehr Meter tief sein kann. An einer Seilwinde wird der Aushub hochgezogen, den der Schachtarbeiter in einen Ledersack gefüllt hat. Ist der Anfall an Wasser befriedigend, legt man den Ableitungsstollen fest. Dieser wird da begonnen, wo er in die Siedlung *einmünden* soll. Von dort aus arbeiten sich die Schachtgräber nach dem Mutterschacht oben am Gebirgshang vor. Dabei darf das Gefälle fünf Tausendstel nicht übersteigen, damit das Wasser keine Erde mitreißt und die Sohle nicht angreift. Etwa alle fünfzig oder hundert Meter wird ein Lüftungsschacht zum Stollen hinab ausgehoben. Die ausgeschachtete Erde wird jeweils rund um die Öffnung der Lüftungsschächte herum aufgehäuft, so daß in der Landschaft der Eindruck einer langen Reihe riesiger Maulwurfshügel entsteht, wie auf der

Bild 14: Zeichnung von Hans Wulff zur Veranschaulichung der Anlage unterirdischer Bewässerungskanäle in Iran.

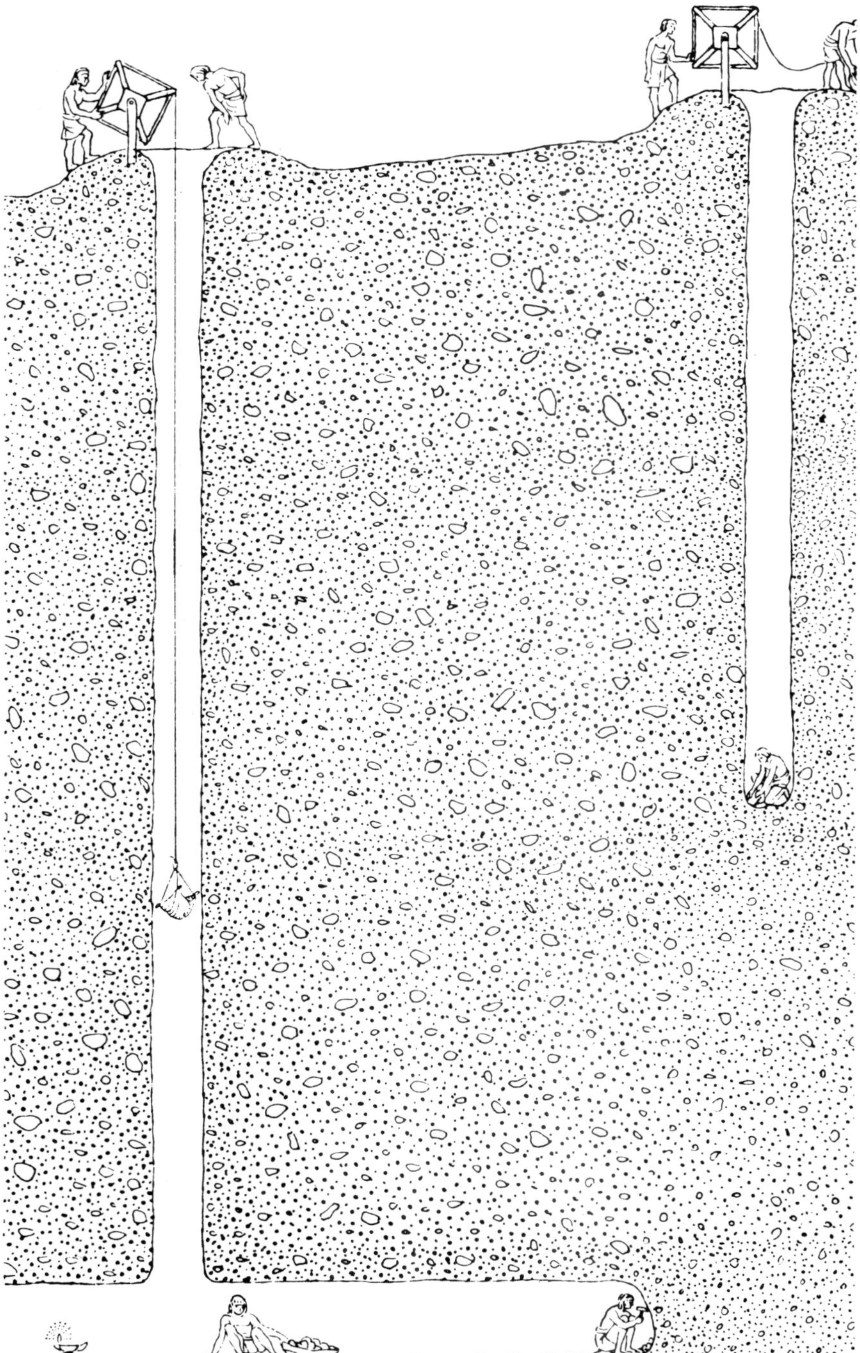

Luftaufnahme von Persepolis (Bild 56) zu sehen ist. Von den Lüftungsschächten aus wird später der Hauptstollen regelmäßig gereinigt.
Die Kanalgräber treiben ihren Stollen viele Meilen unterirdisch vor, ohne sich irgendwelcher Nivelliergeräte zu bedienen. Mit Hilfe eines ›sechsten Sinnes‹ bringen diese Meister ihres Faches den Stollen schließlich zu dem Reservoir tief unten am Mutterschacht. Zuweilen stoßen sie bei ihrer Stollenarbeit auf gewachsenen Felsen. Durch ein paar Klopfschläge mit dem Hammer finden sie heraus, ob der Block klein genug ist, um ihn beseitigen oder durchstoßen zu können. Ist er dazu zu groß, muß er umgangen werden. Dabei vermögen die Kanalgräber auf der andern Seite nach einer solchen Umgehung wieder die richtige Linienführung anzuschneiden – und das ohne Kompaß! Die Länge der unterirdischen Kanäle Irans schwankt im allgemeinen zwischen zehn und fünfzehn Kilometern; doch gibt es welche, etwa in der Gegend von Yazd, die über vierzig Kilometer lang sind.
Bei der Arbeit achten die Kanalgräber stets sorgsam auf ihre Öllämpchen, die ihnen anzeigen, ob noch genug Sauerstoff im Stollen ist. Je näher sie der wasserführenden Schicht kommen, desto größer wird die Gefahr eines plötzlichen Wassereinbruches, vor allem beim Durchstoß zum Mutterschacht. Die Qanât-Gräber von heute legen wegen all dieser Gefahren dem unterirdischen Kanal den Beinamen ›der Mörderische‹ zu; nie versäumen sie, ein Gebet zu sprechen, ehe sie sich in ihn hinabwagen.

Der große Treck nach Süden

In der zweiten Hälfte des 8. vorchristlichen Jahrhunderts wurde das Siedlungsgebiet der Perser unter dem Namen *Pârsava* assyrische Provinz. Ihre Mittelpunkte waren die heutigen Orte Saqqez und Sanandadj (früher Sinneh), im nördlichen Teil von Persisch-Kurdestan. Von dieser Hochlandbasis aus unternahm König Sargon II. von Assyrien zahlreiche Feldzüge gegen die Völkerschaften weiter ostwärts.
Am meisten litten darunter die südlich der Perser siedelnden Meder, längs der großen Heerstraße am Tor von Asien (Kartenskizze 1). Der sechste Feldzug Sargons vom Jahre 716 führte die assyrischen Truppen auf dieser

Bild 15: Sieges-Stele Sargons II. von Assyrien aus dem Jahre 716 v. Chr., am 22. Oktober 1965 von L. D. Levine und T. Cuyler Young, Jr., im Dorf Nadjafâbâd 15 km nordostwärts von Kangâvar gefunden. Die 165 cm hohe Stele aus dunkelgrauem Kalkstein befindet sich heute im Altertumsmuseum in Teheran.

Straße ostwärts bis über Kangâvar hinaus. Ehe Sargon umkehrte, ließ er eine Siegesstele mit seinem Bildnis und einer assyrischen Inschrift errichten. Sie berichtet von der blutigen Unterwerfung zahlreicher medischer Kleinfürsten (Bild 15).

Einer von diesen namens *Dahyauka* hatte versucht, einen medischen Stammesverband zu begründen und sich zu dessen Oberherrn aufzuschwingen. Es war der *Deiokes* der Griechen, nach Herodot (I 101) der erste König der Meder. Ihn nahm Sargon im Jahre darauf, 715, besonders aufs Korn, als er erfahren hatte, daß sich Dahyauka mit König Rusas I. von Urartu verbündet hatte. Auf seinem siebenten Feldzug drang Sargon erneut nach Medien vor, um dessen angeblich »wirre Zustände« in Ordnung zu bringen. »Den Dahyauka samt seiner Sippe verbannte ich in das Gebiet von Hamath [in Syrien]«, vermeldet Sargon mit nachdrücklicher Befriedigung in seiner Palast-Prunkinschrift zu Chorsâbâd.

Wieder ein Jahr später, 714, brach der Assyrerkönig auch die Macht von Urartu. Auf dem Weg nach Altarmenien rückte Sargon zunächst in seine persische Provinz Pârsava ein. Hier, beim heutigen Saqqez, fand sich auch der neue Mederkönig ein, der den von Dahyauka begründeten Stammesverband übernommen hatte. Bei Herodot heißt er Kyaxares; auf medisch lautete sein Name *Chvachshtra,* d. h. ›Selbstherrscher‹. Kyaxares I. beeilte sich, dem Assyrerkönig seinen Tribut zu überreichen. Anschließend zog Sargon nach Norden, zum Blausee. Unweit dessen Ostufer, beim Berge Sahand, schlug er die Urartäer vernichtend. Ihr König Rusas I. nahm sich in seiner Verzweiflung das Leben: »Mit seinem eigenen eisernen Dolch stach er sich durchs Herz wie ein Schwein«, höhnte Sargon in seinen Annalen.

Den Persern wurde der Druck der Assyrer allmählich unerträglich. Dazu kamen die Mißhelligkeiten, die ihnen von ihren Nachbarn widerfuhren: von den Sagartiern im Westen, den Vorfahren der heutigen Kurden; von den Urartäern im Norden; von den Mannäern im Osten; und von ihren medischen Vettern im Süden. Damals schlossen sich die Perser nach dem Vorbild der Meder zu einem Stammesverband zusammen. An dessen Spitze trat Achämenes, der Ahnherr der Achämeniden. Auf persisch hieß er, wie erwähnt, *Hachâmanish,* d. h. ›Einig-Sinn‹.

Als im Jahre 705 Sargon II. fiel und sein Sohn Sanherib in Ninive den Thron bestieg, glaubten die Babylonier und die Elamer den Zeitpunkt gekommen,

Tafel 5: Der von Kyrus dem Großen in Pasargadae errichtete Feuerbewahrturm.

Tafel 6: Von Kyrus dem Großen errichtete Burgterrasse in Pasargadae.

5

6

8

sich der Übermacht Assyriens erwehren zu können. Von Susa aus, der Hauptstadt Elams, marschierte König Shutruk-Nahhunte II. nach Norden, besetzte das heutige Lorestan und drang dann auf der großen Heerstraße von Bisotun aus nach Westen vor. Die elamischen Truppen eroberten Karintash, das heutige Kerend, und Arman, das heutige Sarpol.

Dieser Vormarsch der Elamer in assyrisches Hoheitsgebiet ließ den Perserkönig Achämenes aufmerken. Er trat – so wird man aus dem, was nun folgte, schließen dürfen – in Verhandlungen mit König Shutruk-Nahhunte. Er bot dem Elamer Vasallentum und Waffenhilfe gegen Assyrien an, wenn die Perser dafür das Recht der Landnahme auf elamischem Reichsboden erhielten. Vermutlich kam es zu einem Vertrag zwischen Achämenes und Shutruk-Nahhunte II. Er war für die Elamer dringlich geworden, als sie im Jahre 702 in ihrem Kampf gegen den Assyrer Sanherib einen Rückschlag erlitten hatten.

So begann, wahrscheinlich im Frühjahr 701, der große Treck der Perser unter Achämenes nach Süden, wohlversorgt mit Vorräten, in der Art, wie noch heutigen Tages in Iran die Wanderstämme sich aufmachen, mit Ballen und Decken und Zelten, die Kinder auf dem Schoß der Mütter zu Pferd, Maultier oder Esel, das Federvieh hinten aufgepackt, die Männer und das Jungvolk zu Fuß, die Herden von Kleinvieh, Rindern und Kamelen vor sich hertreibend. Wie viele Perser mögen sich damals aufgemacht haben? Darüber haben wir keine Nachricht – zehntausend, vielleicht gar zwanzigtausend. In ihrem Zuge schritten mit auch jene Meister, die den Urartäern die Kunst des Baues unterirdischer Wassergräben abgeschaut hatten. Diesen ›Pionieren‹ verdankten ihre Landsleute, daß aus dem kargen, trockenen, baumlosen Anzan, dem heutigen Südiran, eine blühende, volkreiche Persis wurde.

Der Wanderweg der Perser ist aus Kartenskizze 2 ersichtlich. Er führte aus dem Raum Saqqez-Sanandadj, also aus Persisch-Kurdistan, über Bisotun, Harsin, Chorramâbâd, also über das heutige Lorestan, gen Gabai (heute Isfahân). Die Perser durchzogen demnach überwiegend medisches Gebiet; offenbar war König Kyaxares I. damit einverstanden gewesen. Weiter ging

Tafel 7: Säulenbasen eines Kyrus-Palastes beim heutigen Borâzdjân unweit des Persischen Golfes, 1971 freigelegt.

Tafel 8: Überreste des Audienzpalastes des großen Kyrus in Pasargadae, in Bild 20 von Friedrich Krefter rekonstruiert.

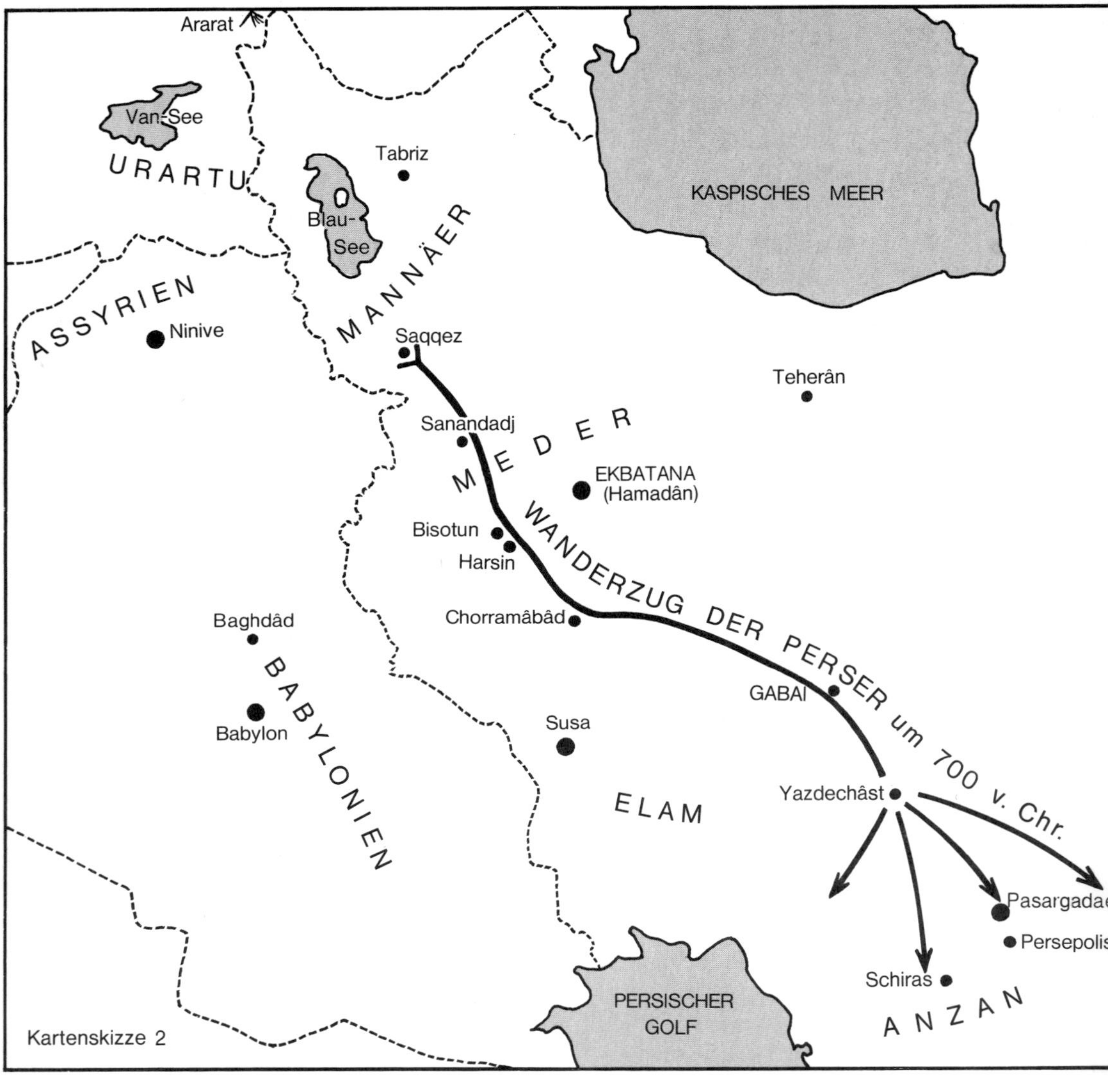

der Treck in ungefähr südlicher Richtung. Beim heutigen Yazdechâst betraten die Perser elamisches Reichsgebiet. Wie weit sie damals schon vorstießen, läßt sich nicht ausmachen – wahrscheinlich bis in das Herz von Anzan.

Das uralte Reich Elam, dessen staatliche Anfänge sich bis ins frühe dritte Jahrtausend zurück erstrecken, bestand seit Menschengedenken aus zwei Teilen: aus dem fruchtbaren Flachland der Susiana im Westen, an Mesopotamien angrenzend, mit der ehrwürdigen Reichshauptstadt Susa, und aus dem Berg- und Steppenland Anzan im Osten, das sich von den Bachtia-

ren-Bergen bis an den Rand der Salzwüste Lut erstreckte, also bis nach Kermân und noch weiter ostwärts. Anzan, in den heimischen Quellen gelegentlich auch Anshan geschrieben, wurde von den Elamern Antsan ausgesprochen. Hier also erfolgte um 700 v. Chr. die persische Landnahme. Damals haben die Perser wohl auch die Stadt Anzan besetzt, die Hauptstadt des gleichnamigen Ostteiles von Elam, die heute in dem Ruinenfeld Tall-e Malyân, ungefähr 50 km westlich von Persepolis, ermittelt worden ist[8].
Trotz aller Vereinbarungen zwischen König Achämenes und seinem Oberherrn, König Shutruk-Nahhunte II. in Susa, ging es bei der Landnahme nicht gerade friedlich zu. Wohl erhielten die einzelnen persischen Sippenführer Landgüter zugewiesen; das persische Wort dafür, *rmâtam,* drang dann als Lehnwort sogar in die elamische Sprache ein. Doch deuten zwei zufällig erhaltene Urkunden auf gelegentliche Gewaltanwendung bei der Landnahme in Anzan.
Im Schatzhaus des Darius zu Persepolis fand sich eine bronzene Tafel mit elamischer Inschrift aus dem frühen 7. Jahrhundert. Der Brand, den Alexander im Jahre 330 in Persepolis entfachte, hat die Tafel teilweise zerschmolzen. Soviel ist aber noch zu entziffern, daß die Achämeniden die Urkunde aus einem Tempel der elamischen Stadt Gesat entführt hatten. Sie bezog sich anscheinend auf Liegenschaften und ihre Steuererträge. Die Achämeniden als neue Besitzherren nahmen darum diese ›Grundbuch-Tafel‹ einfach mit.
Ein zweiter, in seiner Stummheit beredter Beleg für das gewaltsame Eindringen der Perser nach Anzan begegnet in der Silbervase, die erst im Jahre 1966, ganz nahe bei Persepolis, gefunden worden ist. Sie gehörte im 23. Jahrhundert einer elamischen Priesterin. Auf der Vorderseite ist die Göttin Narunde abgebildet. Oben läuft eine einzeilige Inschrift in altelamischer Schrift um. Vermutlich hat sich die Vase im Besitz des örtlichen Tempels und ihrer Priesterinnen forterhalten, bis eine von ihnen sie, zusammen mit einem silbernen Gürtel und anderem Schmuck, in einen Tonkrug legte und diesen vergrub, ohne daß sie die Möglichkeit gehabt hätte, wieder an das Versteck zu gelangen. Natürlich ist nicht schlüssig zu erweisen, daß dies aus Furcht vor den um 700 v. Chr. eindringenden ›Nordbarbaren‹ geschah; aber wir wissen von keinem anderen Eroberer Anzans (Tafel 2).
Man wird sich die persische Landnahme etwa ähnlich vorstellen dürfen wie das Eindringen des Deutschritter-Ordens nach Preußen zwei Jahrtausende später: einen Rechtstitel in der Hand, nahmen sich die Neuankömmlinge ihr Land meist mit Gewalt.
Fest steht aber, daß die Perser ihr dem König von Elam gegebenes Versprechen bewaffneter Hilfe gegen Assyrien hielten. Denn im Jahre 691, also

zehn Jahre nach der Einwanderung nach Anzan, kämpften Achämenes' Truppen Seite an Seite mit Elamern (und Babyloniern) gegen den Assyrer Sanherib. Dieser selbst berichtet, der König von Elam, Humban-nimena, habe die Truppen von *Pârsava* aufgeboten. Zum dritten Mal hatten so die Perser ihren Volksnamen dem von ihnen besiedelten Landstrich gegeben: erst, im 9. Jahrhundert, dem Gebiet westlich des Blausees in Aserbeidschan; dann, im 8. Jahrhundert, dem Gebiet von Saqqez in Kurdestan. Jetzt blieb ihr Name für immer an Südiran haften. Als *Pârsa* bezeichnete es die *Persis* der Griechen, das heutige *Fârs*.

Vielleicht stand an der Spitze der persischen Bundestruppen Elams nicht mehr der greise Achämenes, sondern sein Sohn und späterer Nachfolger Teispes, auf persisch *Tshaishpish.* »Ein riesiges Heer hatte der König von Elam aufgeboten«, vermeldet Sanherib von seinem Gegner. »Wie ein Heuschreckenschwarm im Frühling kamen die Feinde unaufhaltsam auf mich zu. Der Staub ihrer Marschtritte deckte den weiten Himmel. Bei der Stadt Halule am Ufer des Tigris versperrten sie mir den Weg.« Sanheribs weiterer Feldzugsbericht erweckt den Anschein, als hätte der Assyrer einen glänzenden Sieg errungen. In Wahrheit ging der Kampf unentschieden aus, obwohl der elamische Feldherr fiel. Gerne wollen wir annehmen, daß dieser leidliche Erfolg der Verbündeten gegen den sieggewohnten Sanherib der Tapferkeit des *persischen* Aufgebotes zu verdanken war ...

Perserkönig Kyrus I.

Allein, auch die kampftüchtigen Iraner in Anzan vermochten den Untergang Elams nicht aufzuhalten, und sie wollten es wohl auch gar nicht.

Als im Jahre 646 Assurbanipals Truppen Elams Hauptstadt Susa eroberten und von da aus bis in die Berge von Anzan vordrangen, hielt es Teispes' älterer Sohn und Nachfolger, Kyrus I., für geraten, sich den Assyrern zu unterwerfen. In dem anmaßenden Ton, der für die assyrischen Königsinschriften kennzeichnend ist, berichtet Assurbanipal davon. »Als Kurash (Kyrus), der König des Landes Pârsava, von dem gewaltigen Sieg erfuhr, den ich mit dem Beistand der großen Götter, meiner Herren, über Elam errungen hatte, indem ich es wie eine Sturmflut in seiner Gesamtheit niederwarf, sandte er zu mir nach meiner Hauptstadt Ninive samt seinem Tribut seinen ältesten Sohn Aryauka, damit er sich mir unterwerfe, und er selbst flehte mich an, sein Herr zu sein [9].«

Assurbanipal nennt den Perserkönig *Kurash,* obwohl dieser auf persisch *Kurush* hieß. Das hatte er von den Elamern übernommen. Denn wir ken-

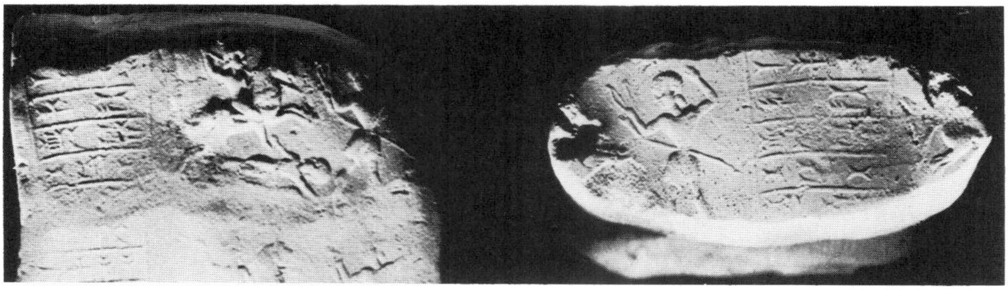

Bild 16: Abdrucke des Siegels des ersten Kyrus auf zwei elamischen Hofkammertäfelchen des Darius aus Persepolis.

nen jetzt das elamisch beschriftete Siegel des ersten Kyrus, des Großvaters des großen Kyrus: es zeigt einen Lanzenkämpfer hoch zu Roß, der einen speerdurchbohrten Gegner zu Fuß erneut angreift, während ein toter Feind unter dem Pferd liegt. Links neben dem Reiter befindet sich eine sechszeilige elamische Beischrift, deren oberste Zeile in Bild 16 allerdings nicht zu erkennen ist. Sie lautet auf deutsch: »Kyrus von Anzan, Sohn des Teispes.« Auffällig dabei ist die elamische Schreibung *Kurash* für persisches *Kurush.* Nicht ein einziges Mal haben die elamischen Sekretäre den persischen Namen des Kyrus richtig geschrieben, auch nicht zur Zeit des großen Kyrus, und selbst danach nicht. Das muß einen verborgenen Grund gehabt haben; denn sie konnten doch sonst iranische Eigennamen ganz gut in elamischen Zeichen wiedergeben.

Den Grund für diese seltsame Falschschreibung vermute ich darin, daß *kurush* im Elamischen etwa ›er hegte, betreute‹ bedeutete, *kurash* aber ›er verbrannte, steckte in Brand‹. Es bedurfte also nur der Vertauschung eines *u* in ein *a,* um den heimischen Namen des Kyrus für elamische Ohren aus einem Lobeswort in eine Verunglimpfung zu verwandeln ... Offenbar hat-

Bild 17: Zeichnung der Gestalten auf dem Siegel Kyrus' I.

ten die Vorbewohner von Anzan in den Achämeniden eben keine ›Heger‹, sondern eher ›Brandstifter‹ gesehen. Ihrem Groll über die persischen Eindringlinge machten die elamischen Sekretäre heimlich und unauffällig Luft, eben indem sie Kurush in einen Kurash verwandelten.

Die Babylonier merkten spätestens nach der Eroberung des Zweistromlandes durch Kyrus II. im Jahre 539, daß ihr neuer Herrscher in Wirklichkeit Kurush hieß. Da sie aber seit Generationen die elamische Namensform Kurash übernommen hatten, behielten sie diese auch weiterhin bei. Wahrscheinlich wußten auch die babylonischen Sekretäre den tieferen Grund dieser Entstellung und machten hinter der vorgehaltenen Hand ihre Witze darüber. Wie dem auch sei – die elamische Entstellung des Kyrus-Namens ist ein weiteres Anzeichen dafür, daß die persischen ›Nordbarbaren‹ in Anzan von dessen heimischer Bevölkerung keineswegs willkommen geheißen waren. Doch da die Perser nicht lesen konnten, merkten sie nicht, daß die elamischen Schreiber ihren Herrscher heimlich verhöhnten.

Das Siegel des ersten Kyrus ist das einzige unmittelbare Zeugnis, das von diesem Achämeniden auf uns gekommen ist. Wir verdanken es dem Urenkel seines Bruders Ariaramnes, nämlich Darius dem Großen. Er ließ es an seinem Hofe weiter benutzen, um damit die Lieferungen von Ochsen und Hämmeln zu quittieren, die für seine Tafel bestimmt waren . . . Also diente das Siegel des ersten Kyrus unter seinem Urgroßneffen Darius nur noch einem ganz banalen Zweck. In den Händen des Hoffleischermeisters Gadauka, der damals das Siegel führte, mochte sich der darauf abgebildete Reitersheld einigermaßen entwürdigt vorkommen. Unwillkürlich fragt man sich, ob Darius damit der älteren Linie seines Hauses eins auswischen wollte?

Den Grund zu der zwischen den beiden Linien der Achämeniden merklichen Spannung dürfte eben Kyrus I. gelegt haben.

Als um 650 v. Chr. Teispes starb, erbte Kyrus als der ältere von zwei Brüdern den Thron des Vaters. Freilich, damals wagte Kyrus noch nicht, sich den Königstitel zuzulegen. Das hätte man am Hofe zu Susa übel aufgenommen. So nannte er sich auf seinem Siegel lediglich »Kyrus von Anzan« – ganz wörtlich: »Kyrus der Anzaner«. Nominell war der damalige Herrscher über Elam, Atta-hamiti-Inshushinak (653–648), noch immer »König von Susiana und Anzan«. In den Augen des Assyrerkönigs Assurbanipal hingegen galt Kyrus nur wenige Jahre nach dessen Herrschaftsantritt, im Jahre 645, ohne weiteres als ›*König* von Pârsava‹.

Seinen jüngeren Bruder Ariaramnes, auf persisch *Aryâramna* (›der die Iraner befriedet‹), hat Kyrus wahrscheinlich zum Herrscher über das östliche Anzan gemacht, das teilweise wohl erst unterworfen werden mußte. Dieses

Bild 18: Links ein elamischer Gardist, rechts der persische Befehlshaber der Leibwache des Darius. (Flachbilder von der Apadâna-Ostseite zu Persepolis.)

sich von Kermân südwärts bis zum Persischen Golf hin erstreckende Gebiet hieß später *Yutiyâ* und bildete mit *Pârsa,* dem westlichen Anzan, eine Einheit. Erst Darius hat dann Yutiyâ von der Persis abgetrennt, weil es sich gegen ihn empört hatte.

Die beiden Brüder, Kyrus I. als ›Oberkönig‹ von Anzan und Ariaramnes als ›Unterkönig‹ von Yutiyâ, lebten lange – der ältere bis etwa 600 v. Chr., der jüngere noch etwa zehn Jahre länger. Beide waren seit 645 Vasallen Assurbanipals, der bis 629 regierte. Da von Kyrus' ältestem Sohn Aryauka – er muß beim Sturz von Elam noch ein Knabe gewesen sein – nichts mehr verlautet, ist anzunehmen, daß er als Geisel am Assyrerhof zu Ninive gestorben ist. Im Vergleich zu den Zeiten, als die Perser noch in Kurdestan siedelten, war der Druck der Assyrermacht in Anzan immerhin erträglich. Denn auch nach dem Fall von Susa (646) bestand eine Art von elamischem Reich fort und bildete für die Perser eine Pufferzone gegen Assyrien. So konnten sich die Brüder Kyrus und Ariaramnes leidlich ungestört der Aufgabe widmen, Anzan immer stärker zu iranisieren.

Da aber die Gesittung der Elamer dort in manchem der der persischen Einwanderer überlegen war, erlebten diese den tiefreichenden Einfluß der heimischen Bevölkerung. Die Perser übernahmen – zumindest für Feiertage – die elamische Gewandung, nämlich das lange, ärmellose Gewand und den dazugehörigen Überwurf; desgleichen die elamischen Lederschuhe mit drei Nesteln. Bild 18 zeigt nebeneinander einen Perser (rechts) und einen Elamer (links); von ihrer Kopfbedeckung abgesehen, stimmt ihre Tracht vollständig überein. Auch wesentliche Teile ihrer Rüstung übernahmen die Perser von den Elamern.

In Anzan erlernten die Perser in ihrer Jugend zwangsläufig auch die elamische Sprache: von ihren elamischen Ammen, Kinderfrauen und Köchinnen, von ihren elamischen Hausdienern, Gärtnern und Stallburschen. Auch die Schreiber und Verwalter der persischen Adligen und Fürsten waren durchweg Elamer. Nur weil die Perser die elamische Sprache beherrschten, konnte beispielsweise in den Wirren des Jahres 522 ein gewisser Martiya, ein Perser aus Kuganakâ im Herzen der Persis, es unternehmen, nach Susa zu gehen und sich dort als ›König Ummanish‹ krönen zu lassen. So wird des weiteren verständlich, daß Darius seinen Tatenbericht zuerst nur auf Elamisch in den Felsen von Bisotun meißeln ließ: auch in dieser Sprache vorgelesen, verstanden ihn die Perser.

Die Kulturgeschichte der Achämeniden wird nur verständlich auf dem Hintergrund *elamischer* Lebensformen. Ein weiterer, wesentlicher Teil der altpersischen Kultur wird durch *medische* Züge bestimmt, die sich vor allem in der Hof- und Staatsverwaltung der Achämeniden widerspiegeln. Dieser medische Einfluß begann schon in der Zeit, als die Perser nördliche Nachbarn der Meder waren, also im 9. und 8. Jahrhundert; er verstärkte sich gewaltig nach dem Sturz des Assyrerreiches und brachte die Perser zeitweilig unter medische Oberhoheit.

Der Aufstieg des Mederreiches

Was den vereinten Anstrengungen von Elamern, Babyloniern und Persern zu Anfang des 7. Jahrhunderts nicht gelungen war, das schafften gegen dessen Ende die Meder im Bunde mit den Babyloniern, nämlich die Vernichtung Assyriens. Die Hauptlast des Kampfes trugen die Meder unter Kyaxares II.

Sein Vorgänger Phraortes, auf medisch *Fravartish,* hatte im Jahre 623 versucht, die assyrische Hauptstadt Ninive im Sturm zu erobern, war aber dabei gefallen. Sein ihm nachfolgender Sohn Kyaxares II. eroberte im Jahre 614 die alte heilige Stadt Assur und schloß ein Bündnis mit Babyloniens König Nabopolassar. Zwei Jahre danach rückten die Bundesgenossen vor die Mauern von Ninive. Der jüdische Prophet Nahum, dessen Grab nur eineinhalb Tagereisen nördlich von Mossul liegt, hat den Fall der assyrischen Hauptstadt so lebendig geschildert, als sei er Augenzeuge davon gewesen.

Nahum beschreibt die scharlachrote Gewandung der Meder; diese trugen zudem rote Schilde. Unter einem ledernen Schutzdach pirschten sich die Belagerer an die Mauer heran. Durch die Wassertore erzwangen sich die Meder und ihre skythischen Hilfstruppen schließlich den Zugang zum Königspalast. Sie holten die Königin heraus und führten sie in die Verbannung. Der jüdische Prophet schildert das Kampfgetümmel: »Alles rennt durcheinander, Rufe erschallen: ›Halt, halt!‹ – doch keiner wendet sich um. ›Raubt das Silber, raubt das Gold!‹ ... Unüberschaubar ist der Vorrat, Kostbarkeiten liegen umher, doch die Herzen der Assyrer sind angstgelähmt, ihre Knie schlottern ... Horch, Peitschen! Horch, Rädergerassel! Jagende Rosse, sich bäumende Reiter – Streitwagen preschen vorbei, funkelnde Schwerter, blitzende Lanzen, Erschlagene in Menge, über Leichen stolpern die Sieger dahin ...« (Nahum 1:2–11.)

Das war im August 612, nach dreimonatiger Belagerung Ninives durch Meder und Babylonier. Assyriens König Sin-shar-ishkun, der Sardanapal der Griechen, fand, wie es scheint, einen selbstgewählten Tod in den Flammen des Palastes. Seine Hauptstadt wurde ausgeplündert und zerstört. Zweihundert Jahre danach, 401 v. Chr., kam der Athener Xenophon an den Trümmern von Ninive vorbei, »zu einer verlassenen Umwallungsmauer, welche eine große [verödete] Stadt umgab.« Er nennt sie Mespila – daraus wurde später Mossul. »Das Fundament der Mauer bestand aus geglättetem Muschelkalk, fünfzehn Meter breit und hoch; darüber erhob sich eine Ziegelmauer von fünfzehn Metern Breite und dreißig Metern Höhe.« Auch wenn die Maßangaben Xenophons etwas übertrieben sein mögen, begreift man angesichts dieser Schilderung, daß sich die medischen Belagerer den Weg in die Festung durch die Kanalöffnungen in der gewaltigen Mauer bahnen mußten.

Assyrien, so lange die furchtbare Zwingmacht in Vorderasien, verschwand von der Landkarte. Ihr Gebiet teilten sich die Sieger untereinander; dabei fiel das Land südlich des Kleinen Zab sowie die Susiana an Babylonien. Beutebeladen brach König Kyaxares II. am 14. September 612 von Ninive auf und kehrte in seine medische Hauptstadt Hagmatâna (Ekbatana, Hamadân) zurück. Das Mederreich erstreckte sich jetzt von Erbil im Westen bis nach Hyrkanien an der Südostecke des Kaspischen Meeres im Osten, vom Blausee im Norden bis nach Gabai (Isfahân) im Süden. Damit nicht genug: während der neue Herr der Susiana, der Babylonier Nabopolassar, die im Osten benachbarten Perser unbehelligt ließ, zwang Kyaxares die Achämeniden Kyrus und Ariaramnes unter medische Oberhoheit. Offensichtlich legte er dazu medische Garnisonen nach Anzan.

Dafür spricht zum einen die Tatsache, daß der Name von Pasargadae, der nachmaligen Hauptstadt des großen Kyrus, nämlich *Pâthragadâ,* ein medisches Wort ist, kein persisches. Es bedeutet ›Räuberschutz‹. Eine andere Garnison der Meder auf persischem Boden befand sich in der Gegend des heutigen Sivand, zwischen Pasargadae und Persepolis. Darauf deutet die dort gesprochene Mundart, die noch heute medische Züge aufweist.

Die medische Oberhoheit über die Persis wirkte sich vor allem auf Hofhaltung und Staatsverfassung der Achämeniden aus. Auf diesem Gebiet waren die Meder die Lehrmeister der Perser. Das läßt sich unter anderem an den einschlägigen Fachausdrücken ablesen. Diese sind fast durchweg medisch, nicht persisch, darunter sogar das Wort für ›König‹ (*chshâyathya,* heute Schah). Medisch sind die Ausdrücke aus dem Bereich des persischen Königtums, des Hofschatzes, des Heerwesens und der Rechtsprechung.

Es erbten also die Perser ihre Festgewandung und ihre Bewaffnung vornehmlich von den Elamern, ihre Verwaltung von Hof und Staat von den Medern. Von einem Baktrer erbten sie, wie im nächsten Kapitel zu zeigen, ihre Glaubenslehre. Aus diesem dreifachen Erbe schufen die Perser – und dieser Vorgang ist tief rätselhaft – ein unverwechselbar Eigenes, Besonderes und prägten damit die Weltgeschichte der Achämenidenzeit, ja auch

noch das Erbe, das dann Alexander antrat. Bis zum heutigen Tage eignet den Iranern die Gabe, Fremdes so zu übernehmen und sich anzugleichen, daß es nach einiger Zeit wie ihr Eigenstes wirkt.
Ums Jahr 600 v. Chr. deutete indes noch nichts auf die weltgeschichtliche Rolle, welche die Perser unter den Achämeniden zu spielen berufen waren. Als Kyrus I. um 600 starb, folgte ihm sein Sohn Kambyses I. (auf persisch *Kambuzhya*) als König von Pârsa nach. Dessen Oheim Ariaramnes blieb anscheinend unangefochten König von Yutiyâ, also des östlichen Anzan, wohl bis 590 v. Chr. Auf Ariaramnes folgte sein Sohn Arsames (auf persisch *Rshâma,* der ›Heldenstarke‹), der Großvater des Darius. Diese frühen Achämeniden waren erstaunlich langlebig. Sowohl der erste Kyrus wie sein jüngerer Bruder Ariaramnes müssen achtzig Jahre oder älter geworden sein. Arsames dürfte, wenn er um 590 König von Yutiyâ wurde, um 615 geboren sein. Er lebte aber noch im Jahre 522, als sein Enkel Darius die Macht ergriff; das sagt uns dieser selbst in seiner Burgbau-Inschrift aus Susa. Arsames wurde also über neunzig Jahre alt.
Friedlich regierten die Vettern Kambyses I. und Arsames mehrere Jahrzehnte hindurch über die Perser in Pârsa und Yutiyâ. Kein inschriftliches oder bauliches Zeugnis ist von ihnen überliefert. Doch vor dem Eingang zur Bühne des Welttheaters wartete schon »das große Phantasieobjekt Kyrus«, wie es bei Jacob Burckhardt in dessen ›Weltgeschichtlichen Betrachtungen‹ heißt. Er rügt dabei die Ungeduld, mit der wir die Geschichte der Mederkönige überblättern möchten, obschon es ihrer doch nur wenige waren – bloß um zum großen Kyrus zu gelangen.
Zwar überblättern auch wir – sträflicherweise – die Geschichte der Meder so ziemlich, müssen uns aber mit Kyrus gleichwohl noch gedulden. Denn zuvor verlangt ein anderer Schauplatz der Weltgeschichte unsere Aufmerksamkeit: *Baktrien,* die Heimat des altiranischen Propheten Zarathustra.

3 DER PROPHET ZARATHUSTRA

Ostwärts von Anzan erstreckt sich, damals für Menschen unüberschreitbar, die große Salzwüste Lut. Dahinter liegt das heutige Sistân, einstmals Zranka, die Drangiana der Griechen, mit dem Mittelpunkt um den Hâmun-See. Nordostwärts davon zieht sich das Hindukusch-Gebirge hin. Südlich davon lag im Altertum Arachosien mit der heutigen Hauptstadt Qandahâr, nördlich davon, bis ans Ufer des Oxus (heute Âmu Daryâ), *Baktrien* mit der Hauptstadt Baktra, heute Balch in Afghanistan.

Baktrien ist die Heimat Zarathustras, eines der größten Glaubensstifter vorchristlicher Zeit. So weit nach Osten war weder assyrische noch babylonische noch elamische Kultur vorgedrungen. Noch heute mutet die Luft

Bild 19: Baktrisches Kamel aus der Herâter Abordnung in Persepolis an der Apadâna-Ostseite.

Baktriens den geschichtsbeflissenen Reisenden wie ein Hauch aus der Zeit der Urväter an. Großartig ist die Landschaft, noch heroisch-einsamer als die Persiens. Hochtäler, breit ausladend, mit weidereichen Triften, liegen wannenförmig eingebettet zwischen trotzig aufragenden, kahlen Bergzügen in mannigfachen Farbtönen. Auf eisige Winter folgen heiße, aber nicht drückende Sommer, ausgenommen in der Oxus-Ebene, wo im Juli selbst die geduldigen Kamele ermatten, die wie in Urzeiten Schilf nach Balch tragen.

Schon im Altertum waren die baktrischen Kamele berühmt – es waren zweihöckrige, also eigentliche Kamele, nicht die heute allein noch anzutreffenden einhöckrigen Dromedare. Die Kunst der Achämeniden hat uns einige wunderschöne Wiedergaben des baktrischen Kamels beschert, so beispielsweise in dem Flachbild zu Persepolis, das die Geschenkbringer aus Areia, dem heutigen Herât, wiedergibt (Bild 19); das – völlig gleiche – Trampeltier, das die eigentlich baktrische Abordnung mitführt, ist leider teilweise zerstört.

Rittertum und Heldensagen

In den heiligen Schriften der Menschheit sind für den Kulturforscher oft am aufschlußreichsten jene Einschübe, die wegen ihres ›weltlichen‹ Inhalts eigentlich gar nicht dorthin gehören; so etwa das Hohelied als Bestandteil des Alten Testamentes, oder die Geschichte von Josef in Ägypten als Sure 12 des Korans. Im Awesta, der ›Bibel‹ der Zoroastrier oder Parsen, finden sich solche Einschübe in jenen Götterhymnen oder *Yashts,* in denen sich Reste altiranischer Epik forterhalten haben. Sie spiegeln, wie Arthur Christensen hervorgehoben hat, eine Welt des Rittertums und der Heldensagen wider, überstrahlt vom Schimmer eines goldenen Zeitalters.

Die adligen Ostiraner bewohnten samt ihrer Gefolgschaft große Gutshäuser, erbaut aus dem uralten, in Iran selbst heute noch oft verwendeten Baustoff, nämlich aus mit Strohhäcksel vermischtem Lehm. Daraus wurden in Holzformen viereckige Ziegel (33 × 33 × 6,5 cm) gestrichen und an der Sonne getrocknet. Die Lehmziegelmauern, weiß verputzt, waren dick genug, um im Sommer für Kühle, im Winter für Wärme der Räume zu sorgen. Das Tor zum Herrensitz zierte eine Vorhalle mit hölzernen Säulen – ein Erbstück aus der nordischen Urheimat, das in dörflichen Gegenden Irans ebenfalls noch heute lebendig ist. Das Antenhaus der Hellenen ist das genaue Seitenstück zum altiranischen Haus.

Eine Vorstellung davon vermittelt Bild 20, eine von Friedrich Krefter ent-

Bild 20: Zeichnerische Wiederherstellung des Apadâna des großen Kyrus in Pasargadae durch Friedrich Krefter.

worfene Nachzeichnung des Audienzpalastes des großen Kyrus zu Pasargadae.
Die ostiranischen Herrensitze waren naturgemäß bescheidener als die Pfalz des Kyrus; doch auch sie waren – nach dem Zeugnis der *Yashts* – hochgebaut, auf festen Tragbalken ruhend, mit vielen holzvergitterten, unverglasten Fenstern. Zahlreiches Gesinde versorgte das Vieh in dem großen Binnenhof, um den sich im Viereck eng gedrängt die bescheidenen Kammern der Dienstleute reihten. Gäste wurden mit allzeit bereiten Gerichten tüchtig bewirtet; Lammbratengeruch durchzog verlockend das Haus. In den Räumen des Herrensitzes standen meisterlich gezimmerte Bettgestelle, die Füße in Goldeinlegearbeit, wohlbereitet mit Auflagen, schönen Decken sowie duftenden Kissen und Polstern. In den Frauengemächern wohnten die Gutsherrin und die adligen Mädchen, den Leib geschnürt, mit Ohrgehängen, goldenem Halsgeschmeide und silbernen Fußspangen geschmückt. Karawanenkaufleute brachten aus fernen Landen für die Hofherrinnen Gold, Silber und prunkvolle Stoffe im Tausch gegen die Erzeugnisse des Rittergutes.
Häufig gingen die adligen Baktrer im Bergwald auf die Jagd, oder sie frönten den Aufregungen der Rennbahn. Diese mußte im Wettrennen der Zwiegespanne neunmal durchmessen werden. Dem vom Wagenrennen stammenden Ausdruck »bei der letzten Kehre«, nämlich am End- und Zielpunkt der Bahn, begegnen wir sogar in Zarathustras Gesängen; er meint damit freilich den ›Wendepunkt des Schöpfungslaufes‹, das heißt das Jüngste Gericht.
Höchst lebendig erzählt ein Stück von *Yasht* 5, wie der letzte ostiranische Großkönig Hosravah, ein Zeitgenosse etwa des ersten Kyrus, der Göttin Anahita riesige Opfer darbrachte, um zu erreichen, »daß von allen Gespannen / ich das vorderste mag lenken, / über die lange Rennbahn hin, /

die neun Runden messende, mit Holzpfosten umpflockte, / wenn er, der Junker Narmanah, / auf seinem rossebespannten Streitwagen gegen mich ankämpft[10]!«

Die Rennbahn war nicht geglättet, stellte also hohe Anforderungen an Lenker, Wagen und Pferde. Sie war umpfercht, damit niemand Kehren schneiden konnte, oder man legte sie mitten in einen Wald, aus dem nur die Bahn ausgeschneist wurde. Die berühmteste Rennbahn Ostirans hatte für die alten Iraner denselben Rang wie Olympia für die Hellenen: wie dieses den ehrenvollen Beinamen ›all-hellenisch‹ trug, so hieß jene ›All-Arier-Rennbahn‹. Sie lag wahrscheinlich in *Nautaka,* zu deutsch ›Neun-Lauf‹, beim heutigen Shahr-i-sabz zwischen Balch und Samarkand.

Abends lauschten die Burgherren den Heldensagen, die fahrende Sänger vortrugen. Das neunte Kapitel des *Yasna,* des gottesdienstlichen Hauptbuches der Parsen, hat uns überraschend ein reizvolles Bruchstück aus dem

Bild 21: Baktrische Geschenkbringer (Abordnung 13) an der Apadâna-Ostseite zu Persepolis. Ob sich in den Schalen Edelsteine befanden – vielleicht Lapislazuli aus Badachshân?

altiranischen Siegfried-Epos erhalten. Der altiranische Drachentöter hatte freilich einen bescheideneren Namen als sein germanisches Gegenstück: er hieß *Krsâspa*, zu deutsch ›Magerroß‹. Doch ist dabei zu bedenken, daß die Iraner ihren Kindern gerne Namen beilegten, die mit ihren wertvollsten Haustieren verknüpft waren, etwa mit *-aspa* ›Pferd‹ oder *-ushtra* ›Kamel‹. Trug doch Zarathustra – eigentlich *Zarathushtra* – selber einen mit ›Kamel‹ zusammengesetzten Namen, dessen Vorderglied indes noch nicht sicher deutbar ist; vielleicht bedeutete der Name ›Kamele erstrebend‹.
Von den Heldentaten des iranischen Siegfried erfahren wir bruchstückhaft folgendes: »Ein lockiger Held, seine Keule schwingend – / so besiegte Krsâspa den hürnenen Drachen, den Rosseverschlinger, Männerverschlinger, / den fahlen, giftigen, dem gelbes Gift / klafterhoch unter dem Rücken schwoll. / Auf selbigem Drachenrücken hatt', wie sich's gab, / Held Krsâspa einmal um die Mittagszeit / sein Fleisch im Kessel aufs Feuer gesetzt. / Da ward dem Untier warm, zu schwitzen fing es an – / auf sprang es jetzt mit einem Satz! / Das Wasser siedend floß zur Erden, / und selbst Held Krsâspa wich entsetzt ...«
Die Tracht der alten Baktrer lernen wir aus dem unerschöpflichen Völkerkunde-Museum kennen, das Darius an den Ost- und Nordseiten seines großen Audienzpalastes zu Persepolis uns hinterlassen hat. Dreiundzwanzig Völker seines Weltreiches sind dort abgebildet samt den Gaben, die sie alljährlich zum Neujahrsfest am 21. März dem Großkönig überbrachten. Die Abordnung 13 ist die baktrische. Auf diesem Relief tragen die Baktrer einen Mantel ›nach medischem Schnitt‹, von einem Gürtel umschlossen. Die langen Lederhosen reichen leicht gebauscht bis zu den Schuhen hinab. Am Ohr hängen an Goldringen Schmucksteine – wahrscheinlich aus Lapislazuli, wie er noch heute im Badachshân-Gebirge in Ostbaktrien gefunden wird, ein begehrter Handelsgegenstand in den Basaren von Kabul. Der Bart der Baktrer war strack gekämmt und vorne rechteckig gestutzt. Das offene Haar wurde – ein besonderes Kennzeichen der baktrischen Tracht – hinten in einen Beutel gefaßt. In seinem Alltag dürfen wir uns auch Zarathustra so gekleidet vorstellen.
Von den Glaubensvorstellungen der alten Iraner zeichnen sich heute nur noch schwache Umrisse ab – so sehr hat der Prophet aus Baktrien der religiösen Umwelt, in die er hineingeboren wurde, seinen Stempel aufgeprägt. Erst später, nach Zarathustras Tod, wagten sich die von ihm überwundenen Heidengötter wieder hervor. Der Kult der ostiranischen Fürsten schimmert aus einem alten Stück in *Yasht* 15 hervor: »Dem Windgott opferte der Landesherr / in einem lichten Walde, / in dem Walde mitten innen, / auf goldenem Thronsitz, / auf goldenem Brokat, / bei hingebreiteter Opferstreu, /

bei überfließend vollen [Gefäßen mit Trankspenden].« Die Opferstreu war für die unsichtbar anwesend gedachten Gottheiten als Sitz- oder Liegestätte bestimmt.
Die beherrschende Gestalt im Götterkreis der Heimat Zarathustras war allen Anzeichen nach *Mithra.* Ihn verehrten sämtliche Indo-Arier seit Urzeiten. Mithra scheint während der Jahrhunderte der iranischen Einwanderung auf das Hochland zwischen Kaukasus und Hindukusch an die Spitze des Götterkreises gerückt zu sein. An seine Seite als Gott des ›Vertrages‹ (*mithra* bedeutet ursprünglich eben dies), der sich später zum Sonnengott und sieghaften Kriegsgott wandelte, trat *Anahita* als die iranische Göttin der Liebe und Fruchtbarkeit. Allen diesen ›heidnischen‹ Gottheiten sagte Zarathustra leidenschaftlichen Kampf an.

Zarathustras Berufungserlebnis

Zarathustra, der dritte von fünf Brüdern, wurde wahrscheinlich im Jahre 630 v. Chr. geboren. Sein Vater hieß Pourushaspa (›der mit Schecken-Rossen‹), seine Mutter Dughdôvâ (etwa ›die Melkerin‹). Ahnherr der Sippe war Spitâma. In seinen Gesängen, den *Gathas,* nennt sich der Prophet Altirans mehrmals ›Zarathustra Spitâma‹. Von seiner sonstigen Verwandtschaft kennen wir nur seinen Vetter Madyomanha. In ihm fand er seinen treuesten Anhänger – wie nachmals der Prophet Mohammed in seinem Vetter ‘Ali.
Mit fünfzehn Jahren wurde Zarathustra – offenbar gemäß allgemeiner Sitte – volljährig. Mit zwanzig Jahren habe er, so sagt die Überlieferung, ein Wanderleben begonnen. Auch habe sein Vater ihm eine Frau ausgewählt; ihren Namen kennen wir nicht. Sie gebar ihm einen Sohn und drei Töchter. Seinen Beruf nennt uns Zarathustra selbst: er war Priester geworden.
Mehr wissen wir über die ersten drei Jahrzehnte seines Lebens nicht. Ein Geschehen von der Wucht eines Elementarereignisses bezeichnet den Abschluß jener Epoche: Zarathustras Berufung zum Propheten.
Im März des Jahres 600, zu einer Zeit also, da der große Kyrus noch in der Wiege lag, machte sich Zarathustra auf nach der Hauptstadt Baktra, dem heutigen Balch, um dort das Frühlingsfest zu begehen. Heute ist vom alten Baktra nur noch die riesige Umfassungsmauer übrig, innerhalb deren sich das jetzige Balch wie verloren vorkommt (Bild 22). Dem Berufungserlebnis ging eine längere Zeit des Grübelns und der inneren Versenkung in der Einsamkeit vorauf. Eine Ahnung schimmert durch, Zarathustra habe im Wald, auf Bergen, in Höhlen gefastet und gebetet.
Diese Epoche inneren Ringens endete jäh in der erschütternden Begeg-

Bild 22: Überreste der alten Umwallung von Balch in Afghanistan, einst Baktra als Hauptstadt von Baktrien, der Heimat Zarathustras.

nung mit der übersinnlichen Welt. Am Ufer eines dem Oxus zuströmenden Flußlaufes »umkam mich das Heilige«, wie er es in einem seiner Gesänge behutsam andeutet. In einer Schauung erschien ihm ein Engel und belehrte ihn über das Reich Gottes, für das er als Prophet wirken sollte.
Als Zarathustra später seine ihm geoffenbarte neue Lehre in sechzehn Gesänge von unvergleichlicher dichterischer Schönheit zusammenfaßte, zeigten sie sich von der Gestalt jenes Engels durchzogen, der ihn in Gottes Heilsplan eingeweiht hatte. Sein Name war *Vohu Manah,* ›Guter Sinn‹. Dieser Name des Engels steht für das, was er verkörpert und zugleich für das, was er von den Menschen verlangt: also für ›gute Gesinnung‹, das heißt für wahre Frömmigkeit. Sein ganzes ferneres Leben hindurch wußte sich Zarathustra von diesem Engel geleitet und erleuchtet.
In der achten *Gatha* deutet der Prophet in der Form eines Lobpreises Gottes auf das Geheimnis seiner Berufung hin: »Habe ich doch als den Heiligen Dich erkannt, Allweiser Herr, / als es mich durch den ›Guten Sinn‹ [*Vohu Manah*] umkam, / als ich erstmals durch Worte von Euch unterwiesen ward.« Hier haben wir Zarathustras eigenes Zeugnis, daß er den Engel nicht nur schaute, sondern mit seinem inneren Ohr auch dessen Belehrungen vernahm. Im Dreizehnten Gesang wendet er sich an Gott mit der Bitte, er möge doch bewirken, daß ihm die Offenbarung durch seinen Engel klar hörbar durchgegeben werde: »Deutlich werde mir Vohu Manahs Eingebung zugesprochen!« Und obwohl er einmal klagt: »Leid schafft mir unter den Sterblichen mein Eifer, / für das zu ringen, was Ihr mir nanntet als das höchste Gut«, zögerte er nicht, sich dem schweren, ihm zuteil gewordenen Auftrag zu stellen. Vielmehr betont er, zu Gott gewandt, in einer Strophe der achten *Gatha* seinen Gehorsam: »Und als Du mir sagtest: ›In die Rechte Ordnung eingewiesen zu werden, sollst du kommen!‹, / da befahlst Du mir nichts, was unbefolgt geblieben wäre . . .« Zum Unterschied von Mose, Jeremia, Mohammed und von so manchen anderen Propheten hat Zarathustra nach diesem Selbstzeugnis sich nicht gegen seine Berufung zum Glaubensstifter aufgelehnt, sondern sie von Anfang an willig hingenommen.

Kampf, Flucht und Sieg

Wie Zarathustra seine Sendung im heimatlichen Baktrien zu erfüllen suchte, wissen wir nicht. Offenbar hat er ein Jahrzehnt hindurch, also von 600 bis 590 v. Chr., für seine neue Lehre geworben und gekämpft, doch mehr oder weniger erfolglos. Sein Kampf richtete sich anscheinend vor allem gegen den Mithra-Dienst. Bei diesem wurden in nächtlichen Höhlen Stiere

geschlachtet und ein Rauschtrank genossen, den die Inder *Soma*, die Iraner *Hauma* nannten.
Der Prophet beschuldigt die Mithra-Anhänger, daß sie »die Menschen vom besten Tun abspenstig machen«. Sie seien es, »welche mit Hohngelächter, schreiend, des Rindes Lebensnotdurft zerstören«. Angestiftet dazu wurden sie von den Mithra-Priestern. Diesen ›Pfaffen‹ und ›Hymnen-Herunterleiern‹ wirft er zornerfüllt vor, gegen alle menschliche und göttliche Ordnung zu verstoßen: »Nicht fügen sich den Bestimmungen der Hege die Pfaffen, / fühllos gegen das Weh, das dem Rinde durch ihre eigenen Taten und Predigten widerfährt.« Mit dem ›Rind‹ meint Zarathustra in beabsichtigter Mehrsinnigkeit sowohl den Herdenbesitz der iranischen Bauern-Hirten als auch die ›Herde‹ im religiösen Sinne, d.h. die Gemeinschaft der Frommen. Durch Bedrückung der Hirten-Bauern und Beraubung ihrer Herden und Höfe unter dem Vorwand des Mithra-Dienstes hatten die Priester große Vermögen angehäuft.
Bekümmert richtet Zarathustra die Frage an Gott, wann er diesem heillosen Treiben ein Ende bereiten werde: »Wann, Allweiser, werden vom Taumel weg die Mannen wieder geziemend [zum Gottesdienst] antreten? / Wann schleuderst Du diese Rauschtrank-Jauche zu Boden, mit der ihnen auf arge Weise speiübel machen die Pfaffen / wie auch die willentlich bösen Herrscher der Lande?«
Der Leser wird den Ausdruck ›Rauschtrank-Jauche‹ für den Hauma selbst bei einem Propheten des Altertums als reichlich kraß empfinden – auch mir erging es so. Doch konnte jetzt endlich der lange, fruchtlose Streit, was für eine Pflanze denn eigentlich hinter dem Hauma steckte, beigelegt werden, nicht zuletzt wegen eben dieser Wendung Zarathustras. R. G. Wasson hat nämlich gezeigt, daß sich hinter dem Soma der Inder und dem Hauma der Iraner der Saft getrockneter, eingeweichter Fliegenpilze verbarg [11]. Noch bis in unsere Zeit hinein haben sibirische Schamanen diesen Saft für ihre ›Trips‹ in die andere Welt benutzt. Da er als einziges Rauschmittel sogar noch im Harn wirksam bleibt, haben sich die Haumasüchtigen nicht gescheut, den Harn von Menschen zu trinken, die Fliegenpilzsaft zu sich genommen hatten – und das bis zu acht-, neunmal ...
Mit einem Schlage wird angesichts dieses Sachverhaltes Zarathustras Wendung von der ›Rauschtrank-Jauche‹ sinnträchtig und unanstößig.
Die nach Indien und Iran eingewanderten Arier trafen freilich in ihren neuen Wohnsitzen keine Fliegenpilze mehr vor. Sie fanden sich nur noch jenseits des Jaxartes (Syr-Daryâ) in Mittelasien, bei den Skythen mit dem Beinamen ›Hauma-Schwelger‹, den *Sakâ Haumavargâ* der Achämeniden-Inschriften oder den amyrgischen Saken, wie Herodot sie nennt. Wahr-

Bild 23: Stiertötender Mithra aus dem römischen Mithräum in Heidelberg-Neuenheim aus dem 2. Jahrhundert n. Chr.

scheinlich haben diese Skythen ihre iranischen Vettern des Hochlandes mit getrockneten Fliegenpilzen beliefert und dabei hohe Gewinne erzielt. Allmählich aber wurde das begehrte Rauschgift in Iran immer seltener, und so mußte man sich nach irgendeinem Ersatz umsehen. Als der Mithra-Kult später ins römische Heer eindrang, nahmen die Legionäre als Rauschmittel einfach Wein . . .

Unsere Kenntnis von der Mithra-Verehrung der alten Iraner gründet teilweise auf antiker Überlieferung. Denn römische Bildhauer waren es, die für die Mithräen in Europa jene Werke des stiertötenden Mithra schufen, welche den Kultraum an der Stirnseite zierten. Auch auf deutschem Boden haben sich solche Denkmäler erhalten (Bild 23).
Zarathustras Kampfansage an ebendiesen Mithrasdienst reizte die Priester und Fürsten Baktriens zu immer heftigerem Widerstand. Ihre Ablehnung der neuen Glaubensstiftung schlug schließlich in haßerfüllte Verfolgung des Propheten um. »In welche Gegend, mich zu bergen – wohin, um mich zu bergen, soll ich ziehn?« fragt Zarathustra sorgenvoll. »Fern von Adel und Priesterschaft hält man mich. / Nicht stellen mich zufrieden die Landgemeine, um die ich mich mühe, / noch gar des Landes lügenknechtischer Zwingherr. / Wie soll ich da nur Dich, Allweiser Herr, zufriedenstellen?« Der Prophet kennt die Ursache seines Mißerfolges: »Ich weiß ja, Allweiser, weshalb ich so machtlos bin: / wegen meines geringen Viehbesitzes, und weil ich nur wenig Mannen habe . . .«
Zuletzt bleibt Zarathustra als einziger Ausweg die Flucht – gilt doch wie bekannt der Prophet nichts in seinem Vaterlande. Mitten im Winter des Jahres 590 bricht er auf. Am Abend hält sein mit zwei Pferden bespannter Wagen vor dem Herrensitz eines baktrischen Fürsten. Zarathustra bittet um Obdach, obschon er um den lasterhaften Lebenswandel des Burgherrn wußte. Der weist ihn höhnisch ab. Die Erinnerung an diese Unbill taucht unvermittelt im letzten, Sechzehnten Gesang wieder auf: »Nicht hat ihn das buhlknechtische Fürstchen zufriedengestellt, im tiefsten Winter, / den Zarathustra Spitâma, indem er ihn, dort angelangt, abwies, / desgleichen seine ihn Begleitenden wie auch sein vor Frost erschauerndes Zwiegespann.« Der Prophet war gezwungen, die Flucht in der eiskalten Nacht durch die verschneiten Berge fortzusetzen, immer weiter nach Westen.
Mit seiner kleinen Gefolgschaft, zu der auch der treue Vetter Madyomanha gehörte, erreichte Zarathustra schließlich das Reich des Fürsten Vishtâspa von Chorasmien. Heute bezeichnet Chôrezm das Gebiet um den Aralsee; in achämenidischer Zeit jedoch erstreckte sich Chorasmien südwärts bis an den Rand der Salzwüste, also bis zum heutigen Neishâbur und Mashhad. Fürst Vishtâspa, der nicht mit dem gleichnamigen Vater des Darius (griechisch Hystaspes) verwechselt werden darf, gewährte dem landflüchtigen Propheten eine neue Heimstatt. Möglicherweise ist Zarathustra schon damals in die Gegend von Keshmar südlich vom heutigen Neishâbur übergesiedelt, wo er sein berühmt gewordenes Feuerheiligtum errichtete.
Zwei Jahre hindurch predigte Zarathustra in Chorasmien seine neue Lehre. Wie in Baktrien, scheinen sich ihm auch hier die Mithra-Priester entgegen-

gestellt zu haben. Vielleicht kam es wirklich zu dem überlieferten großen Streitgespräch, bei der die Priester ihm, wie es heißt, dreiunddreißig Fragen vorlegten. Auf der Sitzung scheint es äußerst stürmisch zugegangen zu sein. Der den Vorsitz führende Fürst Vishtâspa war offenbar tief beeindruckt. Um so mehr verstärkten Zarathustras Gegner ihre Bemühungen. Die Überlieferung behauptet, seine Feinde hätten ihn der schwarzen Magie und der Zauberei angeklagt und so bei Fürst Vishtâspa erreicht, daß er in den Kerker geworfen wurde, in dem er verhungern sollte. Zarathustra sei aber dadurch freigekommen, daß er das Leibpferd des chorasmischen Herrschers zu heilen vermochte.

Das erinnert an einen ähnlichen Vorgang rund neun Jahrhunderte später. Damals war der iranische Prophet Mani auf Betreiben des Hohepriesters Kardêr verhaftet worden. Der mit schweren Ketten Gefesselte sollte die erkrankte Schwester des Großkönigs Bahrâm I. heilen. Wäre Mani, der für seine Heilkunst berühmt war, dies gelungen, hätte er loskommen können; so aber erlag der Prophet im Kerker am 20. März 276 n. Chr. seinen Ketten. Zarathustra indes hatte in ähnlicher Lage Glück. Nach zweijähriger werbender Predigt in Chorasmien gelang ihm im Jahre 588 v. Chr. der entscheidende Erfolg und Durchbruch: Vishtâspa und sein ganzer Hofstaat traten damals zum neuen Glauben über. Beglückt und dankbar gegen Gott pflanzte der Prophet Altirans vor seinem Feuerheiligtum zu Keshmar eine Zypresse zum Gedenken an diese Wende. Das heutige Keshmar zeigt Tafel 3.

Die Zypresse wurde wahrscheinlich erst auf Befehl des fanatischen arabischen Chalifen al-Mutawakkil im Jahre 861 n. Chr. gefällt. Noch 1272 erfuhr Marco Polo, als er unterwegs nach China an Keshmar vorbeireiste, dies sei die ›Gegend des Zypressenbaumes‹. Vermutlich hat ein Parse aus Yazd oder Kermân dem jungen Italiener vom heiligen Baum seines Propheten Zarathustra erzählt. Auffälligerweise gibt es noch heutigen Tages in der Gegend von Keshmar vereinzelt solche uralte, riesige Zypressen.

Ein Jahr nach dem großen Ereignis der Bekehrung der führenden Chorasmier, am 29. Juli 587, fiel Jerusalem in die Hände des Königs Nebukadnezar II. Das Gottesvolk der Juden trat den Weg in die Babylonische Gefangenschaft an. Der Prophet Jeremia wurde nach Ägypten verschlagen. Während Trauer sich auf Israel senkte, ging fern im Osten Irans eine neue Hoffnung auf. Der Glaube an den einen Gott war hinfort nicht den Kindern Israel allein mehr anvertraut. Das führt uns zum *Inhalt* der Zarathustra zuteil gewordenen Offenbarung.

In den drei Jahrzehnten, die auf die Bekehrung Vishtâspas folgten, fand Zarathustra Gelegenheit, seine Glaubenslehre zu verbreiten und zu festigen. Der Ruf des Propheten breitete sich weithin aus. Scharenweise fanden sich suchende Menschen – Männer wie Frauen – bei ihm in Keshmar ein, um seiner Predigt zu folgen. »Verkünden will ich denn: so lauschet jetzt, so hört nun zu, / die ihr, von nah und auch von ferne kommend, strebend sucht!« Zarathustra forderte seine Hörer auf, sich zum neuen Glauben zu bekennen: »Keiner von euch horche hinfort mehr auf die Sprüche und Lehren des Lügenknechtes! Denn dieser stürzt Haus und Dorf, Gau und Land in Elend und Verderben.«

Vielfach führte die neue Lehre zu Spaltungen und Zerwürfnissen innerhalb der chorasmischen Sippen und Stämme. Der Prophet rief daher seine Getreuen auf, den Anhängern der Götzendienste, den ›Lügenknechten‹ oder ›Teufelsdienern‹, die Türe zu weisen: »Wer nicht als Strebend-Suchender kommt, / der mag nur zu den Behausungen der Lügen-Sippschaft weiterziehen!«

Die Predigt Zarathustras bestand nach seinen Gesängen, den *Gathas*, aus folgendem:

Ziel des Erdenlebens ist das ›Reich‹, die Herrschaft Gottes unter den Menschen. Der Weg zu diesem Gottesreich, in dessen jenseitigen Gefilden ›Heil und Unsterblichkeit‹ des Gläubigen harren, führt über eine Dreiheit. Zu ihr gehört als erstes die ›Rechte Ordnung‹, altpersisch das *Rtam* – ein Grundbegriff iranischer Lebens- und Weltanschauung, der aber durch Zarathustra in ein ganz neues Licht gerückt worden ist. Als zweites gehört zu dieser Dreiheit der ›gute Sinn‹ – zugleich, wir erinnern uns, der Name des Engels, dem Zarathustra seine Offenbarungen verdankte –, und als drittes ›Andacht‹.

Nach der neuen Lehre ist der Mensch gehalten, seine tägliche Arbeit als sittliche Verpflichtung aufzufassen. Er soll sie so verrichten, daß der erwähnten Dreiheit Genüge getan wird: nämlich gemäß der von Gott gesetzten ›Rechten Ordnung‹, in ›guter Gesinnung‹ (also fromm), und mit ›Andacht‹. Morgen, Mittag und Abend seien, so betont der Prophet, von Gott dazu bestimmt, »den Pflichtbewußten an sein Tagewerk zu mahnen«. Für Faulenzerei war in Zarathustras Lehre kein Raum; noch heute steht bei den Parsen der Haushahn in hoher Achtung, weil er in der Morgenfrühe sein Weckamt ausübt.

Zarathustra wurde nicht müde, die Menschen aufzurufen, sich in freier Wahlentscheidung für die ›Rechte Ordnung‹ zu bekennen und sich ihr einzufügen. Denn dadurch wirkt der Mensch zugleich an der Eindämmung und schließlichen Überwindung des Bösen mit. Treffend hat H. H. Schaeder die Lehre Zarathustras als ›Botschaft von der Rechten Ordnung‹ umschrieben. Wer gemäß der Rechten Ordnung denkt und handelt, lebt damit ›aus der Wahrheit‹, wie Jesus sie verstand. Die Rechte Ordnung waltet im naturgesetzlichen Geschehen der Welt genauso wie in Feld und Stall des gläubigen Bauern oder Hirten oder wie im stillen Dienen eines treuen Knechtes. Immer wieder werden wir diesem Grundbegriff begegnen. So konnte Darius im Jahre 519 sagen: »Wer den Allweisen Herrn verehrt, der ist auf immer der Rechten Ordnung teilhaftig, sei es im Leben, sei es im Tode.« In Befolgung der Lehre Zarathustras verwandelte sich die redlich ausgeübte Tätigkeit des Menschen in Gottesdienst.

Einem Nachhall davon begegnen wir nach mehr als zwei Jahrtausenden in einem Reisebericht aus dem Persien von 1683. Dem französischen Missionar N. Sanson erklärten die Parsen, sie seien bemüht, gottgefällig – also nach der Rechten Ordnung – zu leben, indem sie für Reinheit der Elemente sorgten. Dies geschehe, indem man fleißig die Erde bebaue, Gärten hege, die Wassergräben sauber halte und das Feuer nicht verlöschen lasse. Goethe hat diese Nutzanwendung der Predigt Zarathustras dichterisch einfühlsam gestaltet in seinem ›Buch des Parsen‹ des *Westöstlichen Diwan:* »Grabet euer Feld ins zierlich Reine, / daß die Sonne gern den Fleiß bescheine. / Wenn ihr Bäume pflanzt, so sei's in Reihen, / denn sie läßt Geordnetes gedeihen.«

Der solcher Lehre gemäße Gottesdienst war von ihrem Stifter bewußt karg und einfach gehalten worden. An die Stelle blutiger Tieropfer traten Gebet und innere Versenkung. Damit war Zarathustra im fernen Osten Irans zu einer Vergeistigung der Gottesverehrung vorgestoßen, wie sie selbst beim Volke Israel erst durch Jesus bewirkt wurde. Denn noch zu seiner Zeit hatten die Juden außer Rauchopfern eben auch Schlachtopfer dargebracht. Mit fester Hand schaffte Zarathustra all die ›heidnischen‹ Begehungen und Riten ab. Im äußersten Gegensatz zum Mithra-Dienst mit seinen Stierblut- und Hauma-Orgien in nächtlichen Höhlen vollzog sich Zarathustras Gottesdienst im reinen Tageslicht. Der Prophet umschritt einen im Freien stehenden Altar, auf dem ein Feuer brannte: »Mit erhobenen Händen anbetend, / will ich Euch, Allweiser Herr, umwandeln mit Gutem Sinn / und Euch gemäß Rechter Ordnung lobsingen!« Eine ungefähre Vorstellung von der feierlichen Gebetshaltung Zarathustras vermittelt das Felsrelief von Sakâvand unweit Bisotun, dessen Stifter unbekannt ist. Die beiden Räucheraltäre und die kleine Gestalt rechts sind spätere Zutat (Bild 24).

In den Vorstellungen der Nachwelt hat das auf zarathustrischen Altären

Bild 24: Anbetender in zarathustrischer Gebetshaltung, in der altpersischen, aus Elam entlehnten Tracht; Felsbildwerk von Sakâvand unweit Bisotun aus dem vermutlich 5. Jahrhundert v. Chr.

brennende Feuer eine übertriebene, irreführende Bedeutung erlangt, die so weit ging, daß die Parsen schließlich als ›Feueranbeter‹ verketzert wurden. In den *Gathas* aber, in denen beispielsweise die ›Rechte Ordnung‹ nicht weniger als einhundertzweiundsechzigmal vorkommt, ist vom Feuer nur sechsmal die Rede. Für den von Zarathustra gestifteten Gottesdienst bedurfte es lediglich zweier Dinge: eines Altares im Freien und eines Raumes zur Bewahrung des ständig unterhaltenen Feuers vor Witterungsunbilden. Für beides haben die Baumeister und Steinmetzen Kyrus' des Großen künstlerisch vorbildliche Lösungen gefunden.

Tafel 4 zeigt links den Altar in Pasargadae. Der Stufensockel rechts war wohl für den Großkönig bestimmt. Zum Gottesdienst wurde auf einem Tragealtar das heilige Feuer feierlich aus dem in einiger Entfernung errichteten Feuerbewahrturm herbeigeholt. Da er sehr verfallen ist, wird in Bild 25 eine Rekonstruktion gegeben. Glücklicherweise hat Darius unweit Persepolis ein genaues Gegenstück zu dem Kyrus-Bau erstellen lassen, das sehr gut erhalten ist. So können wir uns von der herben Schönheit dieser achämenidischen Kultbauten zarathustrischer Prägung einen Begriff machen.

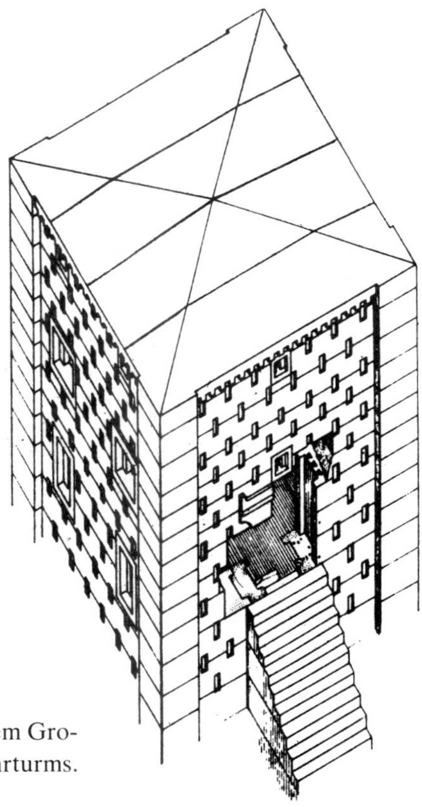

Bild 25: Rekonstruktion des von Kyrus dem Großen in Pasargadae errichteten Feuerbewahrturms.

Zarathustras Gott heißt der ›Allweise Herr‹, ganz wörtlich: der ›Herr Weisheit‹, altpersisch *Ahura Mazdâh.* Für den Propheten war der Allweise Herr der eine, wahre, allmächtige und allwissende Schöpfergott. In Strophen von hinreißender dichterischer Kraft kündet Zarathustra von dem ihm durch den Engel geoffenbarten Gott: »Wer setzte die Bahn fest der Sonne und den Sternen? / Wer ist's, durch den der Mond bald zunimmt und bald schwindet? / Wer hält die Erde drunten, wer die Himmelsgewölbe droben, / daß sie nicht stürzen – wer die Gewässer und die Pflanzen? / Wer schirrte Wind und Wolken ihr Renn-Zwiegespann vor? / Welcher Meister schuf die Lichter und die Finsternisse?« Im Vierzehnten Gesang ruft der Prophet aus: »Habe ich doch, Allweiser, Dich erkannt mit meinem Sinn als den Ersten und Letzten!« – eine Wendung, die auf biblischem Boden erst Jahrzehnte später auftaucht, nämlich beim Zweiten Jesaja (44, 6).

Gott ist in der Lehre Zarathustras der ›Urewige‹, der ›Schöpfer aller Dinge‹, und vor allem: der ›wahre Stifter der Rechten Ordnung‹. Kraft ebendieser Rechten Ordnung, also durch seine Gesetzeswelt, überschaut Gott alles: »Was offen beraten wird, wie auch, Allweiser, was zwei im geheimen bereden; / wer Geringes verschuldet oder wer schwerste Buße verwirkt hat: / dies mit des Auges Strahl, wachsam, überschaust Du durch die Rechte Ordnung alles.«

Mit diesem seinem Gotte fühlte sich der Prophet auf sehr persönliche Weise verbunden. Zarathustra ist ganz frei von jener knechtseligen Unterwürfigkeit, wie sie für den Alten Orient sonst kennzeichnend ist. Er weiß sich als Gottes Freund. Ihm klagt er bei Verfolgung und Mißerfolg sein Leid: »So klag' ich Dir, sieh es Dir an, o Herr, / Unterstützung leihend, wie sie der Freund dem Freunde gewähren soll!« Von ihm weiß er sich beschirmt und behütet: »Du, Allweiser Herr, waltest unumschränkt über jedweden, von dem mir Gefahr droht.«

Aber Zarathustra weiß auch, daß sich Gott selber an die von ihm gestiftete Rechte Ordnung, an seine eigenen Gebote hält. Denn griffe Gott in das Erdengeschehen ein, so hätte zwar das Böse seinen Kampf gegen das Gute sogleich verloren; aber es wäre damit auch die sittliche Entscheidungsfreiheit des Menschen aufgehoben. Der Mensch aber ist in diesen Kampf hineingestellt, damit er sich in freier, eigener Wahl für das Gute entscheide.

Erste und letzte Dinge

Eine zusammengefaßte Schilderung der ersten und letzten Dinge findet sich in den *Gathas* nicht; aber aus vielen einzelnen Andeutungen läßt sich sehr wohl ein Gesamtbild der Jenseitsvorstellungen Zarathustras gewinnen, und dieses ist von bestürzender Eindringlichkeit – gerade auch für uns Heutige. Urewig, also ohne Anfang und Ende, ist – wie wir sahen – allein der Allweise Herr. In seinem unvergänglichen Reich thront er in Segensfülle. Im Gegensatz zur irdischen Welt ist dieses Reich rein geistig, von ewiger Helle, ›sonnenhaft‹; denn Gott war es, »der als erster darauf sann, die seligen Gefilde mit Licht zu durchfluten«.
Die Geschichte dieser geistigen Welt wird zum furchtbaren Drama durch den Zwiespalt, der sich zwischen den beiden Erstschaffungen Gottes herausbildete. »Die beiden anfänglichen Geister, die Zwillinge, durch ein Traumgesicht sich [mir] offenbarend – / sie sind im Denken, Reden, Handeln das Gute und das Böse. / Von diesen beiden Geistern erkor sich der Lügengeist, Bösestes zu wirken; / die Rechte Ordnung aber [erwählte sich] der Heiligste Geist ...«
Zwischen diesen beiden erstgeschaffenen Wesen, zwischen dem Bösen Geist oder Ahriman und dem ›Heiligen (oder Heiligsten) Geist‹, kam es zum Kampf. »Als diese beiden Geister aufeinandertrafen, da stifteten sie [dadurch] erstmals / Leben und Tod.« Während es vorher nur geistiges Leben gegeben hatte, trat jetzt, durch die Auflehnung des Widersachers, der ›Tod‹ ins Dasein.
Der Böse Geist hatte vor der Entscheidung versucht, unschlüssige Engel für sich zu gewinnen. Von ihm verführt, wurden sie zu Dämonen, »und alle zusammen stießen sie zum ›Mordrausch‹, durch den die Menschen das Dasein versuchen«. (Der ›Mordrausch‹, *Aêshma,* ist kein anderer als der Erzdämon Asmodi im Buche Tobias.) Alle von Gott und dem ›Heiligen Geist‹ Abgefallenen wurden durch ihren Ungehorsam zu ›Lügenknechten‹, also zu Untertanen und Werkzeugen des Bösen Geistes, der für Zarathustra die verkörperte ›Lüge‹ ist. Darum heißt bei ihm auch die Hölle meist ›Haus der Lüge‹. Den dort einziehenden Menschenseelen kommen die Höllenbewohner »mit üblen Speisen« entgegen. »Ihnen wird des Erdendaseins Ende zum Weheruf!« – erwartet sie doch »langes Schmachten in Finsternis, Sudelfraß und Jammergeschrei ...«
Die Entscheidung über das jenseitige Los der Einzelseele nach dem Erdentod fällt an der ›Brücke des Auserwählers‹, eines Erzengels, der als Totenrichter amtet. »Seine [des Sünders] Seele wird ihn erzittern lassen an der Brücke des Auserwählers, enthüllt als / [einer, der] durch seine eigenen Ta-

ten und Reden vom Pfade göttlichen Rechtes abgeirrt ist.« Aber: »Wer hingegen sich zum Rechtgläubigen gesellt, der nennt künftige Seligkeit sein eigen.« Denn Gott wird die Wahrhaftigen, die Getreuen der Rechten Ordnung, durch seine Machtgebärde in seliges Gefild versetzen.

Außer dem Einzelgericht kennt Zarathustra auch ein Weltgericht »am letzten Wendepunkt des Schöpfungslaufes«. Wenn die Zeit erfüllt, wenn die neunte Kehre der Erdgeschichts-Bahn durchmessen ist, wird der Allweise Herr sich am Zielpunkt einfinden, begleitet vom ›Heiligen Geist‹ und vom ›Guten Sinn‹. Durch Feuer werden die beiden Lager nach Gut und Böse getrennt. »Ihnen wird ›Andacht‹ die Richtersprüche verkünden / Deines Ratschlusses, den niemand beirren kann.« Ehe es zum Jüngsten Gericht kommt, findet ein gewaltiger Kampf statt. Der Endsieg bringt die Sphäre der Lüge zum Einsturz, während die treu Erfundenen ins Paradies eingehen. Für die Welt bedeutet das Endgericht jedoch nicht Untergang, sondern Verklärung, Vergeistigung.

Die rätselhafteste Gestalt der prophetischen Offenbarung Zarathustras ist der schon mehrfach erwähnte ›Heilige (oder Heiligste) Geist‹. Er steht im äußersten Gegensatz zum Bösen Geist, den schon die Antike mit *Luzifer* gleichgesetzt hat. Beide sind sie Erstschaffungen Gottes, ›Zwillinge‹. Die vom Bösen Geist verführten Engel sind nicht nur vom Allweisen Herrn, sondern auch vom Heiligen Geist abgefallen.

Der Heilige Geist wohnt – nach Zarathustra – als Herr des Reiches im Paradies oder ›Haus des Lobgesanges‹, das er im Auftrage Gottes sich entfalten läßt. Auf Weisung Gottes hat der Heilige Geist alle Dinge geschaffen, darunter die Welt der Tiere, Pflanzen, Gewässer. Mit Gott zusammen hat er die Rechte Ordnung ersonnen. Als prüfender Gerichtsherr verleiht er frommen Seelen nach ihrem Erdentod Heil und Unsterblichkeit. Ihnen wird er in der Welt der Seligkeit wie ein Vater oder Bruder getreu sein.

Am Jüngsten Tag wird der Heilige Geist auf Gottes Geheiß richten über Gerechte und Ungerechte. Denn er kennt den geheimen Ratschluß Gottes, mit dem er innigst vertraut, ja mit dem er seit Ewigkeit *eins* ist. Und als Krönung: der Heilige Geist ist der *Sohn* des Allweisen Herrn, von dem Zarathustra beteuert: »Du bist der heilige Vater dieses Geistes! Drum, Herr, hat er – Zarathustra – sich *den* Geist erkoren, Allweiser, der von allen Dir der heiligste ist!«

Diese unerwarteten Aussagen der *Gathas* haben J. Duchesne-Guillemin zu folgender Betrachtung veranlaßt: »Der Allweise Herr ist der Vater des Heiligen Geistes – mit dem er zugleich eins ist . . . Der Vater als dem Sohne gleich, welcher der Geist ist – eine solche Aussage, sechs Jahrhunderte vor Jesus Christus, stimmt einen nachdenklich . . .«

Sollte man sich, wie ich es tue, zu der Auffassung durchringen, daß Zarathustras Gottesbegriff sich wesenhaft mit dem unsrigen deckt, dann wird man schwerlich umhin können zu folgern, die von dem Propheten Altirans ›Heiliger Geist‹ genannte Gestalt meine in Wahrheit *Christus*. Denn Zarathustras ›Heiliger Geist‹ ist in den *Gathas* zugleich ein Heiland, wörtlich: ein ›Daseins-Heiler‹, dessen Kommen er von Gott erfleht: »Einen Richtenden verheiße Du uns, einen Heiland!« Einen, »der Dir gleich ist, Allweiser Herr – wann wird er sein? Und was seine Tat? ...« Hier begegnet uns, sechs Jahrhunderte vor der Zeit, eine seherische Ahnung vom Kommen des Erlösers der Menschheit.

Weltgeschichtlich wirksam wurde die Lehre Zarathustras durch die beiden größten Achämeniden, Kyrus II. und Darius, die sich zu dem neuen Glauben bekannten. Mit diesen beiden Herrschern breitete sich, wennschon vielfältig gebrochen und durch irdische Widerstände gemindert, die vom Propheten verkündete Rechte Ordnung über ein Weltreich hin aus. Wenden wir uns also jetzt, um dies zu verfolgen, dem ersten der beiden Großkönige zu – dem ›großen Phantasieobjekt Kyrus‹.

4 WELTREICHGRÜNDER KYRUS

Vor zweieinhalb Jahrtausenden, am 12. August 530 v. Chr., hatte in Borsippa eine Babylonierin ein Grundstück in der Nähe des Lasurstein-Tores einem Verwandten überschrieben. Das Keilschrifttäfelchen trägt das Datum »im neunten Jahr des Kyrus, des Königs der Länder«. Am 31. August desselben Jahres 530 hatte in der Hauptstadt Babel ein Babylonier einen Esel im Wert von fünfzig Silberstücken in Zahlung gegeben. Dieses Täfelchen trägt als Datum »Jahr des Herrschaftsantrittes des Kambyses, des Königs der Länder«.

Diese beiden unscheinbaren Keilschrifturkunden enthalten mittelbar eine weltgeschichtliche Nachricht: zwischen dem 12. und 31. August 530 v. Chr. war in Babylonien die Kunde vom Tode des großen Kyrus und von der Thronbesteigung seines ältesten Sohnes Kambyses eingetroffen. Die zwei Täfelchen [12] sind die bisher einzigen sicheren Zeugnisse dafür, daß der Begründer des persischen Weltreiches der Achämeniden gegen Ende Juli 530 den Tod gefunden hat. Siebzigjährig war Kyrus im Kampf gegen die Skythen Mittelasiens gefallen.

»Wenn bei einem Fürsten die Geschichte Dichtung zu werden scheint, ist es beim Stifter des persischen Reiches, Kyrus, der Fall gewesen«, schrieb Johann Gottfried Herder schon vor zweihundert Jahren. Er nennt Kyrus ein ›Götterkind‹ und fährt dann fort (in seinem Buche *Ideen zur Philosophie der Geschichte der Menschheit*): »Hat Xenophon von den Sitten der alten Perser, unter denen Kyrus erzogen ward, wahr geredet, so mag der Deutsche sich freuen, daß er mit diesem Volk wahrscheinlich eines verwandten Stammes ist ...«

Die geschichtliche Gestalt Kyrus II. hat etwas eigentümlich Helles, Ritterliches und wohltuend Menschliches. Seiner Ausstrahlung haben sich selbst die Griechen, gewissermaßen die ›Erbfeinde‹ der Perser, nicht entziehen können.

Tafel 9: Phönikische Gottheit am Torbau des Kyrus zu Pasargadae als Schutzgeist.

Tafel 10: Fischmantelpriester und Stier-Standartenträger als assyrische Schutzgestalten am Torweg des Kyrus-Audienzpalastes zu Pasargadae.

10

11

12

Aischylos, der 490 v. Chr. bei Marathon gegen die Bogenschützen des Darius kämpfte, läßt diesen in seiner Tragödie ›Die Perser‹ von Kyrus sagen: »Ein glückseliger Mann war er, und Frieden brachte er all den Seinigen ... Nicht feind war ihm die Gottheit, denn er war maßvoll und besonnen.« Zwei Generationen später schrieb Herodot: »Dem Kyrus sich zu vergleichen, würde kein Perser je wagen.« Allgemein hieß es im Volke, er sei »wie ein Vater« gewesen. Die Liebe zu ihm ging bei den Persern so weit, daß sie alle, wie Plutarch berichtet, eine Adlernase für schön fanden, nur weil der Stifter ihres Weltreiches eine solche besaß. Aristoteles zählte Kyrus unter die Befreier und Wohltäter der Völker. Platon fand (in seinem Zwiegespräch *Die Gesetze*), das persische Volk habe sich unter Kyrus verhältnismäßig großer Freiheit erfreut; diese sei unter Kambyses verlorengegangen, und Darius habe sie nur teilweise wiederhergestellt. Kyrus habe verständigen Rat gerne befolgt, »und so stand denn damals bei den Persern alles in frohem Gedeihen – nämlich durch Freiheit, Eintracht und gemeinsam planende Gesinnung«.
Xenophon wagte sogar, in seiner *Kyrupaideia,* einem Erziehungsroman mit geschichtlichen Einflechtungen, Kyrus seinen griechischen Landsleuten als Vorbild hinzustellen. Er hätte dies nicht tun können, wäre nicht auch das Hellas seiner Zeit – um 400 v. Chr. – von der Größe des Perserkönigs überzeugt gewesen. »Denn Kyrus gehorchten nämlich auch die ganz weit entfernten Völker gerne«, schreibt Xenophon in der Einleitung zu seinem Buche, »selbst solche, die ihn nie gesehen hatten und wußten, daß sie ihn nie würden zu Gesicht bekommen ... Durch die Gewalt seines Namens dehnte er sein Reich so riesig aus, daß alles vor ihm erzitterte und keiner gegen ihn aufstand – im Gegenteil: er flößte ihnen vielmehr derart den Wunsch ein, ihm zu gefallen, daß sie nur von seinem Willen beherrscht werden wollten.« Wenn man der Überlieferung glauben dürfe, so fährt Xenophon fort, sowie den Liedern, die unter den Persern noch zu seiner Zeit im Schwange waren, sei seine Gestalt von Natur außerordentlich schön gewesen. Leider hat sich kein Bildnis von Kyrus erhalten – lediglich die untere Hälfte eines solchen steht noch in den Trümmern seines Wohnpalastes zu Pasargadae (Bild 26). Das Flachbild zeigt den Herrscher in seinem von den Elamern übernommenen, reichen Faltengewand; der Mittelteil trug einst eine Goldverkleidung. Wie die Löcher an den Schuhen erweisen, waren auch diese ursprünglich

Tafel 11: Das Kyrus-Grab zu Pasargadae (Zustand vor 1971).

Tafel 12: Nubische Gabenbringer an der Apadâna-Osttreppe zu Persepolis.

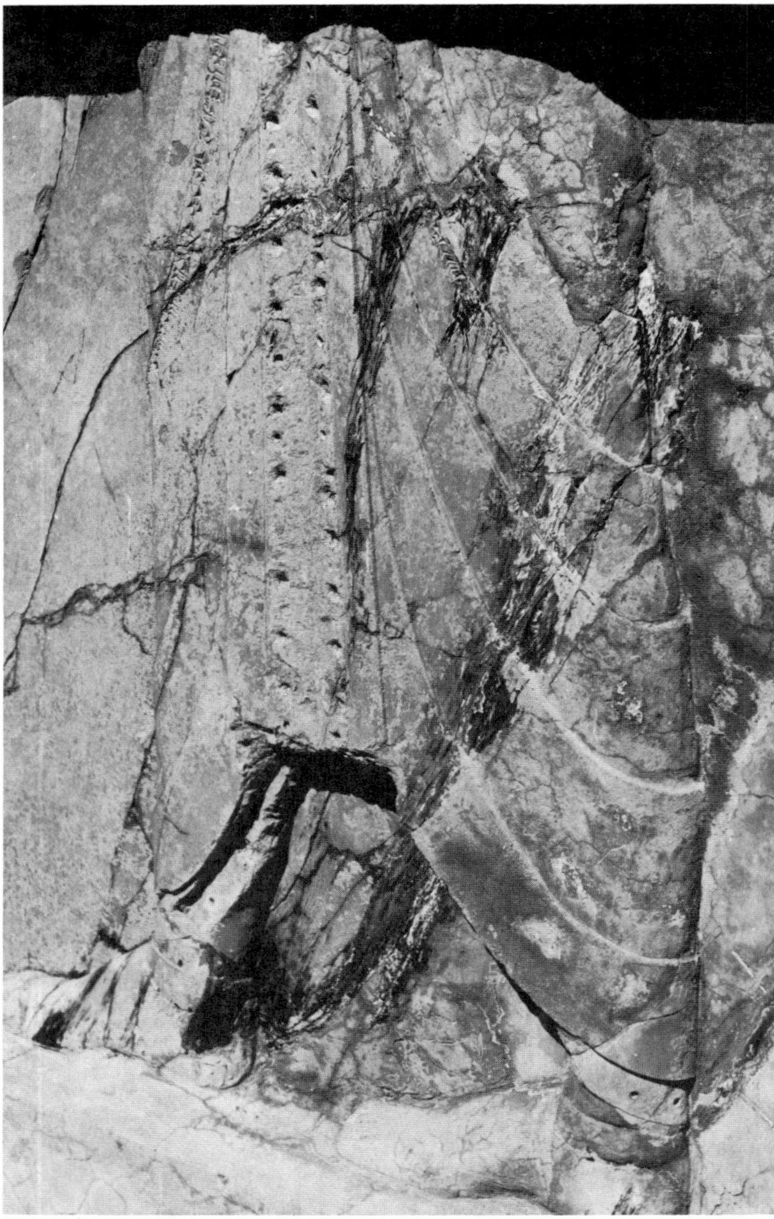

Bild 26: Überrest eines Kyrus den Großen darstellenden Flachbildes in seinem Wohnpalast zu Pasargadae.

goldverziert gewesen. Sie lassen die drei Schnürsenkel vermissen, welche Elamer und Perser an ihren Festtagsschuhen trugen (die Feldschuhe gingen bis über den Knöchel hinauf und brauchten daher sechs Nestel); Schuhe ohne Schnürsenkel waren das Vorrecht des Herrschers.

Auf den Gewandfalten steht links in elamischer, rechts in babylonischer Keilschrift: »Kyrus, der Großkönig, der Achämenide.« Das ist die einzige, von Kyrus selbst stammende Inschrift, die sich auf iranischem Boden erhalten hat. Eine persische Aufschrift fehlt, weil ja – wie im ersten Kapitel gezeigt – erst Darius die altpersische Keilschrift eingeführt hat. Darius hat dann später die persische Aufschrift hinzugefügt; aus Platzmangel wurde sie auf den Ärmel des Kyrus-Bildes gezwängt. Ein Bruchstück davon fand 1963 David Stronach, der Ausgräber von Pasargadae.

Alle sonstigen – dreisprachigen – Inschriften in Pasargadae stammen von Darius. Es sind zumeist einfache Zuweisungsvermerke: »Ich, Kyrus, der König, der Achämenide« und sollten eben die Bauwerke dort als auf Kyrus zurückgehend kennzeichnen. Auffälligerweise gab Darius darin dem Bauherrn Kyrus nicht den Titel ›Großkönig‹, auf den er eigentlich Anspruch gehabt hätte. Darius mochte sich darauf hinausreden, daß er selbst auf seinen Siegeln auch nur den Titel ›König‹ führte, und die von ihm in Pasargadae angebrachten Zuweisungs-Inschriften hatten ja tatsächlich etwas von der Art eines Siegels, eines Eigentumsvermerkes. Gleichwohl ahnt man auch in diesem Verhalten des Darius etwas von der Spannung, die nun einmal zwischen der jüngeren Linie der Achämeniden, der er angehörte, und der älteren des Kyrus bestand. Doch kleinlich war Darius nicht: auf dem Flachbild, auf dem sich Kyrus selbst als ›Großkönig‹ bezeichnet hatte, beließ Darius ihm diesen Würdetitel auch in der von ihm später hinzugefügten persischen Fassung.

Eine größere Inschrift hat Darius *über* dem eben erwähnten Bildnis des Kyrus in Pasargadae einmeißeln lassen. Aus den spärlichen altpersischen, elamischen und babylonischen Bruchstücken, die Ernst Herzfeld 1928 im Schutt der Kyrus-Pfalz gefunden hat, läßt sich etwa folgender Wortlaut gewinnen: »Kündet Darius der Großkönig, der Sohn des Hystaspes, der Achämenide: Diesen Wohnpalast hatte Kyrus der König ... errichtet, und darin auch dieses Bildwerk. Eine Inschrift indes hat er nicht anbringen lassen. Daraufhin wurde diese meine Inschrift [darüber] geschrieben[13].« Auch in dieser Inschrift hat Darius dem Kyrus den Titel ›Großkönig‹ vorenthalten, ihn sich selbst aber beigelegt ... Nicht geschmälert hat er jedoch des Kyrus' Verdienste als Bauherr von Pasargadae, eben indem Darius auf Pfeilern und Türlaibungen zahlreiche Zuweisungs-Inschriften für Kyrus anbringen ließ. Heute sind davon allerdings nur noch zwei erhalten.

Schon früh hat sich die Sage der Gestalt des Kyrus bemächtigt. Ein ganzer Kranz von Legenden rankt sich vor allem um seine Jugend.
Nach einer solchen Sage soll Kyrus II. der Sohn einer Ziegenhirtin und eines einfachen Persers gewesen sein, der aus Armut zum Räuber geworden war. Als junger Bursche sei Kyrus an den Hof des Mederkönigs Astyages gekommen, wo er in Hagmatâna (Hamadân) Dienst als Palastfeger tat, später als Mundschenk in Gunst kam, zuletzt aber den Astyages bekämpfte und besiegte.
Verbreiteter war eine andere Sage. Ihr zufolge hatte König Astyages einen Traum. Er sah, wie vom Schoß seiner Tochter Mandane so viel Wasser ausging, daß ganz Asien davon überflutet wurde. Befürchtend, Mandanes künftiger Sohn könnte ihn überwältigen und gar Weltherrscher werden, verheiratete der Mederkönig seine Tochter mit Kambyses I. Diesen Perser hielt er angeblich, obwohl er doch in Wahrheit König von Anzan war, für einflußloser als einen Meder mittleren Ranges. Ein zweiter, ähnlicher Traum versetzte Astyages in noch größere Besorgnis. Als dann Mandane einen Knaben gebar, befahl der Herrscher seinem Hofmarschall Arbaka, er solle das Kind durch einen Rinderhirten in der Einöde aussetzen lassen. Dort aber wurde Kyrus von einer gottgesandten Hündin gesäugt. Die bei Herodot bunt ausgemalten Einzelheiten der Rettung des Knäbleins und seines märchenhaften Aufstiegs seien hier übergangen.
Unter dem Gestrüpp der Kyrus-Legenden ist die geschichtliche Wahrheit fast unkenntlich geworden. Diese Sagen haben indes bewirkt, daß spätere Achämeniden bei ihrer Krönung ein merkwürdiges Ritual über sich ergehen lassen mußten. Plutarch berichtet von der Thronbesteigung des zweiten Artaxerxes (405 v. Chr.): »Kurze Zeit nach dem Tode Darius' II. begab sich der neue Herrscher nach Pasargadae, um von den persischen Magiern die Königsweihe an sich vollziehen zu lassen.« In Pasargadae befand sich ein anscheinend der Göttin Anahita gestiftetes Heiligtum. »Wenn der zu Weihende diesen Tempel betreten hat, muß er seine eigene Gewandung ablegen und die anziehen, welche einst der große Kyrus getragen hatte, ehe er König wurde.« Dann mußte er einen Becher Sauermilch trinken und getrocknete Feigen essen und Pimpernüsse*. Der zu krönende Herrscher sollte also in einem dramatisierten Ritual sich die Lebensform zu eigen ma-

* Pimpernüsse sind die bitterlich schmeckenden, aber immerhin eßbaren Früchte der *Pistacia terebinthus,* die zu der kargen Nahrung der persischen Krieger gehörten – nicht aber die als Leckerbissen allezeit geschätzten Pistazien.

chen, welche die Sage dem einstigen Hirtenburschen Kyrus angedichtet hatte. Dadurch sollte, wie Andreas Alföldi erschlossen hat, der neue Herrscher auf magische Weise die glanzvolle Zeit des zum iranischen ›Urkönig‹ verklärten Kyrus für seine Gegenwart wieder heraufbeschwören.
Merkwürdigerweise hat sich aber ein Stück Kyrus-Legende selbst bis in unsere Zeit forterhalten. Als Iran im Oktober 1971 seine 2500-Jahr-Feier beging, erschienen aus diesem Anlaß in aller Welt wissenschaftliche Veröffentlichungen über Kyrus den Großen. Sie haben – mit nur einer Ausnahme – sämtlich als wahr hingenommen, daß Astyages' Tochter Mandane, also eine Mederin, die Mutter des Kyrus gewesen sei. Das ist jedoch ausgeschlossen, wie sich leicht ermitteln läßt. Dazu müssen wir freilich ein weniges von der Geschichte Mediens nachholen, die wir ›überblättert‹ haben.
Der Mederkönig Kyaxares II. hatte, wie wir sahen, im Jahre 612 im Bunde mit Babylonien Ninive erobert und danach den Großteil von Assyrien seinem Reiche einverleibt. Kyaxares regierte noch im Jahre 585. Denn damals kämpfte er gegen Alyattes, den König von Lydien im westlichen Kleinasien, den Vater des sagenhaft reichen Kroisos (Krösus). Während der Entscheidungsschlacht, so berichtet Herodot, »verwandelte sich der Tag plötzlich in Nacht«. Die von der Sonnenfinsternis erschreckten Gegner schlossen sogleich Frieden und bestimmten den Halys, den heutigen Kızıl Irmak oder ›Roten Fluß‹, zur Grenze zwischen Lydien und Medien. Die Astronomie liefert uns den genauen Zeitpunkt: die Schlacht hatte am 28. Mai 585 stattgefunden. An diesem Datum hängt, nebenbei bemerkt, ein großer Teil der Zeitrechnung der alten Geschichte Vorderasiens.
Kyaxares II. hatte vierzig Jahre über Medien regiert, davon 28 unter der Oberherrschaft der kimmerischen Skythen. Sein Sohn Astyages – auf medisch *Rshtivaiga* oder ›Lanzenschwinger‹ – dürfte 584 den Thron geerbt haben, wenn nicht gar schon im voraufgehenden Jahr der Sonnenfinsternis. Denn Herodot gibt dem Astyages 35 Regierungsjahre, und fest steht, daß er 550 von Kyrus besiegt, abgesetzt und verbannt wurde. In jedem Falle war Astyages bei seiner Thronbesteigung ein Mann mittleren Alters gewesen; er konnte also um 585 sehr wohl eine mannbare Tochter gehabt haben. Unterstellen wir einmal, daß die besorgniserregenden Träume ihn gleich zu Anfang seiner Herrschaftszeit heimgesucht hatten, könnte Mandanes angeblicher Sohn Kyrus allenfalls (frühestens) 583 v. Chr. auf die Welt gekommen sein. Damals war indes der *geschichtliche* Kyrus bereits siebzehn Jahre alt ... Denn er war im Jahre 601 geboren. Das folgt nicht nur aus Dinon und Justinus; das Buch Daniel (6, 1) berichtet ausdrücklich, der Eroberer von Babylon – also Kyrus II. – sei zum Zeitpunkt der Eroberung (539 v. Chr.) zweiundsechzig Jahre alt gewesen.

Somit ist die ganze, so hübsch ausgesponnene Geschichte von der Prinzessin Mandane ins Reich der Sage zu verweisen. Der große Kyrus hatte also keine Mederin zur Mutter. Vermutlich besaß diese Legende politische Wurzeln: sie sollte den achämenidischen Weltreichgründer zu einem halben Meder machen, wohl um die Meder mit der persischen Vorherrschaft auszusöhnen. Von der wirklichen Jugend des Kyrus weiß die Geschichte nichts zu vermelden. Mit zweiundvierzig Jahren (559 v. Chr.) folgte er seinem Vater Kambyses I. auf dem Throne Persiens nach.

Sturz des Mederreiches

Falls wir uns von der außerordentlichen Wesensart des Kyrus ein ungefähr zutreffendes Bild machen, hatte er schon vor seiner Thronbesteigung hochfliegende Pläne gehegt – vor allem den Plan, die verhaßte medische Oberhoheit über die Perser abzuschütteln. Keilschriftliche Quellen aus dem Zweistromland lassen ahnen, daß Kyrus sehr bald in diplomatische Beziehungen zu Babylonien trat, um sich nach Westen hin abzusichern.
Möglicherweise hat er gleichzeitig Fühler nach Nord- und Ostiran ausgestreckt. Dann wäre denkbar, daß er auch Chorasmien für seine Pläne zu gewinnen suchte. Dabei könnte Kyrus auch den großen Propheten in Keshmar aufgesucht haben ... Zu jener Zeit hatten mit Sicherheit alle Iraner schon von Zarathustra gehört. Daß sich Kyrus selbst seiner neuen Glaubenslehre angeschlossen hat, erweisen – wie schon erwähnt – die von ihm in Pasargadae gestifteten Kulteinrichtungen eines Altares im Freien und eines Feuerbewahrturmes. Warum sollte dann nicht Zarathustra selbst noch den angehenden Weltreichgründer zum neuen Glauben bekehrt haben?
Kam es wirklich im Gartenhag des Feuerheiligtums zu Keshmar zu einer Begegnung Kyrus' mit dem dreißig Jahre älteren Propheten, dann hat damals, um 555 v. Chr., einer der Größten unter den Mächtigen dieser Erde einem der Größten des Geistes ins Auge geblickt. Zu meinen, die beiden hätten sich bei solcher Begegnung nichts zu sagen gehabt, wäre töricht. Als wahrscheinlich gilt mir, daß Zarathustra seinem Gast prophetische Worte mit auf den Weg gab. Er mochte in Kyrus einen Vollstrecker der von ihm gepredigten ›Rechten Ordnung‹ geahnt haben. Allein, Gewißheit darüber haben wir nicht ...
Um dieselbe Zeit, im Jahre 556, hatte Babyloniens neuer, freilich damals schon betagter König, der Aramäer Naboned, ein Traumgesicht.
Naboned stammte aus Harrân in Syrien, heute in der südlichen Türkei bei Urfa gelegen. Dort hatte einst Abraham einen Zwischenhalt gemacht auf

seiner Umsiedlung von Ur nach Kanaan. Als Carrhae wurde es den Römern furchtbar durch die Niederlage ihres Feldherrn Crassus gegen die Parther im Jahre 53 v. Chr. In Harrân wurde der Mondgott Sin seit alters verehrt, und ihm gehörte auch Naboneds ganze Liebe. Bei der Eroberung von Harrân im Jahre 610 hatten die Meder den Sin-Tempel zerstört. Ihn wollte Naboned um jeden Preis wiederaufbauen.

Er getraute sich zunächst aber nicht, denn, so schreibt er: »Meder halten jenen Tempel umschlossen, und gewaltig ist ihre Macht.« Allein, in dem erwähnten Traumgesicht von 556 sprach die Gottheit dem König Mut zu: »Die Meder, von denen du redest, werden nicht mehr sein – weder ihr König [Astyages] noch sein Land noch die Fürsten seines Gefolges[14]!«

So zu seinem Unternehmen ermuntert, drang Naboned nach Harrân vor. Die Meder setzten ihm keinen Widerstand entgegen – sie hatten wohl schon ihre Sorgen mit den aufsässigen Persern in Anzan. Zum offenen Kampf zwischen Medern und Persern kam es erst nach drei Jahren, 553, im wahrscheinlichen Todesjahr Zarathustras. Naboned aber baute unverdrossen, ja begeistert in Harrân seinen Sin-Tempel.

Kyrus begann den Feldzug zur Abschüttelung des Mederjoches durch einen Angriff auf die medische Festung Pâthragadâ (Pasargadae). Dort hat er später seine eindrucksvolle Burgterrasse errichtet (Tafel 6). Es wurde ein hartes Ringen. Anscheinend war Astyages selbst zur Verstärkung seiner Garnison herangerückt. Nach einem Bericht kam Kyrus am Abend, vom Kampf ermattet, zu seinem väterlichen Haus in Pasargadae. Er opferte Weizenmehl und erzeugte durch Reibhölzer aus Zypressen- und Lorbeerholz ein heiliges Feuer. Da habe es zu seiner Rechten geblitzt und gedonnert, und als er betete, habe ihm der Vogelflug als glückliches Vorzeichen die Eroberung von Pâthragadâ verkündet.

Nach einem andern Bericht standen die Dinge indes gar nicht günstig. Vielmehr wurden die persischen Truppen von den an Zahl überlegenen Medern in die Flucht geschlagen. Ihre Frauen hatten die Perser vor der Schlacht auf einem Berg in Sicherheit gebracht. Als sie nun dorthin zurückfluteten, sollen die Perserinnen ihre Röcke hochgehoben und den Weichenden zugerufen haben: »Wohin, ihr Feiglinge? Wollt ihr euch etwa wieder dorthin verkriechen, von wo ihr zur Welt gekommen seid?« Das gab den Ausschlag. Die beschämten Perser kämpften nun mit solcher Verbissenheit, daß König Astyages, der sie erst als ›Bettlergesindel‹ geschmäht hatte, stöhnend zugab: »Diese Pimpernüssefresser sind doch verflucht tapfer! . . .«

Es ist schwierig, aus diesen Berichten den wahren Kern herauszuschälen. Tatsache ist immerhin, daß es bei den Achämeniden Brauch wurde, allen

Frauen von Pasargadae, wann immer der Großkönig dorthin kam, ein Goldstück zu schenken – eben in Würdigung der Verdienste ihrer Vorgängerinnen von einst. Nur Artaxerxes III., so weiß Plutarch zu vermelden, habe aus Geiz jedesmal die Stadt umgangen, um die Frauen nicht beschenken zu müssen. Da selbst Alexander die Geschenksitte beibehielt, ja, jeder schwangeren Perserin dort sogar zwei Dareiken aushändigen ließ, könnte die Geschichte von den ›tapferen Weibern von Pasargadae‹ einen geschichtlichen Hintergrund haben.

In den beiden folgenden Jahren dürfte es Kyrus gelungen sein, allmählich alle medischen Besatzungen aus der Persis zu vertreiben. Astyages berief seine gesamten Hilfstruppen aus Nord- und Ostiran zu einem kriegsentscheidenden Feldzug des Jahres 550 ein. Die Naboned-Chronik berichtet darüber: »Astyages bot sein Heer auf und rückte gegen Kyrus, den König von Anzan, ins Feld, um ihn [zu besiegen] [15].«

Den Oberbefehl über die medischen Truppen führte, wie es scheint, Hofmarschall Arbaka, der Harpagos der Griechen. Ihn hatte Astyages einmal tödlich gekränkt. Überhaupt war der König im medischen Volk wenig beliebt. Kyrus hat es anscheinend verstanden, Arbaka auf seine Seite zu ziehen. Während der Feldschlacht »meuterte das Heer des Astyages«, wie es in der erwähnten Chronik heißt. Ein Teil der medischen Truppen ging zu Kyrus über, andere ergriffen die Flucht. Jetzt stellte sich Astyages selbst an die Spitze des ihm verbliebenen Heeres, um seine Hauptstadt Hagmatâna zu verteidigen, doch vergebens. Verzweifelt flüchtete er sich, von Kyrus scharf verfolgt, in die Hochburg.

Ktesias, der griechische Arzt, dem wir im ersten Kapitel schon begegneten und der am Hofe Artaxerxes II. (um 400) lebte, weiß zu berichten, Prinzessin Amytis habe ihren Vater Astyages in den Trümmern des Palastes versteckt. Dieser habe sich dann jedoch selbst dem Sieger Kyrus ausgeliefert, um zu verhüten, daß seine Enkel Spitaka und Bagafarnâh gefoltert würden, denen man das Geheimnis seines Versteckes entreißen wollte. Der persische Hofmarschall Vohubara habe Astyages in schwere Ketten legen lassen; Kyrus habe diese jedoch selbst entfernt und den besiegten Greis wie einen Vater behandelt.

Die Naboned-Chronik, ein Muster knapper Berichterstattung, vermerkt

Tafel 13: Lydischer Gabenbringer von der Apadâna-Osttreppe zu Persepolis. Die Gefäße sind aus Gold zu denken.

Tafel 14: Achämenidisches Trankopfergefäß aus Silber mit Goldbelag, in Kleinasien an der Schwarzmeerküste gefunden. Es zeigt große Ähnlichkeit mit den Gefäßen des lydischen Gabenbringers von Tafel 13.

14

15

lediglich: »Astyages wurde gefangengenommen, und die Meder lieferten ihn dem Kyrus aus.« Wie es im einzelnen auch gewesen sein mag: fest steht, daß Kyrus den letzten Mederkönig am Leben ließ, ihn aber nach Hyrkanien verbannte, also in das Gebiet beim heutigen Gorgân an der Südostecke des Kaspischen Meeres. Kyrus selber »führte aus Hagmatâna das Silber, Gold und alle Schätze weg und verbrachte sie nach Anzan«.

Durch den Sieg vom Jahre 550 über die Meder war Kyrus zum Herrn über den größten Teil von Iran geworden. Er tastete aber die bestehenden Fürstenhäuser nicht an, sondern machte diese lediglich zu persischen Vasallen. So folgten jetzt Meder, Parther, Hyrkanier, Chorasmier, Baktrer und Teile der Skythen der Adlerstandarte des Kyrus.

Nach der Befriedung des Ostens und Nordens wandte er sich dem Westen zu. Wohl waren ihm als dem Erben des Mederreiches auch die medischen Besitzungen auf dem Gebiet des einstigen Assyrien zugefallen, doch gab es da ersichtlich noch Widerstände zu brechen. Im April des Jahres 547 rückte Kyrus aus dem nördlichen Medien über den Rewânduz-Paß ins mesopotamische Tiefland vor. Babyloniens König Naboned mochte sich unbehaglich gefragt haben, was der Perser wohl im Schilde führe. Vielleicht aber hatte Kyrus seinen Feldzug auf diplomatischem Wege vorbereitet. Jedenfalls gibt sich die Naboned-Chronik ganz gelassen: »Kyrus, der König von Pârsa, berief sein Heer ein und überschritt den Tigris unterhalb von Arbela.« Arbela ist das heutige Erbil östlich von Mossul im Irak.

Damals, am 6. April 547, war gerade die über hundertjährige Mutter Naboneds in der Nähe von Sippar am Euphrat gestorben. Da der babylonische König sich schon seit Jahren in der arabischen Wüstenstadt Taima aufhielt, leitete Kronprinz Belsazar, den wir aus dem Buche Daniel kennen, an seiner Statt die Trauerfeierlichkeiten.

Von den Babyloniern unbehelligt, rückte Kyrus im Mai 547, wie es scheint, in Suhi ein – der Name ist in der Naboned-Chronik verstümmelt, Sir Max Mallowan liest ihn ›Lykien‹. Suhi war ein Gebiet am mittleren Euphrat, das eine lange Geschichte als Zankapfel zwischen Assyrien und Babylonien hinter sich hatte. »Er besiegte dessen König, nahm seine Beute an sich und

Tafel 15: Greifenrelief aus lasierten Kacheln von der Palastanlage des Darius zu Susa. Diese Kunst haben die Elamer von den Babyloniern übernommen; der Greif als Fabelmischwesen ist eine elamische ›Erfindung‹.

Tafel 16: Ausschnitt aus einem Mauerfries in lasierten Kacheln vom Darius-Palast zu Susa, elamische Garden darstellend, heute im Louvre. Von ihrer Bewaffnung ist nur die Lanze persisch; Bogen und Pfeilköcher sind elamische Waffen, von den Persern übernommen.

legte eine Besatzung dorthin.« Im Schatzhaus von Persepolis hat sich ein Stück Lapislazuli von einem aus Suhi stammenden Zepter angefunden, das vielleicht von der Beute des Jahres 547 herrührt. Vermutlich hat Kyrus von Suhi aus, wo er sich länger aufhielt, seine medischen Erblande auf assyrischem Boden dem Reichsverband fest eingegliedert. Seine großen Erfolge riefen nun aber einen neuen Gegner auf den Plan: Kroisos von Lydien.

Sturz des Lyderreiches

Nach der Gefangennahme seines Schwagers Astyages von Medien befürchtete König Kroisos in seiner Hauptstadt Sardes, Kyrus werde sich mit seinem medischen Erbteil Kappadokien nicht begnügen, sondern ganz Kleinasien erobern wollen. Um sicherzugehen, befragte Kroisos mehrere berühmte Orakel über Dinge, von denen als Mensch nur er allein Kenntnis haben konnte. Als die hellsichtige Pythia vom Apollo-Tempel zu Delphi die richtige Antwort gab, überhäufte Kroisos das Heiligtum mit Gaben aus seinem unerschöpflichen Goldschatz. Von der Wahrhaftigkeit des delphischen Orakels unbedingt überzeugt, befragte er es nun, ob er den Krieg gegen die Perser wagen könne. Die klassisch gewordene Antwort der Pythia lautete: »Überschreitet Kroisos den Halys, bricht ein großes Reich zusammen.« Daß damit sein eigenes Lyderreich gemeint sein könnte, kam ihm nicht in den Sinn.

Hochbeglückt über den scheinbar günstigen Bescheid, machte sich Kroisos an die Zurüstungen zu einem Feldzug gegen Kyrus. Vergebens hatte ein weiser Lyder namens Sandanis ihn umzustimmen versucht. »O Herr«, wandte dieser ein, »weshalb willst du bloß gegen Menschen zu Felde ziehen, die Kleider aus Leder tragen, Steinwüsten bewohnen und Wasser trinken, weil sie keinen Wein haben, Menschen, die noch nie Feigen oder sonst etwas Leckeres zu kosten bekamen? Auch wenn du sie besiegen solltest – was willst du denn von diesen Leuten holen?« Aber Kroisos sah sich bereits im Besitz von Kappadokien, das die Lyderkönige schon immer begehrten. Nur die Meder unter Kyaxares und die berüchtigte Sonnenfinsternis von 585 hatten diese Pläne vereitelt. Jetzt wollte er sich durch nichts mehr beirren lassen.

Im Frühjahr 545 rückte Kroisos mit seinem Heer nach Osten vor. Die Überquerung des reißenden Grenzflusses Halys erwies sich indes als schwierig. Da kam Thales von Milet dem Lyder zu Hilfe. Unweit Pteria – also, nach R. Peters, beim heutigen Kırşehir – ließ Thales den Strom in zwei Arme teilen, so daß sie eine Insel bildeten. Dadurch wurden die beiden Halys-Arme bequem durchfurtbar. Obwohl das Wasser des Kızıl Irmak dort noch immer reißend ist, geht es auch heute nur bis in Kniehöhe. Kroisos drang mühelos in die Landschaft Pteria vor und unterwarf sich einen großen Teil von Kappadokien.

Unterdes – es war inzwischen Oktober geworden – hatte Kyrus sich über Medien und Armenien im Raum Pteria eingefunden. Es entbrannte eine erbitterte Feldschlacht, die unentschieden ausging. Tags darauf sah Kyrus von einem erneuten Angriff ab, und Kroisos kehrte nach Sardes heim. Von dort aus entbot er seine Bundesgenossen Ägypten und Sparta zu einem gemeinsamen Feldzug im kommenden Frühjahr.

Der Perserkönig wartete nur so lange, bis er sicher war, daß die lydischen Soldtruppen in ihre Winterquartiere entlassen worden waren. Dann stieß er trotz der vorgerückten Jahreszeit überraschend nach Sardes vor. So kam es im November 545 vor den Mauern der lydischen Hauptstadt zu einer zweiten großen Schlacht.

Der überlegenen feindlichen Kavallerie legte Kyrus listig seinen ganzen Kameltroß in den Weg. Diesen Rat hatte ihm Arbaka gegeben, der frühere Hofmarschall des Astyages. Da Pferde den Geruch von Kamelen scheuen, entstand große Verwirrung in der lydischen Reiterei. Sie mußte absitzen und zu Fuß kämpfen. Schließlich siegten die Perser; die Lyder zogen sich in die Hochburg zurück.

Als Alexander im Jahre 334 nach Sardes kam, fand er die Burg noch immer wohlbefestigt, wie Arrian berichtet. »Sie war nämlich nicht nur sehr hoch gelegen, auf allen Seiten schroff abfallend, sondern auch mit einer dreifachen Mauer umgeben.« Kyrus hat anscheinend sogleich zum Sturme blasen lassen, denn die neuzeitlichen Ausgräber von Sardes fanden in der Hochburg große Mengen persischer Pfeilspitzen. Doch der Angriff scheiterte. Die Perser mußten sich auf eine Belagerung einrichten, die zur Winterszeit höchst beschwerlich wurde.

Zwei Wochen waren schon ergebnislos verstrichen, da ließ Kyrus ausrufen, er werde den reich belohnen, der als erster die Mauer erklimme. Nun hatte ein Iraner aus dem südlichen Küstengebiet des Kaspischen Meeres festgestellt, daß an der dem Tmolos-Gebirge zugekehrten Südseite der Hochburg keine Wachen standen, und er hatte ferner beobachtet, daß einmal gerade an dieser steil abfallenden Seite ein Lyder hinabgeklettert war, um seinen Helm zu holen, der ihm entglitten war. Jetzt wagte sich dieser Iraner an der Südwand empor. Einige andere Beherzte folgten ihm; immer mehr schlossen sich an, und so wurde die Hochburg von Sardes noch im November 545 im Sturm genommen.

Zutiefst enttäuscht und entmutigt hatte sich Kroisos in seinen Palast zu-

Bild 27: Der Lyderkönig Kroisos auf dem Scheiterhaufen. Ausschnitt aus einer Amphore des Myson (Nachzeichnung).

rückgezogen. Der griechische Dichter Bacchylides wußte achtzig Jahre später zu vermelden, der Lyderkönig habe den Gedanken nicht ertragen können, versklavt zu werden: »Drum ließ er vor seiner bronzeverkleideten Halle einen Scheiterhaufen errichten, den er bestieg . . .« Die bald nach 500 v. Chr. entstandene, berühmt gewordene Amphore des Myson (Bild 27) zeigt Kroisos im Festgewand auf dem schon brennenden Scheiterhaufen, wie er den Göttern ein Trankopfer darbringt; sein Diener Eutychos sprengt mit Wedeln geweihtes Wasser auf den Erdboden. Das bewegende Geschehen ist von mancherlei Sagen umrankt. Wahrscheinlich hat Kyrus den Selbstmord des Lyderkönigs gerade noch rechtzeitig verhindern können [16]. Beim Abzug aus Sardes Ende November 545 nahm er Kroisos mit nach Hagmatâna, in die Verbannung.

In dem Jahrfünft nach dem Fall von Sardes wurde ganz Kleinasien dem Achämenidenreich einverleibt. Nur Milet behielt eine gewisse Selbständigkeit. In jene Zeit fielen auch Feldzüge des Kyrus im äußersten Osten seines Herrschaftsgebietes, das sich über den Khyber-Paß hinaus bis nach Sattagydien erstreckte. Nach Sind ist Kyrus indes nicht vorgedrungen; das blieb Darius vorbehalten.

In Gedrosien, dem späteren Mekrân, soll Kyrus einmal fast sein ganzes Heer eingebüßt haben – mit ein Grund später für Alexander, sich auf seiner Rückkehr vom Industal selber durch dieses unwirtlichste Gebiet Pakistans und Südostirans zu wagen, wobei auch er nur mit Mühe und Not dem Verderben entrann.

Alexander war überhaupt ein großer Verehrer des Kyrus. Als er auf dessen Spuren im Jahre 329 bis an den Jaxartes (den heutigen Syr Daryâ) vorgedrungen war, stieß er schließlich auch auf die Grenzfestung *Kurushkata,* wörtlich übersetzt ›Kyrus-Heimstatt‹, griechisch Kyrupolis. Der Perserkönig hatte sie zum Schutz seines Reiches gegen die Skythen jenseits des Jaxartes, also gegen die ›Haumaschwelger-Saken‹, errichten lassen und sie mit einer höheren Mauer umgeben als sonst bei Garnisonslagern üblich – »wie bei einer Stiftung des Kyrus nicht anders zu erwarten«, fügt Arrian hinzu. Alexander hatte ursprünglich im Sinne gehabt, Kurushkata aus Hochachtung vor ihrem Gründer zu schonen. Allein, er wurde bei der Belagerung durch einen Schleuderstein der sogdischen Verteidiger an Kopf und Hals verwundet, und das hat ihn dazu bewogen, ein so gefährliches Widerstandsnest doch schleifen zu lassen.

Sturz des Babylonierreiches

Zehn Jahre hindurch hatte der greise König Naboned seine Hauptstadt Babylon gemieden, weil dessen Priesterschaft seine Bevorzugung Sins, im besonderen des Mondgottes zu Harrân, als Ketzerei und als krasse Benachteiligung ihres großen Gottes Marduk empfand. Grollend schuf sich Naboned eine neue Hauptstadt tief in Arabien, in dem schon erwähnten Taima. Von dort aus hat er anscheinend den einträglichen Weihrauchhandel an sich gebracht. Bis nach Yathrib drang Naboned vor, das zwölf Jahrhunderte später zur Stadt des Propheten Mohammed wurde und seither al-Medina heißt. Doch nach dem Fall von Sardes wurde es dem babylonischen König in Arabien unheimlich. Als Kyrus auch ganz Ostiran bis zum Jaxartes unterworfen hatte, hielt Naboned es für geraten, sich auf die Verteidigung Babyloniens gegen die Perser einzurichten. Ende Oktober 540 kehrte er, in einem

Traumgesicht von Sin dazu aufgefordert, aus Arabien nach Babel zurück. Kern-Babylonien besaß als natürliche Grenze im Westen den Euphrat, im Osten den Tigris, im Süden den Persischen Golf. Um auch nach Norden hin ein Bollwerk zu schaffen, hatte Nebukadnezar II., der Eroberer von Jerusalem, vorsorglich einen ›Mederwall‹ errichten lassen, den man als babylonisches Gegenstück zur Chinesischen Mauer betrachten kann. Beim Tode Nebukadnezars im Jahre 561 war der Mederwall fertig. Er verlief von Sippar am Euphrat bis nach Opis am Tigris, also genau da, wo sich im Altertum die beiden Ströme am nächsten gekommen waren. Xenophon, der den rund 40 Kilometer langen Mederwall im Jahre 401 sah, schätzte seine Dicke auf zwanzig Fuß, seine Höhe auf hundert Fuß. Ein Angreifer mußte zudem Wassergräben und Sümpfe vor der Mauer überwinden. »Damit der Druck des Wassers den Wall nicht beschädigte«, so berichtet sein Erbauer Nebukadnezar, »habe ich die Außenwand mit Backsteinen und Erdpechmörtel befestigt[17].«
Hinter dieses gewaltige Bollwerk zog sich nun Naboned samt seinen Streitkräften zurück. Nach zehnjähriger Abwesenheit wurde in Babel endlich wieder das Neujahrsfest gefeiert, am 4. April 539. All die Jahre vorher hatte die Naboned-Chronik mißbilligend vermerkt: »Der König kam im Monat *Nisan* nicht nach Babel. Gott Marduk verließ seinen Tempel nicht. Das Neujahrsfest fiel aus.« Aber das lange Versäumte ließ sich so nicht mehr nachholen. Die Stimmung in der babylonischen Hauptstadt war verdrossen, die der Priesterschaft gehässig.
Naboned verließ sich nicht allein auf den Schutz durch Mederwall und Flußläufe. Ungeachtet der drückenden Sommerhitze ließ der König aus den Tempeln babylonischer Städte die Götterbilder nach Babylon holen, offensichtlich, um sich deren Schutz zu versichern, angeblich, um sie vor den Persern in Sicherheit zu bringen. Doch damit schürte er die ohnmächtige Wut der Priesterschaft zur Weißglut. Im Jahr darauf dichtete ein Priester eine Art ›Moritat‹ auf Naboned, um sein Andenken bei allem Volk anzuschwärzen. In diesem Strophengedicht wurden alle seine Schandtaten aufgezählt: die Vernachlässigung des Gottes Marduk zugunsten des Mondgottes von Harrân; der gewaltsame Ausbau der Oase Taima in Arabien zu einer Hauptstadt wie Babel; seine Eigenmächtigkeit auf religiösem Gebiet, die von eigenen Schauungen und Traumgesichten bis zur schlimmsten Ketzerei und Kultverfälschung gegangen sei. Dann schlug die ›Moritat‹ um in einen Lobpreis für den Perserkönig Kyrus[18]. Ihn hat die babylonische Priesterschaft insgeheim als ihren Befreier und Förderer erwartet. Doch noch sehnsüchtiger hofften auf Kyrus die Juden, die Nebukadnezar II. im Jahre 587 in die Babylonische Gefangenschaft verschleppt hatte.

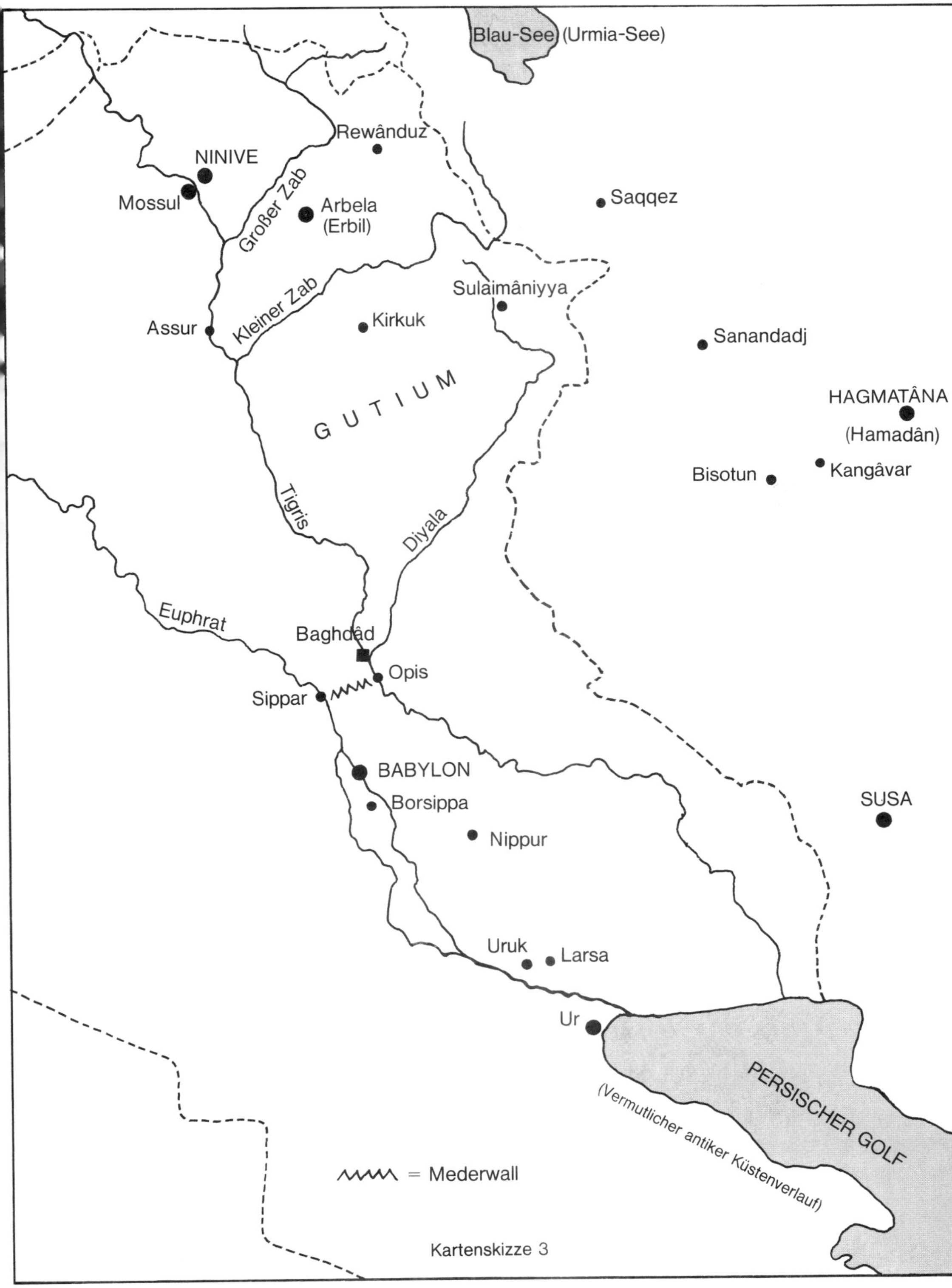

Kartenskizze 3

Ihrem Propheten, dem Zweiten Jesaja, waren ganz ungewöhnliche Offenbarungen zuteil geworden: »Wer erweckte aus Osten den Mann der Rechten Ordnung? Wer gibt Völker in seine Gewalt und unterwirft ihm Könige?« Gott selbst gab durch den Propheten die Antwort: »*Ich* erweckte aus Norden, aus Osten den, der Meinen Namen verkündigt – wie Lehm zerstampfte er die Satrapen ...« Und: »So sprach Ich zu Meinem Gesalbten, zu Kyrus, dessen rechte Hand ich ergriff, so daß Ich Völker vor ihm niederwarf: ›*Ich* werde vor dir einhergehen und deine Wege ebnen, die ehernen Tore zertrümmern und die eisernen Riegel zerschlagen!‹«
Wie betroffen und ungläubig mögen die Juden in der Verbannung solchen Worten ihres Propheten gelauscht haben ... Der Perserkönig sollte Gottes Gesalbter, also ihr Messias sein? ... Kyrus wird in diesen Offenbarungen als »Mann des göttlichen Ratschlusses aus fernem Land« bezeichnet. Gott nennt ihn einen Gerechten, ja seinen Freund: »*Ich* habe ihn erweckt in Gnaden – *er* soll bauen meine Stadt [Jerusalem] und die Gefangenen meines Volkes freilassen, weder gegen Kaufpreis noch gegen Bestechung.« (Jesaja in den Kapiteln 41, 44 und 45.) Fünf Jahre danach war diese Prophezeiung Wahrheit geworden.
Im Sommer 539 versammelte Kyrus im Gebiet des Blausees ein großes Heer aus Persern, Medern und anderen iranischen Volksstämmen. Wie im Jahre 547 ging es über den Rewânduz-Paß hinab in die Gegend von Arbela. Ob die Marschsäulen, oben auf der Paßhöhe, einen Blick auf die *Kelishin*-Stele geworfen haben, die noch heute dort steht und welche Urartus König Ishpuini um 810 dort hatte errichten und urartäisch und assyrisch beschriften lassen? Wahrscheinlich aber hatten die Iraner nur die Schätze Babels im Sinn, die ihnen nach dem Siege winkten ...
Die Gegend um Arbela war nach dem Sturze Assyriens zu Medien gekommen. Grenzfluß nach Süden hin war der Kleine Zab. Jenseits lag Gutium, d.h. das heutige Irakisch-Kurdestan mit den Hauptorten Kirkuk und Sulaimâniyya. Damals aber gehörte Gutium noch zu Babylonien. Bevölkert war es – wie auch das Gebiet von Arbela – von iranischen Sagartiern, den wahrscheinlichen Vorfahren der heutigen Kurden. Ihr Führer hieß Gaubarva, in babylonischen Urkunden zu Ugbaru oder Gubarru entstellt. Er war damals bereits ein alter Mann mit einer langen militärischen Vergangenheit als Landsknechtsgeneral in babylonischen Diensten. Als Statthalter der Grenzmark Gutium sollte er Babylonien vor iranischen Einfällen schützen.
Statt dessen gelang es Kyrus, Gaubarva auf seine Seite zu ziehen. Dadurch wurde sein Heer um 2300 sagartische Reiter verstärkt. Kyrus verstand sich eben nicht nur auf die Kunst der Kriegführung, sondern auch auf die Fein-

heiten der Staatskunst. Er kargte nicht mit Versprechungen, und das sollte sich lohnen.
Kyrus rückte mit seinem großen Heerbann südwärts durch Gutium hindurch bis an dessen Grenzfluß, die Diyâla, die er überschritt. Wenig von ihrer Einmündung in den Tigris entfernt lag Opis, das östliche Bollwerk der Medischen Mauer. Anfang Oktober 539 rückte Kyrus vor die Stadt. Opis wurde belagert, in Brand gesteckt – Pech und Teer hatten die Perser vorsorglich aus Kirkuk mitgebracht – und in blutigen Kämpfen erobert. Naboneds Truppen wurden geschlagen.
Schon am 10. Oktober fiel auch Sippar, das westliche Bollwerk des Mederwalles – es ergab sich den Persern kampflos. Indem Kyrus südlich der Medischen Mauer über den Tigris setzte, umging er das ganze Verteidigungswerk des Nebukadnezar. Bereits zwei Tage darauf, am 12. Oktober, tauchte Gaubarva mit seinen Sagartiern vor den Toren von Babel auf – ohne Kyrus. Naboned hatte nämlich auf dem Rückzug seine ihm übelgesonnene Hauptstadt gemieden und sich euphratabwärts nach Borsippa gewandt. Kyrus setzte ihm nach und belagerte die Stadt. Doch Naboned wartete die Eroberung von Borsippa nicht ab, sondern ergab sich. Wahrscheinlich hatte Kyrus ihm Schonung seines Lebens zugesichert. Der achtzigjährige Aramäer trat nun den Weg in die Verbannung an, nach Kermân im fernsten Anzan nahe der Großen Salzwüste – wie eineinhalb Jahrtausende vor ihm der letzte Sumererkönig Ibbi-Sin. In Kermân lebte Naboned friedlich aus.
Der 12. Oktober 539, an dessen Abend Gaubarva mit seinen Sagartiern nach Babel gezogen kam, war nach babylonischem Kalender ein Festtag. Die Kunde vom Falle von Sippar war offensichtlich noch nicht bis zur Hauptstadt gedrungen. Jedenfalls gab sich die Bevölkerung sorglos dem rauschenden Festestrubel hin. Die Stadttore waren offen geblieben. Als nun im Schutze der Nacht Gaubarva und seine Truppen, die den Babyloniern als frühere Landsknechte vertraut waren, in die Stadt eindrangen, fanden sie keinen Widerstand – sie wurden gar nicht als Feinde erkannt. Die Palastwachen wurden unauffällig überwältigt. Denn indem sich die Eindringlinge wie berauschte Festteilnehmer benahmen, übertönten sie die Schreie der Opfer und täuschten so die Besatzung des Königsschlosses. Ohne Verluste fiel ihnen die Burg in die Hände[19].
So wurde das Menetekel des Buches Daniel zum Wahrspruch: »Gemessen, gewogen – alles an die Perser!« Kronprinz Belsazar, den sein Vater Naboned zum Regenten von Babylon eingesetzt hatte,

»ward in selbiger Nacht
von seinen Knechten umgebracht«,

wie es in einer Ballade von Heinrich Heine heißt. Die Bibel (Daniel 5, 1–4) berichtet, Belsazar habe bei diesem Fest in trunkenem Übermut die goldenen und silbernen Schalen bringen lassen, welche Nebukadnezar aus dem Tempel in Jerusalem geraubt hatte, und die Gästeschar habe das heilige Gerät als Trinkgefäße mißbraucht. Es könnte so gewesen sein.
Die Weisungen Kyrus' befolgend, sorgte der Sagartier Gaubarva sogleich für strengste Ordnung in der eroberten Hauptstadt. »Die Schilde der Truppen von Gutium säumten [schützend] die Tore [des Marduk-Tempels] Esangila. Keinerlei Unterbrechung im Götterdienst trat ein, weder in Esangila noch in den anderen Tempeln, und kein Opferzeitpunkt verstrich unbeachtet[20].« Hinter diesen Sätzen der Naboned-Chronik erkennen wir den Willen des Großkönigs, unter allen Umständen die Priesterschaft – und durch sie die Bevölkerung – für sich zu gewinnen. Daß ihm der Machtwechsel reibungslos gelang, zeigen die Keilschrifttäfelchen, die schon vom nächsten Morgen an (13. Oktober 539) nach Kyrus datiert sind. Diese babylonischen Urkunden bezeugen den ungestörten Fortgang des Geschäftslebens in der eroberten Hauptstadt.
Mit einem Schlage reichte jetzt die Herrschaft des achämenidischen Reichsgründers vom Pamir bis ans Mittelmeer, von Taschkent bis Jerusalem ... Drei Reiche hatte Kyrus gestürzt: Medien, Lydien, Babylonien. Die Nachwelt hat ihm nicht vergessen, daß er keinen ihrer Könige – weder Astyages noch Kroisos noch Naboned – umbringen ließ, sondern sich mit ihrer Verbannung begnügte, den Gestürzten sogar ein fürstliches Wohlleben zubilligend. Das war für die Alte Welt etwas Unerhörtes, bisher nie Erlebtes.

Die Ereignisse in Babel

Erst siebzehn Tage nach dem Fall von Babel, am 29. Oktober 539, zog Kyrus selber in die Hauptstadt ein, als Befreier umjubelt. Die Naboned-Chronik berichtet darüber: »Schilfzweige wurden vor ihm ausgebreitet. Friede herrschte in der Stadt. Auch für ganz Babylonien hatte Kyrus den Friedenszustand verkündet. Sein Satrap Gaubarva setzte im Lande Unterstatthalter ein.«
So also hatte Kyrus den früheren Landsknechtsgeneral Nebukadnezars und Statthalter von Gutium für seinen Übertritt ins persische Lager belohnt: er ernannte Gaubarva zum Satrapen von ganz Babylonien und Syrien. Wahrscheinlich hatte er ihm diese mit riesigen Einkünften verbundene Stellung schon damals versprochen, als er wegen der Einverleibung von Gutium ins Achämenidenreich mit Gaubarva verhandelte.

Freilich, dieser war schon alt, und er starb bereits eine Woche darauf, in der Nacht zum 6. November 539. Kyrus ernannte an seiner Statt nicht einen anderen Iraner, sondern den Babylonier Nabû-achche-bullit, der vier Jahre im Amt blieb. Dann, im Sommer 535, setzte Kyrus einen Perser zum Satrapen von Babylonien und Syrien ein, der – wie der vormalige Sagartier – Gaubarva hieß. Dieser zweite Gaubarva ist wohl derselbe adlige Perser gewesen, der später seine Tochter mit Darius vermählte und als dessen ›Lanzenträger‹ ihm treuester Paladin wurde. Diesem Gaubarva, dem Gobryas der Griechen, werden wir noch mehrfach begegnen.
Aus Babylon stammt die einzige erhaltene, verhältnismäßig ausführliche Urkunde des großen Kyrus, ein Tonzylinder von 45 Zeilen in babylonischer Sprache, 1879 gefunden, heute im Britischen Museum. Paul-Richard Berger entdeckte ein fehlendes Stück des Tonzylinders in der Sammlung der Universität Yale. Durch Zusammenfügen konnte er einen fast vollständigen Wortlaut erarbeiten; nur der Schluß fehlt jetzt noch[21]. (Bild 28.)
Man hat begreiflicherweise seit jeher von dieser Urkunde viel Aufhebens gemacht, und sie ist als geschichtliches Zeugnis zweifellos von hohem Wert. Allein, ein wirkliches Bild ihres Urhebers Kyrus läßt sich aus ihr nicht gewinnen. Denn alles in diesem Schriftstück ist durch die Brille der babylonischen Priesterschaft gesehen. Der Tonzylinder fügt sich nahtlos ein in die Überlieferung einer starren heimischen Schreiberkaste und wird nur da le-

Bild 28: Der berühmte Kyrus-Zylinder aus Babylon, eine akkadische Bauinschrift, zu der Paul-Richard Berger in den USA ein fehlendes Stück entdeckte. Die Aufnahme des Britischen Museums zeigt erstmalig die durch das Bruchstück ergänzte Rückseite des Tonzylinders.

bendig, wo sich ihr Haß gegen den entthronten Naboned Luft machen kann. Der Text ist seinem Wesen nach eine Bauinschrift, keine politische Bekundung. Doch auch sie erweist, wie staatsmännisch klug Kyrus in Babylon vorging, indem er sogleich ein ausgedehntes Bauprogramm verwirklichte. Der innere Stadtwall, wahrscheinlich auch der äußere, wurden ausgebessert. Der persische Großkönig stiftete neue Tore und Türschwellen aus Kupferbronze. In einem Portal habe er, so sagt die Urkunde, sogar eine Inschrift »mit dem Namen meines [assyrischen] Vorgängers, des Königs Assurbanipal«, zu Gesicht bekommen. Ja, Kyrus nahm selbst Hacke, Spaten und Erdkorb zur Hand und gab den Arbeitern damit ein königliches Beispiel.

In den Augen der heimischen Priesterschaft war es Gott Marduk selbst gewesen, der Kyrus nach Babylonien geholt hatte. »Marduk musterte prüfend alle Länder auf der Suche nach einem gerechten Fürsten, so recht nach seinem Herzen«, heißt es in dem Tonzylinder. »Da ergriff er mit seiner Hand Kyrus, den König von Anzan; *ihn* berief er zum Beherrscher der Welt.« Kyrus habe, so fährt die Urkunde fort, die Babylonier immer gerecht behandelt. Daher habe Gott Marduk mit Wohlgefallen auf ihn geblickt und ihn nach Babel auf den Weg gebracht, indem er wie ein Freund und Gefährte den Perserkönig begleitete. »Ohne Kampf und Schlacht ließ Marduk ihn in Babel einziehen.« Den gottlosen Naboned habe er Kyrus ausgeliefert. »Die Bewohner ganz Babyloniens, alle Fürsten und Statthalter beugten sich tief vor ihm nieder; sie küßten seine Füße, sie freuten sich seiner Königsherrschaft, ihr Angesicht strahlte.«

Dann setzt formgerecht der zweite Teil der Bauinschrift ein mit der Selbstvorstellung des Kyrus. Die priesterlichen Verfasser der Urkunde haben ihm alle altehrwürdigen Titel der Könige des Zweistromlandes zuerkannt: »Ich, Kyrus, der König des Weltalls, der große König, der mächtige König, König von Babylon, König von Sumer und Akkad, König der vier Weltenden; Sohn des Großkönigs Kambyses, Königs von Anzan; Enkel des Großkönigs Kyrus, Königs von Anzan; Urenkel des Großkönigs Teispes.«

Wie man sieht, werden in der Urkunde alle Vorfahren des zweiten Kyrus nachträglich zu Großkönigen erhoben, wahrscheinlich aus Schmeichelsucht des priesterlichen Sekretärs, aber offenbar mit Billigung des Perserkönigs. Dieser fährt dann fort:

»Nachdem ich friedlich in Babylon eingezogen war, nahm ich unter freudigem Jubel im Königspalast Wohnsitz. Gott Marduk, der große Herr, wandte mir das offene Herz der Bewohner seiner [Städte] Babel und [Borsippa] zu. Tag um Tag suchte ich ihn zu ehren. Meine zahlreichen Truppen zogen friedfertig in Babel umher. In ganz Sumer und Akkad ließ ich keinen

Widersacher aufkommen. Die Stadt Babel und alle ihre heiligen Stätten wahrte ich in Frieden. Den Einwohnern von Babel [und Borsippa], denen gegen den Willen der Götter [durch Naboned] ein unziemliches Joch aufgebürdet worden war, verschaffte ich Erholung von ihrer Erschöpfung, ich löste ihre Fron. Über meine [guten Werke] freute sich Marduk. Er segnete in Gnaden mich, Kyrus, den König, der ihn verehrt, und Kambyses, meinen leiblichen Sohn, sowie alle meine Truppen.«
Die angebliche Marduk-Verehrung des Kyrus dürfen wir als priesterliche Schönmalerei billig beiseite lassen – doch hat der Großkönig, als ihm der Wortlaut der Urkunde vorübersetzt wurde, keine Einwände vorgebracht, weil solches alles seiner Duldung in Glaubenssachen entsprach. Geschichtlich zutreffend ist hingegen der anschließende Bericht über die sich unterwerfenden Machthaber aus dem Herrschaftsbereich Babyloniens: es kamen alle Könige »vom Mittelmeer bis zum Persischen Golf«, darunter auch die Amoriterkönige, »welche in Zelten hausen«, also die Führer der aramäischen Nomadenstämme. »Allesamt brachten sie ihren schweren Tribut, in Babel küßten sie meine Füße.«
Dann folgt die gewichtige, von der Priesterschaft begeistert aufgenommene Verfügung des Kyrus, während des Winters noch alle von Naboned nach Babel verschleppten Götterbildnisse wieder an ihre heimischen Kultstätten zu verbringen, »hin bis Assur und Susa«. »Die Götter, welche dort gewohnt hatten, brachte ich an ihren Ort zurück und ließ sie ewige Wohnstätten aufschlagen. Alle zu ihnen gehörigen Menschen versammelte ich und ließ sie in ihre Heimat zurückkehren.« Dafür sollen diese Götter für ihn, Kyrus, bei Marduk Fürsprache einlegen. Vorsorglich vermehrte er dessen tägliche Opfergaben in Babel um zwei Gänse, zwei Enten und zehn gemästete Tauben ...

Den Winter verbrachte Kyrus wegen des milden Klimas anscheinend in Babel. Bald nach dem Satrapen Gaubarva von Gutium starb auch Großkönigin Kassandane, noch im November 539. »Vom 20. März bis zum 26. März [538] wurde deswegen in Babylonien Staatstrauer verordnet«, heißt es in der Chronik. »Alles Volk ging mit zerrauftem Haar einher.«
Kassandane, die Tochter des Achämenidenprinzen Farnâspa, hatte Kyrus zwei Söhne geboren, Kambyses und Brdya (Smerdis), sowie drei Töchter: Atossa, Roxane und Artystone. Ihnen allen werden wir noch begegnen. Dem Kronprinzen Kambyses aber war es vorbehalten, in Babel eine besondere Rolle zu spielen. Denn Kyrus ernannte ihn, als die Staatstrauer für Großkönigin Kassandane vorüber war, zum ›König von Babylonien‹. Er selbst behielt sich den übergeordneten Titel ›König der Länder‹ vor.

Für den Entschluß des Großkönigs, seinen ältesten Sohn zum König von Babylonien zu ernennen, dürfte die heikle Frage der Neujahrsfeierlichkeiten mit bestimmend gewesen sein.
Das babylonische Neujahrsfest begann am 1. Nisan, im Jahre 538 also am 24. März. In der Regel sollte der König am 4. Nisan aus den Händen des Nabû-Priesters sein Zepter entgegennehmen, vor allem und unbedingt in seinem ersten Herrschaftsjahr. Am 9. Nisan mußte der König »Marduks Hände ergreifen« und ihn feierlich von Esangila zum Neujahrstempel geleiten. Dieser lag außerhalb Babels, und dort wurde am 10. Nisan das eigentliche Neujahrsfest begangen.
Kyrus war sich darüber im klaren: wollte er sich nicht die von ihm so zielstrebig errungene Gunst der Babylonier mit einem Schlage wieder verscherzen, dann durfte er sie nicht – wie der unselige Naboned – um ihr Neujahrsfest bringen. Offensichtlich aber verspürte Kyrus keine Lust, die Rolle des königlichen Marduk-Geleiters zu übernehmen. Denn mit dem babylonischen Neujahrszeremoniell waren einige Besonderheiten verknüpft, die ihm durchaus nicht behagten. Sie behagten auch dem Kronprinzen Kambyses nicht; doch vermochte der Vater, den Sohn zu überreden, die vom Ritual vorgeschriebene Rolle zu spielen. Der ›Kaufpreis‹ bestand in seiner Ernennung zum ›König von Babylonien‹ ...
Natürlich hatte Kambyses das Festprogramm in allen Einzelheiten vorher studiert. Keinen Anstoß nahm er daran, am 9. Nisan (1. April) in feierlicher Schiffsreise auf dem Euphrat von Esangila zum Neujahrstempel zu ziehen und die goldverkleidete Marduk-Statue, ehe sie am Anlegekai ›ausstieg‹, eigenhändig zu schmücken. Die Straße vom Kai bis zum Neujahrstempel war mit Pinien bepflanzt, die köstlichen Duft verbreiteten.
Im Neujahrstempel selbst hatte Kambyses Schüttopfer von geröstetem Mehl darzubringen und Gebete an Marduk zu verrichten. Die Schüttopfer waren unbedenklich, und die Gebete konnte er stumm vortäuschen, falls nicht der babylonische Hohepriester für ihn einsprang. Dann hatte er reiche Gaben für die Götter vorzuweisen; dafür hatte Vater Kyrus ohne Zweifel gesorgt. Die Rückkehr am 11. Nisan (3. April) war ein einziges gewaltiges Volksfest. Durch das Ishtar-Tor zog dann die nicht endenwollende Prozession wieder in Babylon ein. Dagegen hatte Kambyses nichts einzuwenden – er hat es im Gegenteil wahrscheinlich genossen.

Bild 29: Babylon nach einem von Eckhard Unger entworfenen Gemälde von Herbert Anger. Der König zieht auf der Prozessionsstraße durch das Ishtar-Tor in sein Stadtschloß mit den ›Hängenden Gärten‹. Im Hintergrund rechts der Turm zu Babel, links davon der weiße Marduk-Tempel Esangila.

Fast unerträglich muß ihm jedoch jener Teil des Marduk-Rituals gewesen sein, der sich vor dem Aufbruch zum Neujahrstempel abspielte.

Damit ist nicht gemeint die Festlegung des Schicksals des neuen Jahres durch Gott Marduk, insbesondere des Schicksals des Königs. Darüber konnte sich Kambyses erhaben fühlen. Gemeint sind vielmehr die Zeremonien im Marduk-Tempel Esangila am 5. Nisan (28. März). Das Ritual verlangte folgendes: kurz nach Sonnenuntergang mußte sich Kambyses die Hände waschen und vor die Statue des Gottes Marduk hintreten. Dann betrat der Hohepriester den Raum, nahm dem König Zepter und Herrscherreif aus den Händen und die Tiara vom Kopf – und schlug ihn auf die Wange. Er zog ihn an den Ohren dicht vor Marduk hin und ließ ihn niederknien. Nach dem vorgeschriebenen Ritual mußte der König sagen: »Ich habe nicht gesündigt, o Herr der Länder ... Ich habe Babylon nicht zerstört, Esangila nicht erschüttert, die Tempelriten nicht geschmälert.«

Hierauf beschwichtigte der Hohepriester den König: Marduk werde sein Reich mehren, sein Königtum erhöhen, ihn selber segnen, seine Feinde zerschmettern. Seine königlichen Insignien durfte er wieder an sich nehmen. Doch nun schlug der Hohepriester dem König erneut auf die Wange. »Wenn ihm dann die Tränen kommen«, so heißt es im Ritual, »ist die Gottheit wohlgesinnt. Fließen keine Tränen, zürnt die Gottheit, und ein Feind wird den König stürzen.« In diesem Augenblick ist es vierzig Minuten nach Sonnenuntergang.

Nun mag am 28. März 538 manches von diesem Ritual nicht ganz buchstäblich abgelaufen sein – vielleicht mehr sinnbildlich als kraß wirklich. Kambyses mochte ein paar Tränen geheuchelt haben, obwohl dies bei seinem harten, starrsinnigen Wesen nicht eben wahrscheinlich ist. Um ein Haar aber wären schon am Vortag die ganzen Feierlichkeiten mit ihrem umständlichen Zeremoniell in die Brüche gegangen ...

Das kam so. Am 27. März 538 begab sich Kambyses – die Staatstrauer für seine Mutter Kassandane war gerade abgelaufen – in Babylon zum Nabû-Tempel. Dort sollte er sein babylonisches Königszepter ausgehändigt erhalten, also gewissermaßen gekrönt werden. Seit alters war dem Herrscher für diesen Anlaß ein bestimmtes feierliches Gewand samt Perücke vorgeschrieben, und selbstverständlich hatte sich der König waffenlos einzufinden. Kambyses aber, von Wesensart herrisch, jetzt aber dazu noch mürrisch bei dem Gedanken, was ihm an erniedrigenden Zeremonien alles bevorstand, erschien in seinem persischen Festgewand und natürlich ohne Perükke. (Die Naboned-Chronik nennt dieses Gewand ›elamisch‹ und liefert damit den bisher nur archäologisch gewonnenen Beweis dafür, daß die Festtracht der alten Perser von den Elamern entlehnt war.) Das Schlimmste

aber war: Kambyses betrat den Nabû-Tempel bis an die Zähne bewaffnet, nämlich mit Lanze, Dolch, Bogen und Pfeilen im Köcher. Das Entsetzen des Nabû-Priesters mag man sich leicht ausmalen ... Wohl war die babylonische Priesterschaft dem persischen Herrscherhaus durchaus gewogen; allein, dies ging entschieden zu weit.
Es gab ein zähes diplomatisches Feilschen um wechselseitige Zugeständnisse. Im Grunde lehnte Kambyses das ganze ›Theater‹ grollend ab. Doch da er ohne Zepter aus den Händen des Nabû-Priesters nun einmal nicht König von Babylonien werden konnte, lenkte er zuletzt ein. Er legte seine Waffen ab – doch nicht sein elamisches Festgewand, und auch zu einer Perücke ließ er sich nicht überreden. Innerlich kochend über das trotzige Gebaren des Kronprinzen, händigte der Nabû-Priester ihm schließlich das begehrte Zepter aus ...[22]
Kambyses hatte der Staatskunst seines Vaters ein Opfer gebracht und zähneknirschend den Preis für seine Ernennung zum König von Babylonien entrichtet, indem er die ganzen Neujahrsriten über sich ergehen ließ. Insgeheim aber schwor er sich, diese Demütigungen kein zweites Mal auf sich zu nehmen. Wohl kostete er nach beendeten Feierlichkeiten die Annehmlichkeiten seines babylonischen Königtums in vollen Zügen aus – doch nur neun Monate lang. Rechtzeitig vor dem nächsten Neujahrsfest, im Januar 537, gab er sein hohes Amt ab. Von jenem Zeitpunkt ab wurden Geschäftsurkunden nicht mehr nach ihm als König von Babylonien datiert, sondern nur noch nach Kyrus als dem König der Länder. Kambyses behielt in Babel seinen Palast, doch König von Babylonien wurde er erst wieder nach dem Tode seines Vaters im Sommer 530.
Wie seinerzeit unter Naboned, mußten die Bewohner von Babel seither (seit 537) wieder auf ihr geliebtes Neujahrsfest verzichten. Denn weder Kyrus noch Kambyses als Großkönig, noch Darius waren willens, »Marduks Hände zu ergreifen«. Xerxes hat dann, in Umkehrung der duldsamen Religionspolitik des Kyrus und Darius, den Marduk-Tempel Esangila schleifen lassen.

Die Heimkehr der Juden aus der Verbannung

Kyrus war noch vor dem Neujahrsfest 538 aus Babylonien abgerückt und nach Hagmatâna gezogen. Aus der Hauptstadt Mediens, dessen Sommerkühle er schätzte, ließ er jenen bedeutsamen Erlaß ergehen, der es den von Nebukadnezar verschleppten Juden verstattete, nach Palästina heimzukehren. Für die großköniglichen ›Akten‹ wurde darüber folgende Notiz aufgesetzt: »Betreffs des Hauses Gottes zu Jerusalem: der Tempel soll gebaut werden, sechzig Ellen breit und sechzig Ellen hoch, mit drei Schichten von Quadersteinen, darauf eine Balkenschicht. Die Kosten sind aus der [syrischen] Hofkammer zu bestreiten. Auch sind die goldenen und silbernen Geräte des Hauses Gottes, die Nebukadnezar dem Tempel zu Jerusalem entnommen und nach Babel verbracht hat, zurückzuerstatten.« (Esra 6.) Diese trockene Verwaltungsnotiz aus dem Archiv der Hofkammer zu Hagmatâna enthält eine heilsgeschichtliche Nachricht ersten Ranges.

Der Prophet in Jesaja 45 hatte seinen verbannten jüdischen Landsleuten nicht vergebens verheißen, Gott werde sie durch Kyrus freigeben. Das Edikt des Großkönigs, das zu Unrecht angezweifelt worden ist, begann mit den Worten: »Kündet Kurush, der König der Perser: Alle Reiche hat Jahwe, der Gott des Himmels, mir verliehen.« Wenn wir statt ›Jahwe‹ (wie bei Esra 1 : 2 steht) ›Ahura Mazdâh‹ einsetzen, dürften wir Kyrus' eigene Worte vor uns haben. Sein Schatzmeister in Babylonien, der Meder Mithradâta, wurde von ihm angewiesen, die von Nebukadnezar im Jahre 587 geraubten goldenen und silbernen Gefäße und Gerätschaften herauszugeben. Mithradâta zählte sie – über fünftausend Stück – dem Anführer der Heimkehrer, Sheshbazzar, dar. An die Juden wandte sich Kyrus in seinem Erlaß so: »Wer nun aber unter euch seines Volkes ist, der ziehe hinauf gen Jerusalem in Juda.« Über vierzigtausend der Kinder Israel traten im Herbst des Jahres 538 die Rückkehr aus der babylonischen Verbannung an.

Das Edikt des Kyrus bewahrte die Judenheit vor der Auflösung als Volk. Ohne die Heimkehr der Juden nach Palästina hätte die Weltgeschichte einen anderen Verlauf genommen. Was mag Kyrus bewogen haben, die verbannten Juden heimzusenden – eine Maßnahme, die völlig vereinzelt blieb? Denn alle die anderen Volksgruppen, welche von Assyrern und Babyloniern einst zwangsumgesiedelt worden waren, mußten in ihren neuen Wohnsitzen verbleiben. Nur bei den Juden machte Kyrus eine Ausnahme. Und was mag ihn bewogen haben, in seinem Edikt Jahwe als ›Gott des Himmels‹ zu bezeichnen?

Offensichtlich war dieser Himmelsgott für Kyrus derselbe alleinige Schöpfer Himmels und der Erde, den er in der neuen Glaubenslehre Zarathustras verehren gelernt hatte. Spätere Quellen erweisen, daß die Achämenidenkönige tatsächlich ihren von Zarathustra verkündeten ›Allweisen Herrn‹ mit dem Gott der Juden gleichgesetzt haben. Daher bezogen sich die Juden in ihren Eingaben an die persische Regierung stets auf ihren ›Himmelsgott‹, wohl wissend, daß die Behörden darunter Ahura Mazdâh verstehen würden. Während überall sonst in der Welt heidnische Vielgötterei fortbestand, vereinte der Glaube an einen alleinigen Schöpfergott Perser und Juden auf einzigartige Weise.

Trotz der ständigen Bürde seiner Kriegs- und Verwaltungsgeschäfte fand Kyrus II. Muße, sich um die Bauten seiner neuen Pfalz Pasargadae zu kümmern. Pasargadae liegt auf einer bergumsäumten Hochebene, 1900 Meter über dem Meeresspiegel. Die Luft ist klar und kühl, so recht nach dem Herzen der persischen Einwanderer aus dem Norden. Wer den Spuren nachgeht, die Kyrus in Pasargadae hinterlassen hat, dem wird unwillkürlich eine Ahnung weltgeschichtlicher Größe, die in Bauten von lichter Schönheit Gestalt gewonnen hat.

Von diesen Werken des Kyrus haben wir vier schon gestreift: den *Audienzpalast* von T. 8, den *Altar* von T. 4, den *Feuerbewahrturm* von T. 5, den die mittelalterlichen Perser phantasievoll ›Salomons Kerker‹ getauft

Bild 30: Wohnpalast des Kyrus in Pasargadae.

haben, und die *Terrassenmauer* auf dem Burgberg von T. 6, heute im Volksmund ›Salomons Thron‹ genannt. Dazu kommen innerhalb der in einen weitläufigen Park eingebetteten Pfalz der *Wohnpalast* des Kyrus (Bild 30); das *Torgebäude,* das zum Audienzpalast Zutritt gewährte, also gewissermaßen dessen ›Vorzimmer‹ bildete; und endlich sein *Grabmal,* das sich der Großkönig schon zu Lebzeiten erbaut hatte.

Der Wohnpalast bietet sich dem Beschauer heute anders dar als noch vor einem Jahrzehnt. Im 13. Jahrhundert hatte ein Atabeg aus dem Schiraser Fürstenhaus der Salghoriden um das Grab des Kyrus herum eine Moschee errichten und dazu Baumaterial aus den Steinpalästen heranschleppen lassen. Anläßlich der 2500-Jahr-Feier Irans im Jahre 1971 wurden diese Raubstücke wieder an ihren ursprünglichen Platz zurückgebracht. Dadurch steht heute das Kyrus-Grab auf einer völlig abgeräumten Fläche, während der Wohnpalast durch wiederaufgerichtete Säulentrommeln jetzt wenigstens eine ungefähre Vorstellung davon vermittelt, wie er einstmals aussah.

Der Wohnpalast zeigt unverkennbar hellenischen Einfluß. Offenbar hatten Kyrus, als er im Jahre 545 Sardes eroberte, die Marmorbauten der Lyderkönige lebhaft beeindruckt. Wohl schon damals hat er eine Anzahl lydischer Meister nach Pasargadae verpflichtet. Später stieß, wie Carl Nylander gesehen hat, noch eine ganze Bauhütte aus Ephesos dazu. Diese lydischen und ionischen Meister haben nach den Entwürfen persischer Architekten für die neue Residenz des Kyrus ein bauliches Gesamtwerk geschaffen, das den Beschauer, obschon nur Trümmer die einstige Pracht ahnen lassen, noch heute in seinen Bann schlägt. In Pasargadae hat sich – ein einziges Mal in der Geschichte – griechischer und persischer Genius schöpferisch in Harmonie vereinigt.

An den Palästen fällt die reizvolle Wechselwirkung von hellem und dunklem Marmor besonders ins Auge, vornehmlich bei den Säulenbasen. Der schöne lichte Stein von Pasargadae stammt aus der Gegend von Sivand, halbwegs zwischen der Kyruspfalz und Persepolis. Die Blöcke wurden die rund dreißig Meilen lange Strecke auf Flößen den Kur hinaufgetreidelt.

Im Mai des Jahres 1971 kamen infolge einer Sturzflut beim heutigen Borâzdjân im tiefen Süden der Persis, an der Straße nach Bushehr am Persischen Golf, Säulenbasen aus hellem und dunklem Marmor an die Oberfläche eines Palmengartens. Iranische Archäologen unter Leitung von A. A. Sarfarâz legten alsbald zwölf Säulenbasen eines Wohnpalastes frei, auf denen einst Holzsäulen standen (Tafel 7). Die dicken Lehmmauern sowie der Fußboden des Palastes waren weiß getüncht gewesen. Die Verwendung von hellem und dunklem Marmor sowie der rechteckige Grundriß erweisen den freigelegten Bau als ein Werk des großen Kyrus. Der antike

Geograph Strabon erwähnt einen achämenidischen Palast in Taoke. Dieser Ort, der in den Hofkammertäfelchen des Darius als Taukâ erscheint, ist von Sir Max Mallowan scharfsinnig mit dem heutigen Borâzdjân gleichgesetzt worden[23]. Da bei der Freilegung alles von dicken Schlammschichten bedeckt war, hat den Kyrus-Palast von Taukâ einst wohl eine ebensolche Sturzflut zerstört, wie sie im Jahre 1971 zu seiner zufälligen Auffindung führte.

Vom Audienzpalast des Kyrus in Pasargadae gab uns Bild 20 durch die Nachzeichnung von Friedrich Krefter einen Begriff. Von den acht Säulen aus ganz hellem Marmor, die in zwei Reihen das waagrechte Dach über dem rechteckigen Mittelraum trugen, steht nur noch eine einzige (Tafel 8). Diese zwölf Meter hohen Steinsäulen waren in ihrer überlangen Schlankheit eine iranische ›Erfindung‹ – es waren auf Stein übertragene Holzsäulen. Sie wirkten, obschon von ionischen Steinmetzen geschaffen, ganz ungriechisch. Die Neigung für solche überhohe, schlanke Säulen besteht in Iran noch heute fort. Aus dem späten Mittelalter liefert dafür ein Beispiel der Gartenpalast Tshehel Sotun zu Isfahân, von Schah 'Abbâs II. 1648 erbaut, mit zwanzig riesigen Holzsäulen, die das Dach der Vorhalle tragen und sich im Wasserbecken davor widerspiegeln[24].

Wie der Audienzpalast des Kyrus hatte auch das Torgebäude zu Pasargadae einen Innenraum mit zwei Reihen zu je vier Säulen. Somit zeigen sämtliche Palastbauten des Kyrus *rechteckigen* Grundriß – zum Unterschied von den Dariusbauten zu Persepolis und Susa, deren Mittelhallen durchweg streng *quadratisch* angelegt sind.

Während Kyrus seinen Wohnpalast an den Türlaibungen mit Flachbildern von sich selbst verzierte, gefolgt von einem Leibdiener, wahrscheinlich einem Schirmträger, verfiel er für die Ausschmückung von Torgebäude und Audienzpalast auf einen Gedanken, der uns blitzartig sein Weltreichsdenken erhellt. Für die Eingänge zu diesen beiden Bauten wählte er nämlich schützende Götter und Genien der von ihm eroberten orientalischen Reiche aus. Leider haben sich von diesen Flachbildern nur wenige erhalten: ein einziges, ziemlich vollständiges, am Torgebäude; spärliche Überreste von dreien am Audienzpalast.

Die Gestalt am Torgebäude zu Pasargadae (Tafel 9) wurde lange für ein Idealbildnis des Großkönigs gehalten. In Wahrheit gibt sie eine phönikische Schutzgottheit wieder – einen jugendlichen Baal mit vier Flügeln und einer ägyptischen Krone auf einem Widderhorn. Darüber befand sich noch bis zur Mitte des vorigen Jahrhunderts eine der zahlreichen, von Darius dreisprachig angebrachten Zuweisungsinschriften »Ich, Kyrus, der König, der Achämenide«. Offenbar hat Kyrus ähnliche Göttergestalten gesehen, als er nach der Eroberung von Babylonien auch das dazugehörige Syrien aufgesucht hat – also auch Phönikien mit seinen Mittelmeerhäfen Sidon und Tyros.

Mit Sicherheit hat der Großkönig schon früh das einstige Assyrien durchstreift und dabei auch den Palast Sanheribs in Ninive besichtigt. Das erweisen jene Flachbilder im Audienzpalast des Kyrus zu Pasargadae, welche eine Gottes- oder Priestergestalt im Fischmantel und dahinter eine Stierfigur wiedergeben, die eine Standarte trägt (Tafel 10). Zwar sind heute davon nur noch Bruchstücke erhalten; allein, ihre Vorbilder fanden sich, das ist archäologisch erwiesen, im Sanherib-Palast zu Ninive. Die Fischmantel-Gestalt hielt in der linken Hand einen Weihwasserkessel, in der erhobenen rechten Hand einen Benetzer in Pinienzapfenform. An anderen Toreingängen des Audienzpalastes waren einst Drachenfiguren eingemeißelt, von denen sich nur die Krallen erhalten haben. Ihr Vorbild könnte vom Ishtar-Tor in Babylon stammen[25].

Kyrus hat also die Amtsgebäude seiner Pfalz mit schützenden Symbolgestalten aus Assyrien, Babylonien und Syrien ausstatten lassen, denen er auf seinen Feldzügen begegnet war. Dazu mußte er heimische Künstler aus ebendiesen Gegenden nach Pasargadae holen. Zusammen mit den iranischen Architekten und den lydischen und ionischen Steinmetzen mögen sie eine bunt zusammengewürfelte ›Bauhütte‹ abgegeben haben. Den Besuchern seiner Pfalz aber machte Kyrus mit diesen Flachbildern sinnfällig klar, daß ihm als Weltreichbeherrscher die schützenden Genien und Götter aller Völker zu Diensten standen.

Kyrus' Tod

Im Frühling des Jahres 530 brach Kyrus mit einem gewaltigen Heerbann nach Mittelasien auf. Sein Feldzug galt offenbar den Skythen jenseits von Sogd, also den ›Haumaschwelger‹-Saken. Seine beiden Söhne, Kambyses und Brdya, begleiteten ihn. Darius wurde, wie es scheint, bei seinem Vater Vishtâspa in Parthien zurückgelassen. Kyrus überschritt den Oxus und durchzog die Satrapie Sogd mit ihrer Hauptstadt Marakanda, heute Samarkand. Auf einer Schiffsbrücke setzte er über den Jaxartes, wahrscheinlich bei seiner Grenzfestung Kurushkata, und drang in das heutige Ferghana-Gebiet ein.

Es kam zur Schlacht mit den Skythen. »Diese war«, so schreibt Herodot, »von allen Kämpfen, welche Barbaren sich geliefert haben, meiner Meinung nach die furchtbarste.« Spargapaisa, der Sohn der Saken-Königin

Tomyris, fiel; aber auch Kyrus selbst wurde verwundet und starb am dritten Tag danach, um den 20. Juli 530. Sehr bald bemächtigte sich die iranische Sage des Endes des achämenidischen Weltreichstifters, und so sind uns die Einzelheiten jener Kämpfe geschichtlich nicht mehr faßbar.
Auf Befehl des neuen Großkönigs Kambyses II. überführte der Leibkammerherr, der Eunuche Bagapâta (›Gottgeschützt‹), den Leichnam seines gefallenen Herrn nach Persien. Dort wurde Kyrus in dem von ihm selbst erbauten Grabmal beigesetzt (Tafel 11). In »edler Einfalt und stiller Größe« – um Winckelmanns Kennzeichnung der Kunst der Klassik zu entlehnen – steht das Grabmal des Kyrus einsam auf der Hochebene von Pasargadae. Es bewahrt die urtümliche Hausform der Perser aus der Zeit vor ihrer Einwanderung nach Iran. Ein Quaderbau mit steinernem Giebeldach ist einem Sockel aus sechs gewaltigen Stufen aufgesetzt und so zu monumentaler Wirkung gebracht. Das Grabmal ist zwanzig Ellen (zu je 52 cm) hoch; zehn Ellen entfallen auf das Gruftgebäude, zehn auf den Stufensockel. Die rechteckige Grabkammer ist sechs Ellen lang und hoch, vier Ellen breit. Überall walten, dem Auge wohltuend, harmonische Maße[26].
Einst stand das Grabmal inmitten eines Haines aus Pappeln und Platanen zwischen zwei Wasserläufen, welche die Pfalz durchflossen und dann in den Kur einmündeten. In der Nähe befand sich ein kleines Gebäude für die Magier, welche die Gruft zu hüten hatten. Sie erhielten vom Großkönig als tägliche Verpflegung einen Hammel, ferner Weizenmehl und Wein. Ihr Wächteramt vererbte sich vom Vater auf den Sohn von Kambyses' Zeiten bis auf Alexander.
Die sterbliche Hülle des großen Kyrus wurde in einen schweren Sarg aus lauterem Gold gebettet. Er stand mitten in der Grabkammer auf einer Bahre, die mit purpurfarbigen Pelzen und babylonischen Decken überzogen war und deren Füße aus getriebenem Golde bestanden. Auf dem Sarg lagen persische Gewänder, babylonische Unterkleider, medische Hosen und Mäntel in verschiedenen Farben, ferner goldene und mit Edelsteinen besetzte Halsreifen, Ohrringe und Dolche. Auf einem Tischchen daneben standen kostbare Becher.
Als Alexander im Jahr 324, aus Indien zurückkehrend, Pasargadae erneut besuchte, fand er das Kyrusgrab ausgeplündert. Die Räuber hatten sogar den Sargdeckel abgehoben, den Leichnam zu Boden geworfen und den Sarg teilweise zertrümmert. Es war ihnen aber nicht gelungen, ihn fortzuschleppen. Die Schuldigen wurden nie gefunden. Die Magier, die das Grab zu hüten hatten, konnten über den Hergang nichts aussagen, auch nicht unter der Folter, weshalb Alexander sie freiließ. Er beauftragte den griechischen Architekten und Ingenieur Aristobulos, alles so gut als möglich wie-

der so herzustellen, wie es im Jahre 330 gewesen war, als er auf Weisung Alexanders das Grab erstmals betreten und geschmückt hatte. Nach Erfüllung seines Auftrages ließ Aristobulos die Grabtür zumauern und mit Mörtel verputzen, in den er Alexanders Siegel drückte. Aber auch das nützte nichts: irgendwann in den Wirren nach Alexanders Tod (13. Juni 323) wurde das Kyrusgrab erneut ausgeraubt, und so steht es seit mehr als zwei Jahrtausenden leer.

Im Mittelalter haben die Perser es als das Grab von Salomons Mutter verehrt. Nachdem die Moschee des Atabegs von Schiras, die das Bauwerk seit 1220 umgab, verfallen war, wurde der Umkreis zum mohammedanischen Friedhof. Wenn im Mai die Wanderstämme aus ihren Winterlagern zu den hochgelegenen Sommerweiden hinaufzogen, machten sie in Pasargadae halt. Bei diesem Durchzug wurden, wie Ernst Herzfeld berichtet, die zahllosen Herden alle dreimal um das Grab herumgeführt und die Steine des Stufensockels mit Milch und Yoghurt gesalbt – offenbar letzte Überbleibsel eines uralten Grabkultes.

Damit verlassen wir das ›große Phantasieobjekt Kyrus‹. Rückblickend fragen wir uns: Welches war nun die besondere, bleibende Leistung dieses Großen der Geschichte? Wir stellen fest: Kyrus hat als erster ein *Weltreich* begründet. Vor ihm gab es wohl Großreiche wie das der Assyrer, aber kein Weltreich wie das der Perser unter seiner Führung. Doch war dieses nicht vielleicht nur eine öde Machtballung, aus der die Perser allein Nutzen zogen? War Kyrus lediglich ein Dschingis-Khan des Altertums?

Sicher nicht. Es ist jammerschade, daß Kyrus nicht – wie später Darius – der Mit- und Nachwelt sein Selbstverständnis erschlossen und die Beweggründe seines Handelns erklärt hat. Möglicherweise verstand Kyrus seine Reichsgründung als eine Sendung, um der ›Rechten Ordnung‹ im Sinne Zarathustras in der Welt Bahn zu brechen? Aber auch wenn wir einmal davon absehen, was der Reichsgründer selber gedacht und erstrebt hat, wäre noch zu klären, welchen Wert *wir* seiner Stiftung beizumessen haben. Diese Überlegung rührt freilich an die Grundfrage menschlichen Seins – an die Frage nach dem *Sinn der Weltgeschichte.*

Je nach Denkweise und innerer Haltung wird der einzelne diese Frage verschieden beantworten. In einer Zeit wie der unseren, die sich aller Geschichte gegenüber zwiespältig, oft sogar ablehnend verhält, mag unsere Frage müßig erscheinen. Allein, es wäre ja denkbar, daß Geschichte eben nicht lediglich das Ergebnis blind waltender Zufälle und menschlicher Hab- und Machtgier ist, sondern daß sich in ihr zugleich auch ein höheres Wollen bekundet. Eine überirdische Macht könnte versuchen, die strebende und leidende Menschheit mühsam auf Pfade des Heils zu führen.

Bild 31: Das unvollendet gebliebene (wahrscheinliche) Grab Kambyses' II. in der Gegend von Persepolis.

Wer die Weltgeschichte in solchem Lichte betrachtet, dessen Auge wird im Wirken des Kyrus zumindest *eine* heilsgeschichtliche Tat höchsten Ranges entdecken: seine Befreiung der Kinder Israel aus der Babylonischen Gefangenschaft im Jahre 538. Denn ohne dieses unmittelbare Eingreifen des persischen Großkönigs, ohne seine Erlaubnis der Rückkehr der Verbannten, hätte es kein Juda mehr gegeben. Also auch kein Bethlehem und kein Golgatha ...

5 DARIUS' WEG ZUR MACHT

Schon vor dem Feldzug gegen die Skythen jenseits des Jaxartes bestimmte Kyrus seinen ältesten Sohn Kambyses zum Thronerben. Den jüngeren Sohn Brdya, den Smerdis der Griechen, hatte er zum Reichshüter im Nordosten eingesetzt und ihm die Satrapien Parthien, Chorasmien, Karmanien und Baktrien unterstellt – wenigstens berichtet dies Ktesias. Nach der älteren Sage soll sich Brdya während des Skythenfeldzuges besonders ausgezeichnet haben. Ihm sei es als einzigem Perser gelungen, den von der Saken-Königin Tomyris als Herausforderung gesandten Bogen bis auf zwei Fingerbreiten zu spannen. Im Volksmund hatte Brdya den Beinamen ›der Recke‹ erhalten, persisch *Tanuvazraka,* wörtlich ›der Leibesmächtige‹.

Der Brudermord des Kambyses

In den Jahren nach seiner Thronbesteigung (Juli 530) widmete sich Kambyses vor allem den Rüstungen für einen Feldzug gegen Ägypten, den schon sein Vater beabsichtigt hatte. Bald aber erregte die wachsende Volkstümlichkeit seines jüngeren Bruders in ihm eifersüchtigen Argwohn. Sein Mißtrauen steigerte sich zu der Befürchtung, Brdya könnte versuchen, ihm den Thron streitig zu machen. Daher ließ Kambyses, ehe er im Frühjahr 525 nach Ägypten aufbrach, Brdya in aller Heimlichkeit umbringen. Platon legt in seinem Zwiegespräch ›Die Gesetze‹ seinem Athener die Frage in den Mund: »Wie kam es bloß dazu, daß unter Kambyses alles wieder zugrunde ging und erst unter Darius die Schäden einigermaßen wieder behoben wurden?« Die Antwort der Geschichte lautet: durch den Brudermord kam es dazu ...

Das furchtbare Geheimnis wurde so streng gehütet, daß das Volk nichts davon erfuhr. Nach einer verblaßten Erinnerung soll Brdya auf eine Insel im Persischen Golf verbannt und dann im Meer ertränkt worden sein. Wahrscheinlicher ist eine andere Fassung. Danach habe der Hofmarschall Prkshâspa, der Prexaspes der Griechen, den Prinzen auf der Jagd getötet.

Schon bald nach dem Tode des Vaters hatte Kambyses seine beiden Schwestern Atossa und Roxane geheiratet. Auf persisch hießen sie *Hutauthâ* (›die mit schönem Dickbein‹) und *Rauchshnâ* (›die Leuchtende‹). Heiraten zwischen Geschwistern waren keine ursprünglich persische Sitte, obschon die

späten Zoroastrier, vor allem unter den Sassaniden (3.–7. Jahrhundert), sie als löblich und fromm betrachteten. Wohl aber hatten die Perser nach ihrem Eindringen in Anzan beobachtet, daß sich die Könige des Elamerreiches mit ihren Schwestern vermählten, weil sich deren Herrschaft in der ›Spindellinie‹ forterbte und als thronberechtigt eigentlich nur der Sohn der Schwester des Königs galt.
Kambyses verspürte zunächst gewisse Hemmungen, die beiden genannten Schwestern zu heiraten. Die jüngste, Artystone, auf persisch *Rtastunâ* oder ›Säule der Rechten Ordnung‹, war damals offenbar noch zu jung; sie wurde dann Darius' Lieblingsgemahlin. Um seine Bedenken zu beschwichtigen, holte Kambyses ein Gutachten des Obersten Gerichtshofes ein. Die sieben Reichsrichter zogen sich auf gute Art aus der Verlegenheit: sie fänden, so lautete ihr Spruch, kein Gesetz, das einem Bruder verstatte, seine Schwester zu heiraten; doch hätten sie ein anderes gefunden, wonach der König der Perser tun könne, was ihm beliebe (Herodot III 31). So stand der Heirat nichts mehr im Wege. Atossa blieb in Persien zurück; nur Roxane begleitete Kambyses nach Ägypten.
Im Zuge der Vorbereitung dieses Feldzuges hatte der Großkönig auch die Stellung der Achämeniden der jüngeren Linie geregelt. Hystaspes, der Vater des Darius, erhielt das Amt eines Satrapen von Parthien, des Gebietes ostwärts des Kaspischen Meeres bis hin zum heutigen Shâhrud in Chorâsân. Sein Sohn Darius, damals einundzwanzig Jahre alt, durfte in den engsten Stab des Herrschers eintreten, nämlich als ›Lanzenträger‹ des Kambyses. Diese Stellung entsprach etwa der eines neuzeitlichen Flügeladjutanten. Durch dieses hohe Amt gewann Darius unmittelbar Einblick in die Politik des Weltreiches. Aber gewiß mußte er auch mühsam lernen, den finsteren Launen des Großkönigs unbeweglichen Gesichtes standzuhalten. In seiner Grabinschrift hat Darius von sich gesagt: »Auch wenn es in mir kocht, bezwinge ich meinen Zorn. Ich beherrsche meinen eigenen Sinn fest.« Man wird nicht fehlgehen mit der Vermutung, daß sich Darius diese Selbstbeherrschung während seiner ›Lehr- und Wanderjahre‹ im Gefolge des Kambyses erworben hat.
Denn nicht von ungefähr haben die alten Perser im vertrauten Kreis von Kyrus als einem ›Vater‹ gesprochen wegen seiner Milde und Freigebigkeit – von Kambyses hingegen wegen seiner schonungslosen Härte als einem ›Zwingherrn‹.
Noch vor dem Aufbruch nach Ägypten hatte Kambyses für sich ein Grabmal in Auftrag gegeben, das ein genaues Abbild der Gruft seines Vaters Kyrus werden sollte. Da er aber im Sinne hatte, seine Hauptstadt von Pasargadae weiter nach Süden zu verlegen, nämlich in jene Hochebene, in welcher

danach Darius seine Pfalz Persepolis gründete, ließ Kambyses sein Grab in dieser Gegend errichten. Der Bau wurde indes nicht fertig; doch hat Darius die Grundmauern unbehelligt stehen lassen (Bild 31). Ernst Herzfeld suchte im Jahre 1932 vergebens nach Grundstein-Urkunden; zur Zeit des Kambyses, um 525, hatten die Perser ja noch keine eigene Schrift. Durch die Suchgrabung Herzfelds wurden manche Quader aus ihrer ursprünglichen Lage verrückt. Im Volksmund heißen die Überreste des Kambysesgrabes heute ›Thron des [Sagenhelden] Rostam‹; sie befinden sich vier Kilometer nördlich von Persepolis[27].

Im Jahre 528 überwinterte der Hof in Babylonien. Im November hielt sich Kambyses auf Schloß Abanu in der Gegend von Uruk in Südmesopotamien auf, und so mußten die reichen Tempel von Uruk zur Verpflegung des Hofstaates beitragen. Die Tontäfelchen, die von diesen Lieferungen berichten, sind in mehr als einer Hinsicht aufschlußreich[28]. Benötigt wurden im Laufe des November mehrere hundert Hämmel, Ziegen, Lämmer und Zicklein. Verfügt wurde die Lieferung in einem Falle von dem Meder Farnaka, dem damaligen Statthalter der Provinz Uruk. Darius hat Farnaka später zu seinem Hofmarschall befördert (Bild 32). In einem anderen Falle hatte den Befehl zur Versorgung des Hofes mit Kleinvieh sogar Gaubarva, der noch von Kyrus ernannte Satrap von Babylonien und Syrien, persönlich erteilt. Es war offenbar Vorschrift, daß, wenn der Großkönig sich in einem Reichsland außerhalb Persiens aufhielt, der Satrap ebendieses Reichslandes im Gefolge des Herrschers zu weilen hatte.

Dieser Umstand bot dem jetzt zweiundzwanzigjährigen Darius Gelegenheit, mit Gaubarva in nähere Beziehung zu treten. Der Satrap, damals ein Mann mittleren Alters, und der junge Lanzenträger des Kambyses schlossen sich eng aneinander an, und schließlich vermählte Gaubarva im Jahre 527 dem Achämeniden-Prinzen seine Tochter. Ihr Name ist nicht überliefert. Darius nahm seine junge Frau mit nach Ägypten. Sie gebar ihm, noch ehe er (im Jahre 522) die Macht an sich brachte, drei Söhne. Der erste hieß *Rtabrzana* ›der die Rechte Ordnung hochbringt‹, der zweite *Aryâbigna* ›Iraner-Gabe‹, der dritte *Rshamanah* ›Heldensinn‹.

Keiner von ihnen hatte nachmals Anrecht auf die Thronfolge, weil sie nicht

Bild 32: Der medische Hofmarschall Farnaka des Darius. Ausschnitt aus dem Relief ursprünglich an der Nordseite des Audienzpalastes zu Persepolis, heute im Altertumsmuseum in Teheran. Links vor Farnaka ein Räucherständer.

›im Purper geboren‹ waren; sie kamen ja – wie erwähnt – zur Welt, als Darius noch nicht Großkönig war. Das Thronfolgerecht besaß dagegen Xerxes (*Chshayarshâ* ›der über Mannen Herrschende‹), dessen Mutter Atossa zudem die älteste Kyrustochter war. Daß Darius in erster Ehe eine Perserin heiratete, die nicht aus königlichem Geschlecht stammte, erweist, daß er im Jahre 527 noch nicht einmal davon träumen durfte, eines Tages selbst Großkönig zu werden. Satrap Gaubarva half später seinem Schwiegersohn, die Macht zu ergreifen, und als engster Vertrauter des neuen Großkönigs wurde er dessen Lanzenträger. Als solcher ist Gaubarva sowohl auf dem Flachbild zu Bisotun als auch auf dem Grabfelsen des Darius in Naqsh-e Rostam bei Persepolis abgebildet.

Die Eroberung Ägyptens und Nubiens

Im Jahre 525 waren die Zurüstungen für den großen Feldzug gegen Ägypten abgeschlossen. Phönikien und Polykratos von Samos stellten als Bundesgenossen der Perser diesen eine Flotte. Nach den Neujahrsfestlichkeiten zu Frühlingsbeginn gab Kambyses von Gaza aus, dem letzten persischen Stützpunkt in Palästina, den Befehl zum Vormarsch. Eine wahre Völkerwanderung setzte sich nach Süden in Bewegung. »Fremdlinge aus allen fremden Ländern waren mit Kambyses«, schrieb später Udja-hor, der Admiral der ägyptischen Flotte (Bild 42), über seinen Eindruck von dieser alles überrollenden Vielvölker-Heerschar[29].

Kurz zuvor erst war Pharao Amasis nach langer Regierung gestorben, und sein Sohn Psammetich III. hatte den Thron von Memphis geerbt. Es war Kambyses jedoch offenbar gelungen, Psammetichs Admiral für die persische Sache zu gewinnen, und so wurde Udja-hor gewissermaßen Ägyptens ›Quisling‹. Von großem Nutzen für die Perser erwies sich auch der Karer Phanes, der unter Amasis Befehlshaber der griechischen Leibwache des Pharao gewesen war, dann aber aus Ägypten hatte fliehen müssen. Auf Anraten von Phanes trat Kambyses in Verhandlungen mit den Araber-Scheichen im Gebiet zwischen Gaza und der Landenge von Suez, und diese fanden sich bereit, das Riesenheer auf dem Marsch durch die Wüste mit Wasser zu versorgen.

So erschienen die Perser im Mai 525 vor Pelusium. Phanes verriet dem Großkönig die Verteidigungsanlagen der Ägypter, und nach heftigen Kämpfen siegten die Angreifer. Noch nach achtzig Jahren sah Herodot dort die in der Sonne gebleichten Gebeine der Gefallenen. Dabei stellte er verwundert fest, daß die Schädel der Iraner viel spröder und dünner waren als

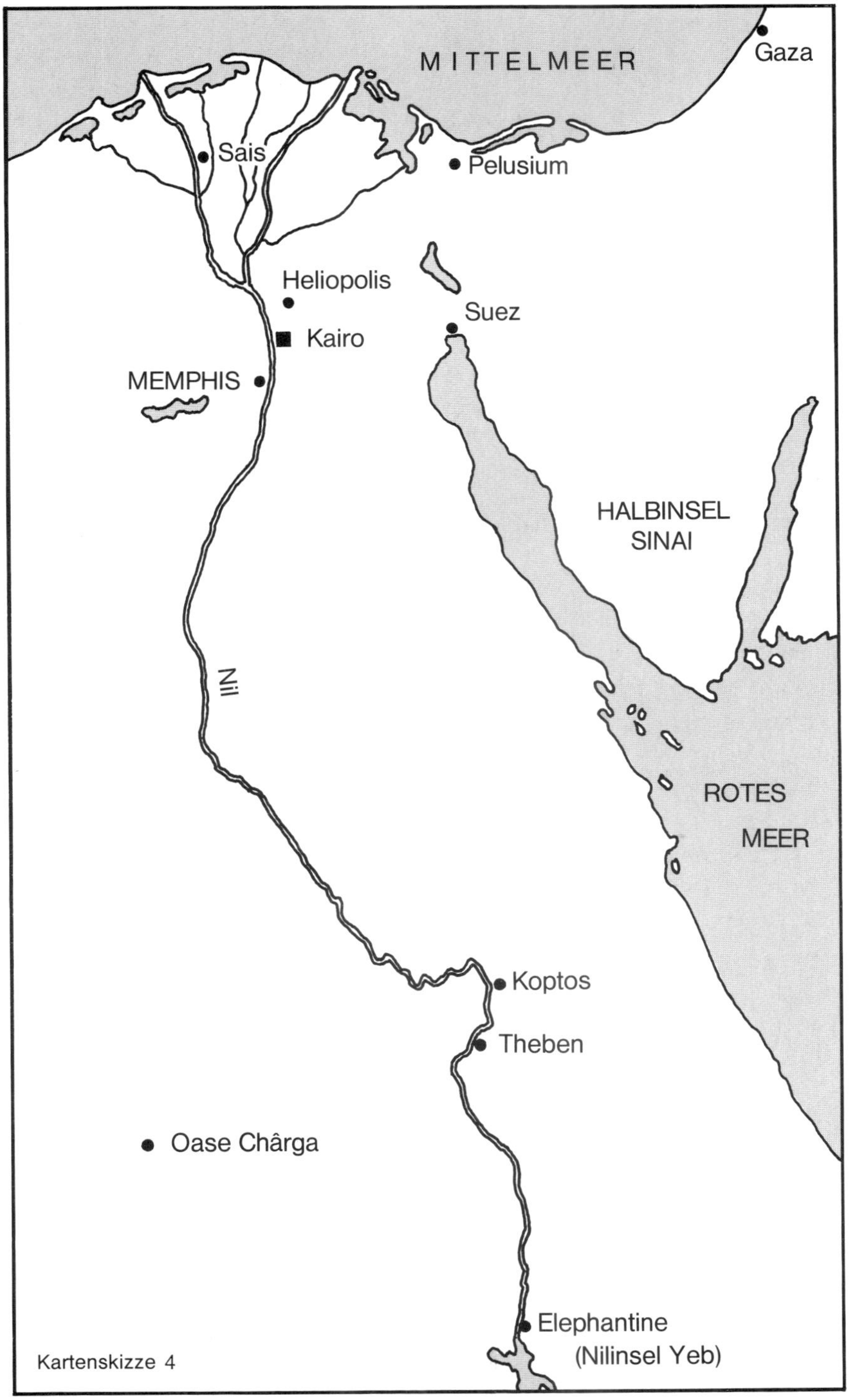

Kartenskizze 4

die der Ägypter. Die Festung Pelusium ergab sich erst nach längerer Belagerung, als es der persischen Flotte gelungen war, in die Nilmündungen einzulaufen und mehrere Städte im Delta zu besetzen. Dieser Erfolg dürfte zu einem erheblichen Teil auf die Machenschaften des ägyptischen Admirals Udja-hor zurückzuführen sein.
Widerstand leistete auch die heilige Priesterstadt Heliopolis. Er konnte jedoch bald gebrochen werden. Die Verwüstungen waren dort noch nach Jahrhunderten sichtbar. Pharao Psammetich III. hatte sich in das ›Weiße Schloß‹ seiner Hauptstadt Memphis zurückgezogen. Kambyses ließ ihn durch einen Herold zur Übergabe auffordern; doch die Bevölkerung von Memphis riß den Perser und seine griechische Schiffsbesatzung in Stücke. Zornentbrannt belagerte Kambyses die Riesenstadt, die sich nach zehn Tagen, im Juni 525, bedingungslos ergab. Damit fiel das ganze Land den Persern anheim.
Über Ägypten brach damit eine Zeit der Not und des Elends herein, »wie sie in der Geschichte des Reiches ohne Beispiel war«. Dies schreibt wiederum Udja-hor, der – als Perserfreund im engsten Stabe des Kambyses – ein gewiß unverdächtiger Zeuge ist. Unmengen an Kostbarkeiten und Sklaven wurden von den Siegern weggeschleppt. Zufällig hat sich ein Vertragstäfelchen aus Babylon erhalten, das ein bezeichnendes Streiflicht auf diese Zustände wirft. Danach hat der babylonische Söldner Iddin-Nabû in Ägypten eine Sklavin erbeutet. Als er im nächsten Jahr (524) aus persischen Diensten entlassen wurde, kehrte er in seine Heimat zurück. Dort verkaufte er die Sklavin samt ihrem drei Monate alten Töchterchen für zwei Pfund Silber oder 216 Goldmark[30].
Der persische Einmarsch nach Ägypten hatte auch den Mathematiker und Philosophen Pythagoras aus Samos überrascht. Der Tyrannis des Polykrates überdrüssig, der in deutschen Schulen durch Schillers Ballade ›Der Ring des Polykrates‹ bekannt geworden ist, war Pythagoras von Samos nach Ägypten ausgewandert, um dort seine bei Thales von Milet begonnen Studien fortzusetzen. In ganz modern anmutender Weise ließ Kambyses den griechischen Wissenschaftler verhaften und nach Babylon verschleppen. Vielleicht haben babylonische Berater im Stabe des Kambyses ihn dazu veranlaßt, um so ihre heimische ›Hochschule‹, der unter anderem der Kalender und die Errechung der Schaltmonate anvertraut war, durch den berühmten Griechen zu bereichern. Dies ist bloße Mutmaßung; fest steht hingegen, daß sich Pythagoras auf diese Weise wesentliche Kenntnisse der babylonischen Mathematik und Astronomie angeeignet hat. Unter Darius durfte er dann in die hellenische Welt heimkehren.
Indem Kambyses die neueroberte Satrapie Ägypten in Verwaltung nahm,

bereitete er weitere Feldzüge nach Süden und Westen vor. Libyen und die Cyrenaica unterwarfen sich freiwillig. Während sich der persische Hof noch in Memphis aufhielt, unternahm Darius einmal einen Spaziergang durch die Hauptstadt. Auf dem Marktplatz fiel ihm ein Grieche auf, der einen besonders prächtigen, purpurroten Umhang trug. Es war Syloson, der jüngere Bruder des Polykrates, der ihn aus Samos verbannt hatte. Darius ging auf Syloson zu, um ihm den Mantel abzukaufen. Syloson merkte wohl, wie sehr dem persischen Königsadjutanten an dem Umhang gelegen war, und – einer plötzlichen Eingebung folgend – schenkte er ihn dem Prinzen. Hinterher reute ihn seine Freigebigkeit so halb. Doch wenige Jahre danach sollte ihm das Kapital dieses Mantels unverhofft reiche Zinsen einbringen.

Im Herbst 524 zog Kambyses seine Streitkräfte in Theben zusammen. Eine kleinere Streitmacht leichter Fußtruppen rückte von dort nach Westen vor und besetzte nach siebentägigem Marsch die wichtige Oase Chârga. Darius selber verblieb im Stabe des Kambyses, der nun mit dem Hauptheer von Theben aus nach Süden zog, um Nubien zu unterwerfen (Karte 5).

Zur Sicherung des Nachschubs errichtete der Großkönig westlich des Flusses zwischen der zweiten und dritten Nilschnelle (sie sind heute von den gestauten Fluten des ›Großen Dammes‹ bei Assuan/Elephantine überdeckt) ein Verpflegungslager, dessen Stätte noch nach Jahrhunderten als ›Kambyses-Markt‹ bekannt war. Die Perser erreichten schließlich, nilaufwärts ziehend, die heilige Stadt Napata am Fuße des Götterberges Barkal und eroberten sie. Damit wurde der ganze nördliche Sudan achämenidische Satrapie. Eine starke Besatzung in Elephantine/Yeb, unweit der ersten Nilschnelle, sicherte die persische Vorherrschaft über Nubien. Zu der Garnison dort gehörten ständig auch jüdische Truppen.

Bei keinem Neujahrsfest (am 21. März) in Persepolis fehlte später die nubische Abordnung mit ihren Krausköpfen: Tafel 12 zeigt sie an der Osttreppe des Darius-Audienzpalastes ganz links. Als Gaben bringen die Nubier eine Schüssel mit Weihrauch, einen Elefantenstoßzahn sowie ein Okapi – jedenfalls ein giraffenartiges Tier – für den großköniglichen Tierpark. Man fragt sich, wie die Abordnung es lebendig von Nubien bis Persepolis befördern konnte.

Beunruhigende Nachrichten bewogen Kambyses im Herbst 523 zur Rückkehr von Nubien nach Ägypten. Nach dem Fall von Memphis hatte er – hierin der vorbildlichen Politik seines Vaters Kyrus folgend – den Pharao Psammetich III. am Leben gelassen, obwohl der persische Herold, der die Hauptstadt zur Übergabe aufgefordert hatte, ermordet worden war. Gerüchte von großen Verlusten, welche die persischen Truppen erlitten haben sollten, und die längere Abwesenheit des Großkönigs verlockten Psamme-

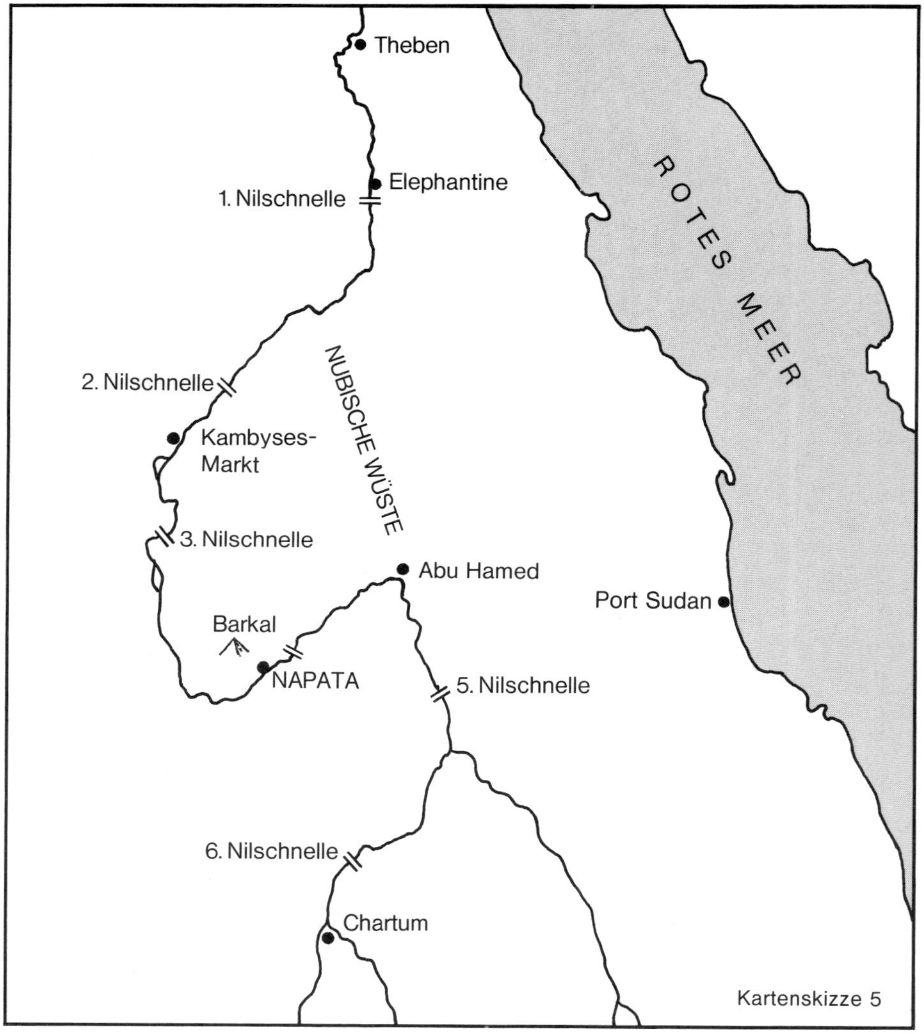

Kartenskizze 5

tich dazu, sich wieder die Doppelkrone Ägyptens aufzusetzen. Ungefähr um diese Zeit starb Roxane, die Schwester und Gemahlin des Kambyses, an den Folgen einer Fehlgeburt.

Für den Rückmarsch wählte der Großkönig der Eile wegen den Weg quer durch die wasserlose Nubische Wüste, und jetzt erlitt das persische Heer tatsächlich erhebliche Verluste. Noch zur Zeit der römischen Kaiser zeigte man Sandhügel an der Stelle, wo Teile des Perserheeres den Entbehrungen des Wüstenzuges erlegen waren.

Nach der Rückkehr nach Theben schlug Kambyses den Aufstand blutig nieder. Psammetich III. wurde hingerichtet. Strabon berichtet, er habe, als er im Jahre 24 v. Chr. Theben besuchte, die meisten Tempel dort in Trümmern vorgefunden. Man behauptete, dies sei das Werk des bösen Kambyses gewesen. Ob der Großkönig wirklich ägyptische Tempel zerstört hat, sei dahingestellt; sicher ist hingegen, daß er mit wirtschaftlichen Maßnahmen gegen die mißliebige Priesterschaft vorging. Pharao Amasis hatte die Tempel mit gewaltigen Vorrechten ausgestattet, und diese baute Kambyses jetzt rücksichtslos ab – ein verständliches, indes unkluges Verfahren.

Ein Papyrus der Nationalbibliothek zu Paris hat uns Teile des wütenden Wortlautes der Entscheidungen des Großkönigs bewahrt. Er nahm nur drei, namentlich aufgeführte Tempel aus. Für alle übrigen verfügte Kambyses: »Von dem Vieh, das man den Tempeln der Götter früher gestiftet hat, soll man ihnen bloß noch die Hälfte geben!« Mit Bezug auf das Geflügel der früheren staatlichen Zuwendungen befahl er: »Gebt es ihnen nicht mehr! Die Priester sollen selber Gänse aufziehen und sie ihren Göttern darbringen.« Die Urkunde erwähnt dann die großen Mengen an Korn, Brot, Holz, Flachs, Weihrauch, Papyrus und so weiter, welche der Großkönig den Tempeln entzog. Der größte von ihm gestrichene Einzelposten, Silber, belief sich umgerechnet auf 14 608 kg im Werte von rund dreieinhalb Millionen Goldmark – eine für damalige Zeiten ungeheure Summe[31].

Damit brachte Kambyses die ägyptische Priesterschaft weit giftiger gegen sich auf als weiland König Naboned die babylonische. Die haßerfüllten ägyptischen Priester stellten Kambyses den Volksmassen als wahres Scheusal hin. Er habe sich schamlos über alles Heilige hinweggesetzt, Gräber geschändet, die Mumie des Pharao Amasis zerstückelt und verbrannt, ja sogar den heiligen Stier Apis getötet. Dieser Greuelpropaganda erlag selbst Herodot und durch ihn weitgehend auch das Abendland, dessen Vorstellung von Kambyses bis in unsere Zeit hinein wesentlich vom griechischen ›Vater der Geschichte‹ geprägt worden war.

In Wahrheit hatte Kambyses in Ägypten nach den Wirren der Invasionszeit von 525 mit straffer Hand Ordnung geschaffen und auch die duldsame Religionspolitik seines Vaters Kyrus fortgesetzt. Er zog die persischen Truppen aus den besetzten und geplünderten Tempeln ab. Den ›Quisling‹ Admiral Udja-hor betraute Kambyses mit anderen hohen Ämtern und ernannte ihn außerdem zum ›Reichsarzt‹ Ägyptens. Auf dessen Bitte hin gewährte er dem Tempel der Göttin Neith zu Sais, welchem Udja-hor vorstand, wieder dessen frühere Einkünfte und erstattete ihm die Dienerschaft zurück. Ja, Kambyses fand sich sogar dazu bereit, der Neith und den sonstigen Göttern von Sais seine Verehrung samt Opfergaben darzubringen. Mit diesen Ze-

remonien waren freilich für den Herrscher keine solchen Peinlichkeiten verbunden wie mit denen des Marduk-Neujahrsfestes in Babylon von 538 ... Auch nahm Kambyses eine amtliche ägyptische Titulatur als Pharao an, die Udja-hor für ihn ersonnen hatte.
Diese auf Ausgleich bedachte Religionspolitik des Großkönigs fand jetzt, infolge des Aufstandsversuches Psammetichs III., schlagartig ihr Ende. Rücksichtslos griff Kambyses durch und beschnitt – wie erwähnt – vor allem die Macht der steinreichen Tempel und ihrer fanatischen Priesterschaft. Mitten in dieser Tätigkeit erreichten den Großkönig schlimme Nachrichten aus Iran.

Der Aufstand des ›falschen Brdya‹

In der Persis hatte sich am 11. März 522 ein Gegenkönig erhoben, der sich für Brdya ausgab, den jüngeren Bruder des Kambyses, den dieser vor dem Ägypten-Feldzug hatte ermorden lassen. In Wirklichkeit war dieser Gegenkönig, der ›falsche Smerdis‹ der Griechen, ein Magier namens Gaumâta, wohl das damalige Oberhaupt der persischen Priesterschaft. Jedenfalls wußte Gaumâta um den so sorgsam geheimgehaltenen Brudermord des Kambyses.
Der Aufstand des Magiers erschütterte die Herrschaft der Achämeniden in ihren Grundfesten. Im April 522 trat Kambyses hastig und sorgenvoll den Rückmarsch nach Iran an. Zum Satrapen von Ägypten ernannte er den Perser Aryavanda, den Aryandes der Griechen, den er mit ausreichender Besatzungsmacht zurückließ.
Die tieferen Ursachen des Aufstandes des Magiers Gaumâta liegen noch immer im dunkeln. Wahrscheinlich war die Erhebung ein Gegenschlag der Magierschaft gegen die Glaubensstiftung Zarathustras. Kyrus hatte durch sein Beispiel und Vorbild der neuen Lehre bei den Persern Bahn gebrochen. Kambyses dürfte zwar seiner eigensinnigen, schroffen und düsteren Wesensart nach für Glaubensdinge wenig übrig gehabt haben; doch ließ er jedenfalls die von seinem Vater eingeführten zarathustrischen Gottesdienstformen unangetastet.
Diese bedeuteten zwangsläufig eine Zurücksetzung der heidnischen Magier. Sie hielten starr an den überlieferten Göttern der alten Iraner fest, vor allem an Mithra mit seinem Rauschtrank- und Stieropfer-Kult, und an der Fruchtbarkeitsgöttin Anahita; zu ihnen kam bei den Medern noch im besonderen Zurvân, eine Art Zeit- und Schicksalsgott. Die Glaubensstiftung des altiranischen Propheten hatte im persischen Volke die Vorliebe für die

ererbten heidnischen Götter zwar zurückdämmen, nicht aber ausrotten können. Infolge der langen Abwesenheit des Großkönigs, die im Mutterland zu vielerlei Mißständen geführt haben mag, konnten die Magier es wagen, einen Aufstand gegen Kambyses anzuzetteln.

Gaumâta fand als Gegenkönig reißenden Zulauf aus den Kreisen der einfachen Bevölkerung. Zum Teil mag sich dies daraus erklären, daß Kambyses weithin unbeliebt, sein jüngerer Bruder Brdya hingegen äußerst volkstümlich gewesen war. Der Magier Gaumâta verstand es, auch die Reichslande außerhalb der Persis für sich zu gewinnen, indem er auf drei Jahre hinaus die Steuern erließ und die Heeresdienstpflicht aufhob. So strömten inmitten einer allgemeinen Unzufriedenheit und tiefgreifenden Gärung die Volksmassen Gaumâta zu, und sie scheinen auch gebilligt zu haben, daß er die zarathustrischen Heiligtümer schleifen ließ, im besonderen also die Feuerbewahrtürme. Die sozial schlecht Gestellten gewann der Magier für sich, indem er die Höfe der persischen Grundbesitzer enteignete, ihr Vieh verteilte und ihre Knechte und Sklaven freiließ.

Kunde von dieser sozialen und religiösen Umwälzung verdanken wir überwiegend Darius selbst. In seinem großen Rechenschaftsbericht am Tor von Asien deckt er ihre verborgenen Wurzeln auf. Das Unheil begann mit dem Brudermord des Kambyses. »Das Heervolk erfuhr nicht, daß Brdya umgebracht worden war. Danach zog Kambyses nach Ägypten. Da wurde das Heervolk treulos, und die Lüge nahm in den Reichslanden überhand, in Persien, in Medien und in den sonstigen Ländern.« Böses zeugte Böses, und so vermochte der Widersacher, sich erfolgreich zu behaupten. Denn die ›Lüge‹ ist bei Darius wie bei Zarathustra nur eine andere Bezeichnung für Ahriman oder den Satan, der ja auch nach Jesu Worten der ›Vater der Lüge‹ ist.

Im einzelnen schildert Darius den Aufstand so: »Da war ein Mann, ein Magier namens Gaumâta, der empörte sich vom Berge Arakadrish in der Landschaft Paishyâchvâdâ aus, und zwar am 14. des Pflügemonats (11. März 522).« Leider kennen wir die genaue Lage der genannten Landschaft noch immer nicht. Auf elamisch hieß sie Nasirma; sie war also altes elamisches Siedlungsgebiet – wie ja die ganze Persis. Vermutlich begann der Aufstand in der Landschaft um Pasargadae. »Das Heervolk belog er«, fährt Darius fort, »indem er behauptete: ›Ich bin Brdya, des Kyrus Sohn, der Bruder des Kambyses.‹ Daraufhin fiel das ganze Heervolk von Kambyses ab und ging zu jenem Gaumâta über, Persien wie auch Medien und die sonstigen Reichslande. So konnte dieser am 9. des Hitzegrund-Monats die Königsherrschaft ergreifen.« Gaumâta bestieg somit als Brdya am 1. Juli 522 den Thron der Achämeniden.

Bild 33: Das goldene medische Kurzschwert des Darius, getragen von seinem medischen Kämmerer Aspatshanâh. Ausschnitt aus einem Flachbild von der Apadâna-Nordtreppe zu Persepolis, heute im Altertumsmuseum in Teheran.

Noch aber befand sich Darius als Lanzenträger im Stabe des Kambyses auf der Rückkehr aus Ägypten. Spätestens damals erfuhren er und die persischen Befehlshaber aus dem Munde des Großkönigs selbst, daß der wirkliche Brdya von ihm beseitigt worden war. Die Garden mochten dazu finster geblickt haben; doch verweigerten sie Kambyses den Gehorsam nicht.
Das Heer zog in Eilmärschen der Mittelmeerküste entlang nach Syrien. Der Großkönig beabsichtigte, Babylonien zu umgehen, denn dieses hielt es bereits mit Gaumâta: schon seit Mitte April 522 datierte man im Zweistromland nach ›König Brzya‹ – das ist die medische Lautung des persischen Namens Brdhya*. Die Babylonier gaben nämlich alle iranischen Namen in medischer Aussprache wieder, weil sie mit den Medern als Nachbarn vertraut geworden waren, lange ehe sie die Perser kennenlernten. Satrap Gaubarva war von Gaumâta abgesetzt worden und zog es daher vor, Babylon gar nicht erst aufzusuchen.
Im Juni 522, kurz ehe sich der Magier in der Persis krönen ließ, verletzte sich Kambyses in Syrien mit seinem eigenen Kurzschwert – wahrscheinlich in Hamath, im heutigen Hamâ, südlich von Aleppo. Die Überlieferung ist hier etwas verworren, aber es scheint, daß sich der Großkönig beim Aufsitzen verwundete. Durch eine ungeschickte Bewegung hatte sich das am rechten Hosenbein befestigte Kurzschwert, der medische *Akinakes,* aus der Scheide gelöst und den sich aufs Pferd schwingenden Herrscher verletzt. Bild 33 vermittelt eine Vorstellung, wie die Waffe aussah, um die es sich bei diesem Unfall handelte. Es ist allerdings das Kurzschwert des Darius, das dessen Kämmerer, der Meder Aspathshanâh, auf dem Flachbild aus Persepolis für den Großkönig trägt. Es ist denkbar, daß der kostbare Akinakes aus dem Erbe des Kambyses auf ihn, Darius, gekommen war. Die Scheide, ein Meisterwerk achämenidischer Kunst, dürfte aus Gold bestanden haben. Niemand ahnte, daß die Wunde tödlich sein würde – aber sie wurde brandig. Nach zehn Tagen, im Juli 522, starb Kambyses an Blutvergiftung. Damit aber schlug für Darius die Schicksalsstunde.
Mit Kambyses II. war die ältere Linie der Achämeniden ausgestorben. Der Großkönig hinterließ keine Kinder, und der von ihm ermordete Brdya

* Wobei *dh* den Laut in englisch *the* wiedergeben soll. Der Einfachheit halber schreiben wir den Namen lediglich Brdya.

hatte lediglich eine Tochter, Parmush. Also kam für die Thronfolge jetzt bloß ein Achämenide der jüngeren Linie in Frage. Ohne auch nur einen Augenblick zu zaudern, beschloß Darius, nach der Macht zu greifen. Sein Vater Vishtâspa, Satrap in Parthien, war dazu außerstande; er war weit vom Schauplatz entfernt, und seine wenigen persischen Truppen hätten gegen die Streitmacht Gaumâtas nichts auszurichten vermocht. Erst recht konnte Darius' Großvater Rshâma nicht wagen, gegen den falschen Brdya aufzutreten; neunzigjährig lebte er irgendwo in der Persis aus.

Darius fühlte sich dazu berufen, den Thronräuber Gaumâta zu stürzen und das von diesem angerichtete Chaos wieder in Ordnung zu bringen. In seiner Grabinschrift sagte er rückschauend: »Als der Allweise Herr diese Erde in Aufruhr sah, übertrug er sie mir und machte mich zum König.« Und: »Nach dem Willen des Allweisen Herrn setzte ich sie wieder an ihren rechten Platz.« Darius erblickte in seiner Machtergreifung eine sittliche Verpflichtung, ein Eintreten für die von Gott gesetzte ›Rechte Ordnung‹, und damit einen Kampf gegen den Widersacher, die ›Lüge‹.

Freilich, den falschen Brdya vom Thron zu stürzen, war keine einfache Sache. Darius sagt selbst: »Keiner fand sich, der etwas unternommen hätte, weder ein Perser noch ein Meder und auch keiner aus unserer Sippe, um dem Magier Gaumâta die Königsherrschaft zu entreißen. Das Heervolk fürchtete ihn gewaltig, weil er viele umbringen ließ, welche früher den Brdya gekannt hatten. Deshalb brachte er viele um, weil er sich sagte: ›Die dürfen von mir nicht merken, daß ich gar nicht Brdya bin, des Kyrus Sohn!‹ Keiner wagte, etwas gegen Gaumâta vorzubringen, bis ich kam.«

Darius hat nach dem selbstverschuldeten Tod des Kambyses zweieinhalb Monate damit verbracht, den sich auflösenden persischen Heerbann, so gut es gehen wollte, nach Iran zurückzuführen. Gleichzeitig suchte er sich in aller Heimlichkeit Helfer für einen Handstreich gegen den Magier. Sein Schwiegervater Gaubarva und vormalige Satrap von Babylonien fand sich sofort dazu bereit. Zu ihm stießen noch weitere fünf Perser aus dem hohen Adel: Vindafarnâh, Hutâna, Vidrna, Bagabuchsha und Ardimanish. Darius

Tafel 17: Dieses marmorne Stierkapitell im Louvre in Paris stammt von dem Palast des Darius zu Susa. Alle Säulen des Apadâna trugen einst solche Stierkapitelle; auf ihnen ruhten die Zedernholzbalken des flachen Daches, die aus dem Libanon beschafft wurden.

Tafel 18: Achämenidischer Goldarmreif mit Greifen. Auch die Gabenbringer auf den Flachbildern aus Persepolis zeigen solche Schmuckstücke. Es gab offenbar eine einheitliche achämenidische Reichskunst, die vom persönlichen Geschmack des Großkönigs Darius geprägt erscheint.

18

20

versprach ihnen höchste Auszeichnungen und Belohnungen, und er hat sein Versprechen gehalten. Darius durfte von sich später, in seiner Grabinschrift, sagen: »Treue Mannen beschenke ich reichlich.« In seinem Tatenbericht zu Bisotun zählt er alle sechs Helfer mit Namen und Vatersnamen auf, seine Nachfolger beschwörend: »Du, der du nachmals König sein wirst, hege du die Nachkommenschaft dieser Männer!« Tatsächlich besaßen die Nachfahren der Darius-Helfer noch nach Menschenaltern hohe Würden und riesige Ländereien innerhalb des Achämenidenreiches. Als äußeres Zeichen seiner Gunst gewährte Darius den sechs Helfern das Vorrecht, die Bänder an der Kopfbedeckung vorne zu binden statt hinten (Bild 34). Dies kam der Verleihung eines Ordens gleich, und daran konnte jeder Perser sogleich erkennen, welche Verdienste diese Männer sich um den Großkönig erworben hatten. Später wurde auch den Satrapen dieses Vorrecht zugestanden[32].

Inzwischen war der Magier Gaumâta mit seinem Hofstaat aus der Persis nach Medien ins Sommerlager gezogen. Als Wohnsitz wählte er die sogenannte ›Kiesburg‹, medisch Sikayachvatish, in der Gegend von Bisotun. Am 29. September 522 schlug Darius mit seinen sechs Helfern los. »Ich betete zum Allweisen Herrn, und der Allweise Herr stand mir bei.« Die Torwache hatte Darius und seine Begleiter in die Kiesburg eingelassen, weil es sich ja um hochgestellte, bekannte Persönlichkeiten handelte. Die Türsteher im Schloßhof aber traten den Eindringlingen entgegen und beschimpften die leichtfertigen Torwächter. Es kam zu einem Handgemenge; die Türsteher wurden überwältigt. Die sieben stürmten über den Hof zu den inneren Gemächern. Dort befand sich Gaumâta – nach dem Bericht des griechischen Arztes Ktesias – gerade in Gesellschaft einer babylonischen Kebse. Der greise Leibkammerherr des Kyrus, der Eunuch Bagapâta, scheint den Angreifern die Haremstüren aufgeschlossen zu haben. Der durch den Lärm aufgeschreckte Gaumâta habe sich mit einem abgeschlagenen goldverkleideten Stuhlbein zur Wehr gesetzt. In dem dunklen Gemach gab es ein wirres Durcheinander. Gaubarva habe, so berichtet Herodot, den Magier umschlungen und an sich gepreßt. Er habe Darius zugerufen, weshalb er denn nicht zustoße, worauf dieser erwiderte: »Ich fürchte, dich zu treffen!« –

Tafel 19: Arabische Gabenbringer auf einem spätachämenidischen Relief aus Persepolis. In den eigenartig geformten Gefäßen befanden sich Weihrauch oder Myrrhen.

Tafel 20: Ein Inder aus Sind auf dem Flachbild an der Apadâna-Ostmauer zu Persepolis bringt als Gabe für den Großkönig vermutlich Goldstaub.

Bild 34: In Persepolis gefundener Perserkopf aus gebranntem Ton. Er vermittelt einen Begriff vom Aussehen jener Männer, die Darius bei der Beseitigung des Magiers Gaumâta halfen und denen deshalb vom Großkönig das Recht zugestanden wurde, die Binde an der Kopfbedeckung vorne zu knoten statt hinten.

»Stoß zu, auch wenn du mich mit triffst! ...« Darius habe mit dem Kurzschwert zugestoßen und glücklicherweise nur den Magier getroffen.
In Wirklichkeit führte Vindafarnâh den tödlichen Streich gegen Gaumâta[33]. Die von Herodot erzählte Geschichte beleuchtet aber die Treue und Opferbereitschaft, deren man Gaubarva für fähig hielt. Allein, die Reihenfolge der Helfer, wie sie Darius in seiner Bisotun-Inschrift gibt, bezeichnet genau den Rang der sechs und ihre Verdienste bei der Ermordung des Magiers. An erster Stelle nennt der Großkönig – wie billig – als Hauptthelden Vindafarnâh, an zweiter Hutâna, und erst an dritter Stelle seinen Schwiegervater Gaubarva; dann folgen Vidrna, Bagabuchsha und Ardimanish. Zum Lohn für seine Tat ernannte Darius den Vindafarnâh zu seinem Bogenträger. Dieses damals höchste Hofamt ist wahrscheinlich eigens für ihn geschaffen worden und überragte das des Lanzenträgers Gaubarva. Deshalb kam Vindafarnâh auf dem Flachbild zu Bisotun unmittelbar hinter den Großkönig zu stehen, also noch vor Gaubarva (Bild 35).
Darius selber berichtet über den schicksalhaften Vorgang in seiner großen Inschrift mit nur einem Satz: »Nach dem Willen des Allweisen Herrn habe ich am 10. des Monats der Gartenhege [= 29. September 522] mit wenigen Männern Gaumâta den Magier erschlagen samt dessen vornehmsten Gefolgsleuten.«
Die Anhänger des falschen Brdya in der Kiesburg bestanden offenbar überwiegend aus Magiern, und ihnen hieben die sieben kurzerhand die Köpfe ab. Herodot berichtet dazu: »Die Sieger liefen hinaus und schlugen Lärm. Den herbeieilenden Persern erklärten sie, was vorgefallen war, und sie wiesen ihnen die abgeschlagenen Köpfe vor. Zugleich brachten sie auch draußen jeden Magier um, der ihnen über den Weg lief. Die Perser folgten ihrem Beispiel. Sie zogen ihre Schwerter und erschlugen alle Magier, deren sie habhaft werden konnten. Wäre nicht die Nacht eingefallen, so hätten sie keinen am Leben gelassen. Diesen Tag [den 29. September] feiern die Perser noch heute von allen Festtagen am meisten, und sie nennen es das Fest des Magiertotschlags. Während dieses Festtages hat kein Magier das Recht, in der Öffentlichkeit zu erscheinen, sondern sie halten sich alle in ihren Häusern auf.«
Diese zunächst befremdlich anmutende Nachricht Herodots wird indes nicht nur von Ktesias bestätigt, der siebzehn Jahre hindurch unter Artaxerxes II. am persischen Hofe weilte, also selber solche Festtage miterlebt hat, sondern auch durch eine späte sogdische Quelle, die Walter Henning ans Licht gezogen hat[34]. In parthischer Zeit gelang es dann den Magiern, diesen ›Magiertotschlag‹ Alexander anzulasten und dadurch bei den Iranern die Erinnerung an den wahren Anlaß dieses Festes allmählich auszulöschen,

nämlich an das zarathustrafeindliche Auftreten der Magier unter Kambyses. Dieser ganze Hergang erweist schlüssig, daß die von Gaumâta bewirkte Umwälzung eine religiöse Ursache hatte, nicht eine ursprünglich politische. In seiner großen Inschrift in Bisotun schildert Darius den Erfolg seiner Unternehmung in folgenden Worten: »In der Kiesburg in der Landschaft Nisâya in Medien, dort erschlug ich Gaumâta und entriß ihm die Königsherrschaft ... Mir hat der Allweise Herr die Königsherrschaft verliehen. Sie war unserem Geschlecht geraubt worden, doch ich gewann sie zurück und setzte sie an ihren Platz so wie früher.« In Wirklichkeit rief seine Machtübernahme sogleich gewaltige Widerstände hervor. Daran änderte auch nichts, daß Darius den von Kambyses in Iran zurückgelassenen Harem übernahm und sich mit den beiden Kyrus-Töchtern Atossa und Artystone vermählte. Er war jetzt achtundzwanzig Jahre alt. Atossa (Hutauthâ), die erst mit ihrem Bruder Kambyses und danach mit dem Magier verheiratet gewesen war, dürfte um ein weniges älter gewesen sein als Darius. Sie gebar ihm (wohl im Jahre 520) Xerxes und danach noch drei weitere Söhne. Ihre Schwester, die jungfräuliche Artystone (Rtastunâ), war jünger als Darius; sie wurde seine Lieblingskönigin, freilich stets in äußerer Unterordnung unter die im Frauengemach allgewaltige Atossa. Damals nahm der neue Großkönig zu Frauen auch die verwaiste Tochter des Brdya, Parmush, und Faidumâ, eine Tochter Hutânas, des Helfers Nummer zwei beim Magiertotschlag.

»Neunzehn Schlachten binnen eines Jahres«

Während Darius im Oktober 522 noch in Medien weilte, fielen Elam und Babylonien von ihm ab.

»Als ich Gaumâta den Magier erschlagen hatte, empörte sich ein Elamer namens Âssina in Elam und behauptete: ›Ich bin jetzt König in Elam!‹ Da fielen die Elamer von mir ab und gingen zu jenem Âssina über.« Dieser Rebellenkönig, der nur in der elamischen Fassung der Bisotun-Inschrift als Elamer bezeichnet wird, führt – und das ist bemerkenswert – einen irani-

Bild 35: Ausschnitt aus dem Felsbildwerk zu Bisotun: rechts Großkönig Darius, den linken Fuß auf den um Gnade flehenden Magier Gaumâta setzend; hinter ihm sein Bogenträger Vindafarnâh, ganz links sein Lanzenträger Gaubarva.

schen Namen, und auch sein Vater Upadrama muß ein Iraner gewesen sein. Offenbar hatten Perser nicht nur das elamische Hochland von Anzan unterwandert, sondern teilweise auch das Flachland der Susiana. Mit diesem elamischen Aufstandsversuch wurde der Großkönig indes leicht fertig. Er entsandte einen Herold nach Susa. Von dessen Drohungen erschreckt, nahmen die Elamer den Âssina gefangen und schickten ihn gefesselt zu Darius, der ihn Anfang Dezember 522 hinrichten ließ. Dargestellt ist Âssina auf Bild 36 als erster der vor dem Großkönig stehenden Gefangenen. Damals war Darius bereits auf dem Marsch von Medien nach Babylonien. Bei seinem Zug entlang der uralten Heerstraße am Tor von Asien mag ihm beim heutigen Sarpol das Flachbild des Königs Anubanini mit neun gefesselten Gefangenen ins Auge gefallen sein. Doch erst später weckte die Erinnerung an dieses Felsbild in ihm den Plan, selber ein ähnliches Siegesdenkmal in eine Bergwand meißeln zu lassen. Er wußte damals ja noch nicht, daß sich ihm – nach Gaumâta – noch weitere acht Rebellen entgegenstellen würden, daß also auch er neun Gefangene einmeißeln lassen könnte. Den einen, Âssina, hatte er bereits beseitigt. Jetzt galt es, mit einem weit gefährlicheren Gegner in Babylonien fertig zu werden. In Babel hatte nämlich ein Babylonier namens Nidit-Bel, Sohn des Aniri, sich den Namen Nebukadnezar zugelegt und für einen Sohn des Königs Naboned ausgegeben, der von Kyrus im Jahre 539 entthront und nach Kermân verbannt worden war. »Da ging das ganze babylonische Volk zu ihm über. Babylonien fiel ab, Nidit-Bel brachte die Königsherrschaft in Babylonien an sich.« Dieser Aufstand war schon Anfang Oktober 522 ausgebrochen, zu einer Zeit also, da der Magier Gaumâta gerade eben beseitigt worden war. Offensichtlich hatten also die Babylonier bereits vorher erkannt, daß dieser gar nicht der echte Brdya war, und sie hatten begeistert die Gelegenheit ergriffen, die ungeliebte persische Herrschaft abzuschütteln.

Am 13. Dezember 522 kam es am Tigris zu einer ersten Schlacht. »Die Truppen des Nidit-Bel waren an den Tigris herangerückt und hielten das jenseitige Ufer besetzt. Der Fluß führte aber viel Wasser. Also verlud ich den Heerbann auf aufgeblasene Hammelschläuche, teils auch auf Kamele und Pferde. Der Allweise Herr stand mir bei. Nach seinem Willen setzte ich über den Tigris und schlug das Heer des Nidit-Bel. Danach rückte ich gen Babel vor.«

Bild 36: Ausschnitt aus dem Felsrelief von Bisotun. Links Darius, zu seinen Füßen der Magier Gaumâta, vor ihm (von links nach rechts) der Elamer Âssina, der Babylonier Nidit-Bel, der Meder Fravartish und der Perser Martiya.

»Als ich an Babel noch nicht herangekommen war, marschierte Nidit-Bel, der sich Nebukadnezar nannte, mit seinen Truppen nach der Stadt Zazannu am Euphrat, um mir eine Schlacht zu liefern. Es kam zum Kampf. Der Allweise Herr stand mir bei, und so schlug ich nach dem Willen des Allweisen Herrn dort das Heer des Nidit-Bel.« Das war am 18. Dezember 522. »Ein Teil seiner Truppen wurde in den Euphrat getrieben und vom Fluß fortgeschwemmt. Da floh dieser Nidit-Bel mit wenigen Reitern nach Babel. Ich stieß nach Babel vor, eroberte es nach dem Willen des Allweisen Herrn und nahm Nidit-Bel gefangen. Dann ließ ich ihn in Babel hinrichten.« Auch er ist auf Bild 36 dargestellt.

Die Aufstände in Elam und Babylonien lösten indes eine wahre Kettenreaktion aus.

»Während ich mich in Babylonien aufhielt«, so berichtet Darius weiter, »fielen die folgenden Reichslande von mir ab: Persien, Elam [also zum zweiten Male], Medien, Syrien, Ägypten, Parthien, die Margiana [heute Merw in Sowjetisch-Turkestan], Sattagydien [das heutige Pandjâb in Nordwestindien] und Skythien.« Dabei wären unter der Großsatrapie Medien noch die Teilsatrapien Armenien und Sagartien zu nennen gewesen, die sich ebenfalls unabhängig machten. Erschwerend kam hinzu, daß Darius trotz seiner Erfolge in Babylonien eingestehen mußte: »Die persischen und medischen Truppen, die ich bei mir hatte, waren nur gering an Zahl.«

Am tiefsten verdroß Darius der Abfall seiner persischen Heimat, des Stammlandes der Achämeniden. »Ein Mann namens Vahyazdhâta aus der Stadt Târavâ [heute Târom] in der Landschaft Yutiyâ in der [östlichen] Persis, der empörte sich als zweiter in Persien, indem er dem Volke gegenüber behauptete: ›Ich bin Brdya, des Kyrus Sohn.‹ Da fielen die persischen Gardetruppen, die vorher von Anzan dorthin gekommen waren, allesamt von mir ab und gingen zu jenem über. Er wurde König in Persien.«

Hätten sich die Gegner des Darius zu gemeinsamem Vorgehen entschließen können, wäre es um die Herrschaft der Achämeniden geschehen gewesen.

Tafel 21: Skythischer Bogenschütze. Scherben einer Bauchamphora des Exekias. 530–520 v. Chr. Philadelphia, Universitätsmuseum.

Tafel 22: Statue des Darius vom Torbau zu Susa, aus dem Tempel von Heliopolis stammend, 1972 freigelegt. Aufnahme des Verfassers, veröffentlicht mit freundlicher Genehmigung von Jean Perrot, des Leiters der Französischen Archäologischen Delegation in Iran.

21

22

23

Allein, sie alle suchten nur ihren eigenen Erfolg. Treu blieben Darius in Iran nur die Satrapen Vivâna in Arachosien (im südlichen Afghanistan, mit der Hauptstadt Qandahâr) und Dâdrshish in Baktrien (im nördlichen Afghanistan). Vivâna in Arachosien mußte sich bereits am 29. Dezember 522 gegen einen persischen Heerbann zur Wehr setzen, den der zweite falsche Brdya gegen ihn entsandt hatte – der aber selber in Persien blieb. Dâdrshish in Baktrien vermochte zwar seine Stellung zu halten, konnte aber vorläufig nicht daran denken, gegen die Margiana zu ziehen, wo ein gewisser Frâda sich zum König hatte ausrufen lassen. Ihm, Frâda, schwebte anscheinend vor, das versunkene ostiranische Königreich wiederaufzurichten, das schon Gegenstand der Sage geworden war. Darius selber aber war in Babylonien nicht nur von Norden (Syrien und Armenien) und Osten (Sagartien und Elam) her bedroht; er mußte vor allem befürchten, daß ihm der medische Rebellenkönig Fravartish den Weg aufs Hochland von Iran verlegte. Darum galt die erste Maßnahme des Großkönigs der Sicherung des Passes am Tor von Asien. Mit dieser Aufgabe betraute er den Helfer Nummer vier beim Magiertotschlag, Vidrna.
Vidrna hatte Glück, denn die Meder hatten versäumt, den Paß zu besetzen. Als es dann am 12. Januar 521 bei Mârush im Gebiet des heutigen Kermânshâh zu einem Treffen kam, war zufällig Fravartish selber nicht zugegen, und so vermochte Vidrna trotz der geringen Zahl seiner Streitkräfte die aufständischen Meder zu schlagen. »Danach unternahm mein Heerbann dort nichts weiter«, berichtet Darius, »sondern wartete in der Landschaft Kampanda [ostwärts von Kermânshâh], bis ich selber nach Medien kam.«
Gleichzeitig mit der Sicherung des Zagros-Passes traf Darius Vorkehrungen zum Schutz seiner Nordflanke, wo die Armenier sich empört hatten. Der Großkönig entsandte unter dem Oberbefehl des Persers Vahumisa einen Heerbann nach Nordsyrien. Schon am 31. Dezember 522 schlug Vahumisa die Armenier im Gebiet des Tur ʻAbdin in der heutigen südlichen Türkei, im Raum Mardin, und sicherte damit Babylonien nach Norden hin ab.

Tafel 23: Ausschnitt aus dem Flachbild im Schatzhaus zu Persepolis. Darius hält in der Rechten das lange Zepter, in der Linken eine Granatapfelblüte mit Knospen, ein Sinnbild der Fruchtbarkeit.

Tafel 24: Nachbildung einer altpersischen Triere, wie sie anläßlich der 2500-Jahr-Feier Irans im Oktober 1971 an der Terrasse von Persepolis vorbeiglitt. Die Kampfmannschaft trägt elamische Tracht.

Gegen Sagartien, Elam und Persien traf der Großkönig zunächst keine Maßnahmen. Er überwinterte im schätzereichen Babylon, indem er gleichzeitig für die bevorstehenden Entscheidungskämpfe Söldner anwarb. Immer wieder betont Darius ja, daß er nur zahlenmäßig geringe iranische Truppen besaß.

In Babylon erfuhr er auch, daß es seinem getreuen Satrapen Vivâna in Arachosien am 21. Februar 521 bei Gandumava gelungen war, den von dem zweiten falschen Brdya entsandten persischen Heerbann zu vernichten. »Dessen Anführer floh mit wenigen Reitern und zog zu der Festung Rshâdâ in Arachosien, dem Lehenssitz des Vivâna.« Diese Festung könnte beim heutigen Qandahâr gelegen haben. »Vivâna verfolgte den Rebellen, der sich als Befehlshaber des persischen Heerbannes bezeichnete, nahm ihn und seine vornehmsten Gefolgsleute gefangen und erschlug sie.« Damit war Arachosien, das heutige südliche Afghanistan, für Darius gesichert. Doch mit seinen beiden Hauptgegnern, mit dem Meder Fravartish und mit dem Perser Vahyazdhâta, stand die kriegerische Auseinandersetzung erst bevor.

Im April 521 brach Darius aus Babylonien auf, um in Medien die Entscheidung herbeizuführen. Zum Satrapen von Mesopotamien und Syrien ernannte er den Perser Vishtâna, den Hystanes der Griechen, als Nachfolger seines Schwiegervaters Gaubarva, der ihm unentbehrlich geworden war. Für die Niederwerfung des persischen Aufstandes des zweiten falschen Brdya wählte Darius den Perser Rtavardhya aus. Ihm gab er »die wenigen persischen Garden mit, die am Hofe nicht von mir abgefallen waren, sowie den bei mir befindlichen medischen Heerbann«.

Daß Darius nicht mit seiner gesamten, geballten Streitmacht gegen den gefährlichen Gegner Fravartish zog, sondern schon von Babylonien aus den Rtavardhya nach Persien entsandte, scheint allen Regeln der Kriegskunst zu widersprechen. Allein, Darius hatte dafür offenbar seine Gründe. Er traute den medischen Truppen seines Heerbannes nicht für den Kampf gegen ihren Landsmann Fravartish, während sie ganz brauchbar schienen, wenn es galt, gegen Perser zu Felde zu ziehen ... Andererseits konnte er seine Meder nicht allein gegen Vahyazdhâta losschicken; sie brauchten – gewissermaßen als ›Korsettstangen‹ – persische Gardetruppen. Also gab er diese Gardisten seinem General Rtavardhya mit, so schwer es ihn ankam, weil dies eine fühlbare Schwächung seiner eigenen Streitmacht bedeutete. »Die übrigen persischen Truppen zogen mir nach Medien nach, während Rtavardhya mit seinem Heerbann nach Persien aufbrach.«

»Als ich nach Medien gezogen kam, war Fravartish, der von sich behauptete, er sei König von Medien, nach der Stadt Kundrush in Medien heranmarschiert, um mir eine Schlacht zu liefern.« Die Lage von Kundrush ist nicht bekannt. Der Ort muß sich an der großen Heerstraße zwischen Kampanda, also der Landschaft um Bisotun, und dem Westhang des Alvand-Gebirges befunden haben, an dessen Osthang die medische Hauptstadt Hagmatâna lag. Kundrush dürfte somit ostwärts vom heutigen Kangâvar zu suchen sein. »Da schlugen wir die Schlacht. Der Allweise Herr stand mir bei. Nach dem Willen des Allweisen Herrn schlug ich die Truppen des Fravartish gar sehr.«

Die Entscheidungsschlacht fand am 8. Mai 521 statt. Darius machte über 18 000 Gefangene. Die Zahl der gefallenen Meder ist weder in der babylonischen noch in der aramäischen Fassung der Bisotun-Inschrift erhalten geblieben – und nur sie bringen Verlustziffern der Feinde des Großkönigs.

»Da floh dieser Fravartish mit wenigen Reitern und zog nach Ragâ.« Das ist das heutige Rey im Süden von Teheran, das Rhages der Bibel (Tobias 1:14). »Daraufhin setzte ich einen Heerbann [zur Verfolgung] in Marsch. Von dort wurde Fravartish gefangen zu mir geschickt. Ich ließ ihm Nase, Zunge und Ohren abschneiden und ein Auge ausstechen. An meinem Tore wurde er gefesselt gehalten, alles Volk sah ihn. Dann ließ ich ihn in Hagmatâna pfählen, und die Männer, die seine vornehmsten Gefolgsleute gewesen waren, deren Köpfe ließ ich in Hagmatâna von der Festungsmauer herab abschlagen und sie selbst allesamt aufhängen.« Das Felsrelief von Bisotun zeigt Fravartish noch vor seiner Verstümmelung (Bild 36).

Nach dem entscheidenden Sieg vom 8. Mai 521 konnte Darius nach allen vier Himmelsrichtungen zugleich eingreifen, und er handelte mit adlergleicher Raschheit.

Nach Norden, in das aufständische Armenien, das General Vahumisa bisher nur leidlich in Schach gehalten hatte, entsandte er als neuen Satrapen den Armenier mit dem iranischen Namen Dâdrshish (nicht zu verwechseln mit dem gleichnamigen persischen Satrapen von Baktrien). Dâdrshish behielt in drei Treffen die Oberhand, am 20. Mai bei Zuzahya, am 30. Mai bei Tigra und am 20. Juni bei Huyâva. Die Verluste der Rebellen betrugen über 1800 Tote und etwa ebenso viele Gefangene. Zugleich gelang Vahumisa – am 11. Juni – ein durchschlagender Erfolg in der armenischen Landschaft Autiyâra; die Aufständischen verloren 2045 Gefallene und 1558 Gefangene. Da der Großkönig inzwischen von Medien südwärts nach Persien gezogen war, warteten Vahumisa und Satrap Dâdrshish seine Rückkehr nach Medien ab. Doch blieb Armenien von da ab fest in den achämenidischen Reichsverband eingegliedert.

Die zweite strategische Maßnahme richtete sich gegen Osten. Darius schickte den Heerbann, welcher den Fravartish in Rhages eingeholt und gefangengenommen hatte, gleich zu seinem Vater Hystaspes nach Parthien

weiter. »Parther und Hyrkanier hatten sich nämlich ebenfalls dem Fravartish unterstellt gehabt«, schreibt Darius, »und waren von mir abgefallen. Mein Vater Vishtâspa war in Parthien [Satrap]. Ihn hatte der Heerbann verlassen und war abtrünnig geworden. Da war Vishtâspa mit dem treu gebliebenen Heerbann fortgezogen und hatte den Rebellen bei der Stadt Vishpauzâtish in Parthien eine Schlacht geliefert.« Das Treffen hatte am 8. März 521 stattgefunden, als sich Darius noch in Babylonien befand, war aber kein eindeutiger Sieg für Hystaspes.
Jetzt trafen die von seinem Sohn entsandten Verstärkungen ein. Es kam zu einer neuen Schlacht bei Patigrabanâ. Der Name bedeutet etwa ›Einnehmestelle‹, muß also in einer den Handelsverkehr beherrschenden Gegend Parthiens gelegen haben, möglicherweise beim heutigen Shâhrud. Am 11. Juli 521 siegte Hystaspes über die aufständischen Parther und Hyrkanier, welche 6520 Gefallene und 4192 Gefangene verloren. »Darauf wurde das Land dort mein«, stellt Darius befriedigt fest.
Eine dritte Kriegsoperation, nach Süden hin, leitete der Großkönig dadurch ein, daß er noch im Mai 521 von Hagmatâna aus selber nach der Persis zog, wo sein General Rtavardhya gegen den zweiten falschen Brdya (gegen Vahyazdhâta) angetreten war. Bei diesem Zug durch das heutige Lorestân kam Darius nahe an Elam heran. Dort, in der Hauptstadt Susa, regierte schon seit Ende 522 ein Perser namens Martiya als angeblicher ›König Ummanish‹. »Jetzt fürchteten sich die Elamer vor mir. Sie ergriffen jenen Martiya, der sich für ihren König ausgab, und brachten ihn um.« Ein Datum dafür nennt Darius nicht. Auf dem Flachbild zu Bisotun steht Martiya hinter dem Meder Fravartish, aber vor dem Sagartier Tshissantachma (dieser wird uns sogleich beschäftigen) und vor dem Perser Vahyazdhâta. Dieser letzte kam, wie wir sehen werden, am 15. Juli um. Da die Reihenfolge der Rebellen am Felsen von Bisotun, wie Arno Poebel[35] erkannt hat, den zeitlichen Ablauf ihrer Besiegung widerspiegelt, muß ›König Ummanish‹ von Elam im Juni 521 in Susa sein unrühmliches Ende gefunden haben.
Eine vierte Maßnahme, die Darius noch von Medien aus eingeleitet hatte, diesmal nach Westen hin, betraf die Niederwerfung des Aufstandes des Sagartiers Tshissantachma. »Dieser hatte zu seinen Leuten gesagt: ›Ich bin König in Sagartien, ich stamme aus dem Geschlecht des [Mederkönigs] Kyaxares.‹« Wir lernten die Sagartier kennen als die Eroberer von Babylon im Jahre 539 unter ihrem Anführer Gaubarva, den Kyrus dann zum Satrapen von Babylonien und Syrien ernannt hatte. Die Sagartier – die vermutlichen Vorfahren der heutigen Kurden – waren mit den Medern stammverwandt, und sie trugen auch deren Tracht. Darum konnte Tshissantachma, indem er sich für einen Abkömmling des berühmten Mederkönigs Kyaxa-

Bild 37: Ausschnitt aus dem Felsrelief von Bisotun, rechter Teil, von links nach rechts: der Sagartier Tschissantachma, der Perser Vahyazdhâta, der Armenier Aracha, der Margier Frâda und der 519 hinzugefügte Sakenkönig Skuncha, vollständig auf Bild 12 dargestellt.

res ausgab, bei seinen Landsleuten Eindruck machen. Auch der sagartische Aufstand dürfte schon Ende Dezember 522 begonnen haben. Erst jetzt war für Darius die Stunde der Abrechnung gekommen: »Ich sandte den persischen und medischen Heerbann aus. Einen Meder namens Tachmaspâda, meinen Gefolgsmann, den machte ich zu ihrem Anführer.« Tachmaspâda besiegte den sagartischen Rebellen, nahm ihn gefangen und schickte ihn zu Darius, der damals, im Juni 521, bereits in Persien weilte. »Ich ließ dem Tshissantachma Nase und Ohren abschneiden und ein Auge ausstechen.« (Die Zunge durfte er behalten ...) An meinem Tore wurde er gefesselt gehalten, alles Volk sah ihn. Dann ließ ich ihn in Arbela pfählen.« (Bild 37.) Arbela, das heutige Erbil unweit Mossul im Irak, war also damals der Vorort Sagartiens; denn grundsätzlich wurden Hochverräter in der Hauptstadt ihrer Heimat hingerichtet. Die furchtbare Verstümmelung und Hinrichtung, die Darius über Fravartish und Tshissantachma verhängte, war in Iran die Strafe für Hochverräter. Vielleicht hat erst Darius sie eingeführt – jedenfalls blieb sie während der ganzen Perserherrschaft gültig und tat ihre abschreckende Wirkung. Daher ließ auch Alexander im Jahre 329 den aufständischen Baktrerfürsten Bessos, der sich die ›hohe Tiara‹ aufgesetzt und damit zum Großkönig aufgeworfen hatte, in seiner Hauptstadt Baktra (heute Balch) in gleicher Form verstümmeln.

Schon während der Zeit, da sich Darius auf dem Marsche von Medien nach Persien befand, gelang seinem General Rtavardhya ein erster Sieg über Vahyazdhâta, den zweiten falschen Brdya, nämlich am 24. Mai 521. Die Schlacht fand bei Rachâ statt, vielleicht beim heutigen Behbehân. Die persischen Rebellen büßten über 3000 Gefallene ein. »Da floh dieser Vahyazdhâta mit wenigen Reitern und zog nach Paishyâchvâdâ« – also in die Gegend von Pasargadae. Dort bot er erneut Truppen auf. »Von da aus marschierte er abermals mit einem Heer gegen Rtavardhya. Bei einem Berge namens Prga (beim heutigen Forg) lieferten sie die Schlacht. Der Allweise Herr stand mir bei.« So siegten die Darius-Truppen am 15. Juli 521; der zweite falsche Brdya wurde gefangen. »Da ließ ich diesen Vahyazdhâta und seine vornehmsten Gefolgsleute in Chvâdaitshya pfählen.« (Bild 37.) Da der Aufstand von der Landschaft Yutiyâ, also von der östlichen Persis, ausgegangen war, dürfte Chvâdaitshya, dessen Lage noch unbekannt ist, der Hauptort von Yutiyâ gewesen, also in der Gegend etwa von Dârâb zu suchen sein. Aus Grimm über diesen Aufstand hat der Großkönig damals diese Provinz von der eigentlichen Persis abgetrennt und zu Kermân geschlagen. Dadurch büßte Yutiyâ die steuerlichen Vorteile ein, welche die Perser von Pârsa genossen. Die Grenzen des heutigen Fârs sind noch dieselben, wie sie Darius im Jahre 521 gezogen hat.

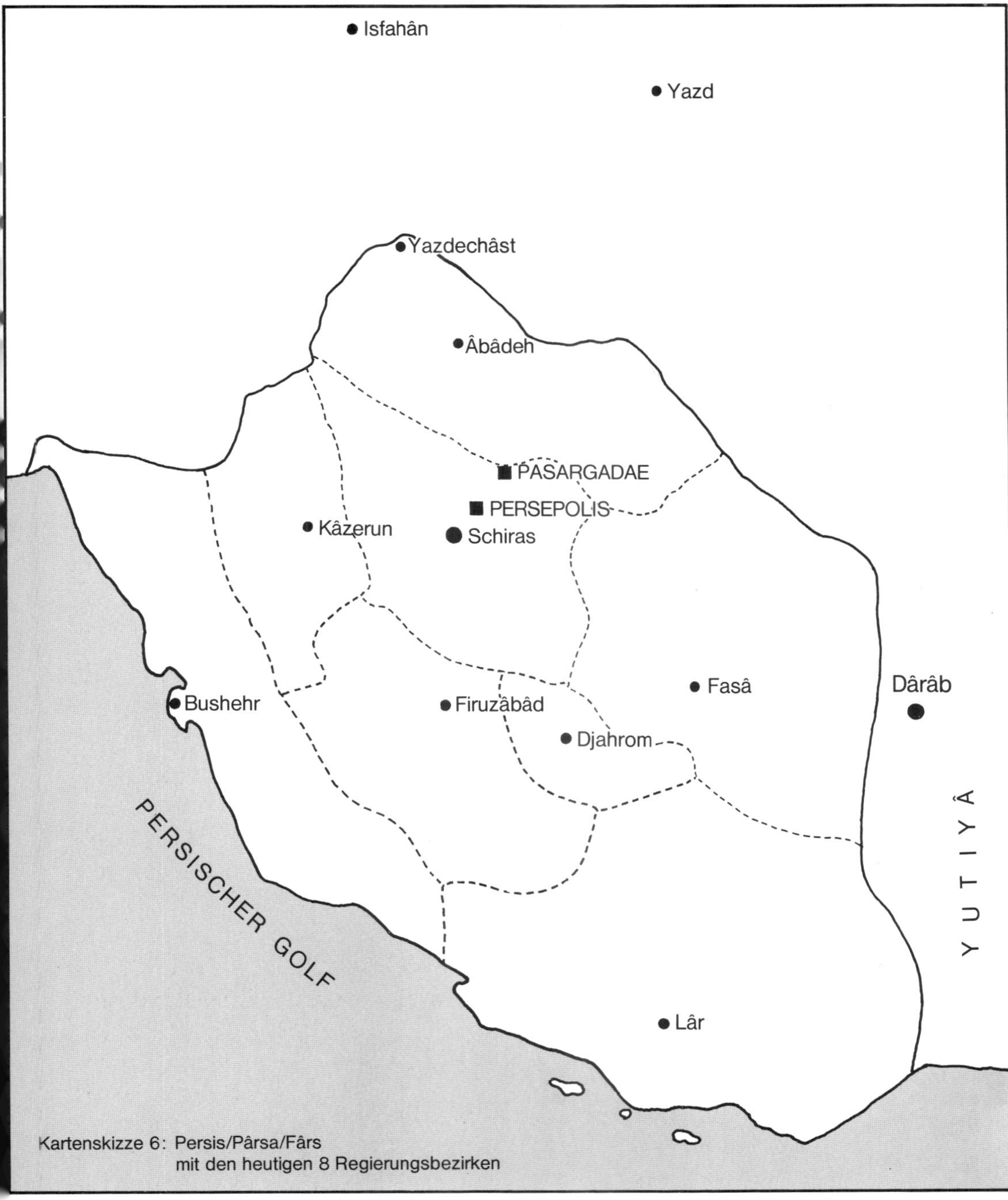

Kartenskizze 6: Persis/Pârsa/Fârs
mit den heutigen 8 Regierungsbezirken

Nach der Beseitigung des zweiten falschen Brdya am 15. Juli 521 blieb in Iran nur noch der Aufstand des Frâda in der Margiana niederzuwerfen. Doch kaum war Darius aus Persien wieder nach Medien zurückgekehrt, als ihn die Nachricht von einem abermaligen, also dritten, Aufstand der Babylonier erreichte.

»Ein Mann namens Aracha, ein Armenier, Sohn des Haldita, der empörte sich in einer Gegend namens Dubâla in Babylonien, indem er das Volk belog: ›Ich bin Nebukadnezar, Sohn des Naboned.‹« Aracha hatte – genau wie sein Vorgänger Nidit-Bel – mit seiner dreisten Behauptung Erfolg und fing munter an, von Babylon aus zu regieren. Schon vom 25. August 521 ab datierte man Geschäftsurkunden nach diesem vierten Nebukadnezar. Doch diesmal fand es Darius nicht für erforderlich, selber ins Feld zu ziehen. Vielmehr betraute er damit seinen Helfer Nummer eins beim Magiermord, seinen ›Bogenträger‹ Vindafarnâh. »Da zog Vindafarnâh mit dem Heerbann nach Babylonien.« Es gelang ihm, das ganze Rebellenheer am 27. November 521 gefangenzunehmen. »Ich gab Befehl, diesen Aracha samt seinen vornehmsten Anhängern in Babylon zu pfählen.« (Bild 37.)

Im Monat darauf zog nun auch der Satrap Dâdrshish von Baktrien gegen den aufständischen Frâda von Margiana zu Felde, nachdem Darius ihm durch einen Königsboten den Befehl dazu erteilt hatte. Frâda wurde am 28. Dezember 521 besiegt. Von seinen Margiern fiel eine große Anzahl, und Tausende gerieten in Gefangenschaft. Auch Frâda selbst kam ums Leben – ob im Kampf oder als Gefangener, bleibt ungewiß. Er war der letzte der neun ›Lügenkönige‹ auf dem Flachbild zu Bisotun, ehe dieses zwei Jahre danach durch den besiegten König Skuncha der spitzhelmigen Saken erweitert wurde. (Bild 37.)

Als die Nachricht von diesem abschließenden Erfolg beim Großkönig eintraf, der diesmal in Mesopotamien Winterquartier bezogen hatte, und als der Hofchronist diese Kunde mit genauem Datum in das ›Tagebuch‹ eintrug, stellte es sich heraus, daß seit Beginn der Niederwerfung der Aufstände bis zu ihrem Ende in der Margiana nach dem Kalender *genau ein Jahr* vergangen war.

Dieser Kalender war, obwohl die Monate persische, meist landwirtschaftliche Namen trugen, in allen Einzelheiten der babylonische. Das hatten die Perser von den Elamern übernommen. Zufällig war nun das Antrittsjahr des Darius ein Schaltjahr, hatte also einen dreizehnten Monat und war damit 18 Tage länger als unser Sonnenjahr von 365 Tagen. Innerhalb des erwähnten Jahres war die Hinrichtung des ersten elamischen Rebellenkönigs Âssina das erste Ereignis gewesen, nämlich am 10. Dezember 522. Das letzte Ereignis war – wie erwähnt – der Sieg des Satrapen Dâdrshish über

den Margier Frâda am 28. Dezember 521. Alle neun ›Lügenkönige‹ waren daher – nach dem persisch-babylonischen Kalender – genau binnen eines einzigen Jahres überwunden worden[36].
Darum konnte der Großkönig voll berechtigten Stolzes in seinem Tatenbericht schreiben: »Was ich getan habe, das vollbrachte ich nach dem Willen des Allweisen Herrn in einem einzigen Jahr meines Königtums. In neunzehn Schlachten habe ich nach dem Willen des Allweisen Herrn die Feinde geschlagen und ihre neun Könige gefangengenommen.« Die für ihn offenkundige Ursache der Aufstände war das Wirken des Widersachers gewesen. »Die Länder, die abgefallen waren – die LÜGE hat sie abtrünnig gemacht, weil diese Könige das Volk belogen. Darum gab der Allweise Herr sie in meine Hand, und ich verfuhr mit ihnen, wie es mir beliebte. Du, der du nachmals König sein wirst, hüte dich sehr vor der LÜGE! Einen Lügenknecht bestrafe streng, wenn du bei dir denkst: ›Mein Land soll fest stehen!‹«
Immer wieder kommt Darius auf die erstaunliche Tatsache zurück, daß ihm die Niederwerfung der Aufstände binnen eines einzigen Jahres gelungen war. »Beim Allweisen Herrn schwöre ich, daß dies wahr, nicht erlogen ist, was ich in einem Jahr vollbracht habe.« Dann folgt ein Satz, von dem wir wünschen möchten, er hätte nicht geschrieben zu werden brauchen: »Nach dem Willen des Allweisen Herrn unternahm ich noch vieles andere, was in dieser Inschrift nicht festgehalten wurde, und zwar deshalb, damit, wer nachmals diese Inschrift liest, nicht für übertrieben halte, was von mir geleistet wurde, und er es daher nicht glaube, sondern für erlogen betrachte.« Wie gerne würden wir gerade noch von diesen anderen Taten des Großkönigs Näheres erfahren ...
Jetzt, Ende des Jahres 521, war Darius in seinen Kernlanden unumschränkter Gebieter geworden. Mit den entfernteren Satrapien wie Sakenland und Sattagydien würde er sich in den nächsten Jahren befassen. Das vorübergehend abgefallene Ägypten war bereits wieder fest in der Hand des von Kambyses eingesetzten Satrapen Aryavanda. Doch da wagten überraschenderweise die Elamer einen dritten Aufstand – sie müssen das persische Joch als recht drückend empfunden haben. Im Jahre 520 erhoben sie einen gewissen Attamaita zu ihrem Anführer. Eigentlich hieß er Atta-hamiti-Inshushinak = ›Ein fürsorglicher Vater ist Gott Inshushinak‹[37].
Schon in den bisher angeführten Mitteilungen des Großkönigs über die Niederwerfung des ersten und zweiten Aufstandes der Susiana schimmerte eine gewisse Geringschätzung gegenüber den Elamern durch: das erstemal (522) genügte ein von Darius entsandter Königsbote, das zweitemal (521) seine bloße räumliche Nähe, damit die elamischen Aufständischen ihre ›Könige‹ selber beseitigten. Auch diesmal fand es Darius für unter seiner

Bild 38: Susa im Modell. Links hinten die Grundrisse der Darius-Pfalz, in der Mitte das französische Grabungshaus an der Stätte der einstigen elamischen Hochburg. Unterhalb der Hochburg das Museum, in welchem sich auch das Modell befindet. Im Vordergrund die heutige Siedlung Shush mit dem Grab des Propheten Daniel, am Ufer des Shâ'ur, einst als Ulai ein Nebenarm des Karcheh. Ganz vorne links die Überreste des von Artaxerxes II. erbauten Apadâna.

Würde, in Person gegen Elam zu Felde zu ziehen. Von Babylon aus betraute er mit dieser Aufgabe den Helfer Nummer drei beim Magiermord, seinen Schwiegervater und Lanzenträger Gaubarva (Bild 39). »Daraufhin marschierte Gaubarva mit einem Heerbann nach Elam und lieferte den Elamern eine Schlacht. Dabei erschlug Gaubarva die Elamer und rieb

sie auf. Ihren Anführer [Attamaita] nahm er gefangen und führte ihn zu mir, und ich ließ ihn hinrichten. Darauf ist das Land mein geworden.«
Attamaita dürfte im zeitigen Frühjahr 520 umgekommen sein. Auch diesmal gibt uns Darius kein Datum, sowenig wie bei der Niederwerfung der elamischen Aufstände des Âssina und des Martiya. Die Geringschätzung des Großkönigs für die Elamer bekundet sich auch darin, daß er Attamaita nicht für würdig befand, am Felsen von Bagastâna verewigt zu werden. Gewiß, damals setzte noch die elamische Inschrift rechts von dem Margier Frâda einem solchen Plan ein Halt entgegen. Doch als dann, im Jahr darauf, der Skythenkönig Skuncha besiegt wurde, setzte sich Darius über dieses Halt hinweg: um des spitzhelmigen Saken willen ließ er die elamische Inschrift einfach ›abradieren‹ und links, unter der babylonischen Fassung, neu einmeißeln. Damals, 519, hätte er dann auch noch Attamaita abbilden lassen können, wenn er gewollt hätte. Aber Darius fand ihn nicht der Mühe wert.
Die Ursache des Abfalls der Elamer war in den Augen des Großkönigs ihre ›Gottlosigkeit‹, denn »sie verehrten den Allweisen Herrn nicht«. Hier – in der Ende 519 hinzugefügten fünften Spalte der persischen Fassung der Bisotun-Inschrift – geht Darius einen bedeutsamen Schritt weiter als in der Erstfassung seines Tatenberichtes. Zwei Jahre früher hatte er den aufständischen Reichslanden lediglich vorgeworfen, sie hätten sich durch die ›Lüge‹ von der Rechten Ordnung abbringen lassen. Jetzt hält er den Elamern (und danach auch den spitzhelmigen Saken) tadelnd vor, daß sie nicht wie er Ahura Mazdâh anbeteten, den ›Allweisen Herrn‹ der Glaubensstiftung Zarathustras. »Ich aber verehrte den Allweisen Herrn«, schreibt der Großkönig, »und daher verfuhr ich mit ihnen, wie es mir beliebte.«
Dies erscheint beim ersten Lesen als eine selbstzufriedene, ja als gar zu billige Schlußfolgerung aus der Tatsache seiner Siege über die ›gottlosen‹ Elamer und Skythen. Allein, für Darius hatten diese Völker eben die Rechte Ordnung mißachtet, die sein Leitbild war und in deren Wiederherstellung er die eigentliche Aufgabe seines Daseins als Weltherrscher erblickte. Denn mit großem Ernst und Nachdruck belehrt uns Darius – und damit schließen die beiden zusätzlichen Abschnitte seiner großen Inschrift –: »Wer den Allweisen Herrn anbetet, der ist auf immer der Rechten Ordnung teilhaftig, im Erdenleben genauso wie dann im Tode.«
Als Staatsmann aber erkannte der Großkönig, daß Elam fester als bisher in das achämenidische Reichsgefüge eingebunden werden mußte, wenn es auf Dauer befriedet sein sollte. Er verbrachte den Winter 520 auf 519 in Susa, in der alten elamischen Königsburg (Bild 38). Dort entwarf er im Weltreich-Maßstab Pläne, die uns im nächsten Kapitel näher beschäftigen werden.

Schon vorher hat Darius seinen Helfer Nummer eins beim Magiermord, seinen Bogenträger Vindafarnâh (Bild 35), aus dem Wege räumen lassen. Herodot ist hier unsere einzige Quelle, und es ist schwierig, ihren Wahrheitsgehalt abzuschätzen. Der ›Vater der Geschichte‹ berichtet:
»Vindafarnâh (Intaphernes) wollte eines Tages den Palast betreten, um mit dem König Staatsgeschäfte zu besprechen. Den Helfern beim Magiermord hatte Darius nämlich das Recht zugestanden, jederzeit unangemeldet bei ihm eintreten zu dürfen, ausgenommen, wenn er sich gerade im Frauengemach befinde. Vindafarnâh wollte also unangemeldet zum Herrscher vordringen. Der Türhüter und der diensthabende Einführer erlaubten es ihm aber nicht, weil sich der König in Gesellschaft einer seiner Frauen befinde. Vindafarnâh meinte, sie lögen ihm etwas vor, zog sein Schwert, schnitt ihnen Ohren und Nase ab, band diese an seinem Zügel fest, hing ihnen den Zügel um den Hals und schickte sie so fort.«
»Sie begaben sich zum König und klagten ihm die Ursache ihrer Verstümmelung. Darius fürchtete schon, die ganze Schar der sechs könnte sich gegen ihn verschworen haben ... Als er aber herausfand, daß nur Vindafarnâh sich vergangen hatte, ließ er ihn, seine Söhne und alle Männer seines Hauses verhaften.«
Das weitere sei übergangen; jedenfalls wurde Vindafarnâh hingerichtet. Gleichzeitig damit schaffte Darius auch das ihm dadurch verhaßt gewordene, von ihm selbst geschaffene erste Hofamt des Bogenträgers wieder ab. Übrig blieb allein der Lanzenträger Gaubarva. Ihn hat der Großkönig auch in seinem Grabrelief in Naqsh-e Rostam bei Persepolis verewigt und mit einer Namensinschrift ausgezeichnet (Bild 39). Gaubarva stieg jetzt zum engsten Vertrauten des Herrschers auf.
Wir können den überragenden Rang des Schwiegervaters des Darius aus einem ganz unauffälligen, unbestechlichen elamischen Buchungstäfelchen aus Persepolis ablesen[38]. Gemäß dieser Keilschrifturkunde reiste Gaubarva im März 498 – also schon weit über siebzigjährig – im Auftrage des Großkönigs durch das Bergland östlich der Susiana. Dabei stand ihm als täglicher Verpflegungssatz – neben Hammelfleisch, Mehl usw. – eine Bierration von nicht weniger als zehn Krügen zu, das sind 97 Liter und der höchste uns bekannte Tagessatz für einen Hofwürdenträger. Hofmarschall Farnaka, an Rang einem mittelalterlichen Großwesir vergleichbar, hatte Anspruch auf lediglich neun Krüge Wein oder Bier täglich. Ein Richter, ein Hauptmann, ein Geheimschreiber bekam dagegen am Tag nur einen Liter Wein; ein Facharbeiter im Dienst der Krone mußte sich mit einer solchen Zuteilung für einen ganzen Monat begnügen ...
Mit der Niederwerfung des letzten elamischen Aufstandes durch Gaubarva

Bild 39: Gaubarva, der Gobryas der Griechen, Lanzenträger und Schwiegervater des Darius, Flachbild von dessen Grabe an der Felswand zu Naqsh-e Rostam bei Persepolis. Die dreisprachige Inschrift (zwei Zeilen altpersisch, zwei Zeilen elamisch, der Rest babylonisch) besagt: »Gaubarva der Pateischorier, des Königs Darius Lanzenträger.«

und mit der Hinrichtung Vindafarnâhs hatte Darius seine Machtübernahme abgeschlossen. Niemand machte ihm zeitlebens mehr die Alleinherrschaft streitig. Bis auf Alexander, also zwei Jahrhunderte lang, blieb das Königtum der Achämeniden in ganz Iran unangefochten.
Freilich, der Preis war hoch gewesen. Die Verlustziffern der Gegner des

Darius, nur in der babylonischen und der ihr folgenden aramäischen Fassung der Bisotun-Inschrift überliefert, sind – wie erwähnt – nur unvollständig auf uns gekommen. Ergänzt man die Lücken behutsam, so errechnen sich mehr als 60 000 Gefallene und noch mehr Gefangene. Die Verluste der Darius-Truppen waren geringer, doch sicher ebenfalls erheblich. Insgesamt hat die Niederwerfung der Aufstände in den Kerngebieten des Achämenidenreiches wohl gegen hunderttausend Opfer gefordert – für jene Zeit ein furchtbarer Blutzoll. Er wirkte wie ein Schock, der in den Herzen der Menschen jener Zeit noch lange nachzitterte.

Bild 40: Der von Darius nach 520 v. Chr. gestiftete Feuerbewahrturm vor dem Gräberfelsen von Naqsh-e Rostam unweit Persepolis.

6 »ALLE VÖLKER SITZEN STILL«

Am 16. Februar des Jahres 519 hatte zu Jerusalem der Prophet Sacharja ein Nachtgesicht. Er schaute einen Ritter auf rotem Roß, gefolgt von einer Schar weiterer himmlischer Reiter. Sie machten Halt zwischen zwei ehernen Bergen – bei der großen Kluft, welche die Erde vom Hause Gottes trennt. Die Reiter waren ausgesandt worden, damit sie dem Himmel über den Zustand der Welt Bericht erstatteten. Jetzt verkündete die Schar vor einem Gottesengel zwischen den ehernen Bergen: »Wir haben die Erde durchstreift, und es zeigte sich: *alle Völker sitzen still.*« (Sacharja 1 : 11.)
So also spiegelte sich in jenseitiger Schau der Zustand der Welt nach den zwanzig Schlachten des Darius. Er hatte eine *pax persica* heraufgeführt, einen ›Perserfrieden‹, der in Asien, mit nur vereinzelten Ausnahmen, bis auf Alexander fortbestand.
Während dieser Schau des jüdischen Propheten befand sich der Großkönig in Susa. Der glückliche Zufall der uns erhaltenen Quellen ermöglicht uns gerade während dieses Winters 520 auf 519 einen tieferdringenden Blick in das Walten des Darius als Weltreichherrscher. Er machte die gesellschaftliche und glaubensmäßige Umwälzung des Magiers Gaumâta rückgängig. Nebenbei ließ er die persische Keilschrift ›erfinden‹. Er traf die Zurüstungen für einen Feldzug gegen die spitzhelmigen Skythen ostwärts des Kaspischen Meeres, um für die Niederlage des Kyrus Vergeltung zu üben. Weil er es satt hatte, in der uralten Hofburg der Elamerkönige zu residieren, und auch um die unwirschen Elamer zu beschäftigen, entwarf Darius den Plan für den Bau eines großen Palastes in Susa. Da er schon einmal dabei war, ließ er auch den Grundriß für seine neue, noch größere Pfalz in Persepolis erstellen. Er veranlaßte, daß die Juden in Jerusalem ihren von dem Babylonierkönig Nebukadnezar zerstörten Tempel unbehelligt und auf syrische Staatskosten wiederaufbauen konnten. Den ungetreuen Satrapen Arvita in Sardes ließ Darius seines Amtes entheben, was ohne Kriegszug ein heikles Unternehmen war. Endlich entsandte er Udja-hor, den ägyptischen ›Reichsarzt‹, mit einem Sonderauftrag nach Sais zurück, schon mit der Absicht, im folgenden Jahr 518 selber in Ägypten nach dem Rechten zu sehen.
Mit diesen Stichworten ist die weitausgreifende Tätigkeit des Großkönigs in seinem Susaer Winterlager 520/519 ganz gewiß nicht vollständig erfaßt; aber die Nachrichten darüber sind immerhin zahlreicher, als sie uns für irgendeine sonstige Zeitspanne im Leben des Darius zur Verfügung stehen. Diese Nachrichten seien jetzt im einzelnen wiedergegeben.

Schon während der letzten Kampfhandlungen des Jahres 521 hatte Darius in den von ihm befriedeten iranischen Kernlanden die Verfügungen rückgängig gemacht, die der falsche Brdya, der Magier Gaumâta, zur Stützung seiner Macht getroffen hatte. Jetzt bot sich dem Großkönig von Susa aus Gelegenheit, seine innenpolitischen Gegenmaßnahmen umfassend zu organisieren.

Leider wissen wir davon nur das wenige, was Darius selber in seinem Tatenbericht in Bisotun erwähnt. In dessen berühmtem Absatz 14 – berühmt, weil bis in die Gegenwart herein in der Forschung heftig umstritten – sagt der Großkönig: »Ich baute die Heiligtümer wieder auf, welche Gaumâta der Magier hatte schleifen lassen.« Dem Heervolk wurden Äcker, Vieh und Gesinde zurückerstattet, »was alles der Magier Gaumâta geraubt hatte. Ich setzte das Heervolk wieder an seinen Platz – Persien, Medien und alle sonstigen Reichslande, so wie es vordem gewesen war. Was geplündert worden war, schaffte ich wieder herbei. Nach dem Willen des Allweisen Herrn tat ich dies.«

Darius beginnt also – das ist bezeichnend – die Schilderung seiner Maßnahmen mit der Bemerkung, er habe die Heiligtümer wiederaufgebaut, die der Magier Gaumâta zerstört hatte. Damit dürften die Feuerbewahrstätten gemeint sein, in denen das zarathustrische Feuer Tag und Nacht unterhalten wurde und von wo man es zum öffentlichen Gottesdienst auf einem Tragaltar ins Freie holte. Den von Kyrus gestifteten Feuerbewahrturm in Pasargadae haben wir bereits kennengelernt. Obwohl Darius auch dieses Heiligtum wiederherstellen ließ, liegt es heute abermals in Trümmern. Im Gegensatz dazu hat sich der Feuerbewahrturm, den Darius selbst stiftete (Bild 40), fast unversehrt bis in unsere Zeit erhalten. Er befindet sich, eine Wegstunde nördlich von Persepolis, am Fuße des Felsrückens von Naqsh-e Rostam, unweit des Grabes, das sich der Großkönig dort in die Steinwand einhauen ließ; in Maßen und baulichen Einzelheiten stimmt er genauestens mit dem Feuerbewahrturm des Kyrus in Pasargadae überein.

Die Wiederherstellung der zarathustrischen Heiligtümer war für Darius somit das Wichtigste. Erst dann kam als staatliche Maßnahme die Wiedergutmachung für die von Gaumâta geschädigten persischen Gutsbesitzer. Sie stellten ja das ›Heervolk‹ dar, und ihnen verhalf er wieder zu ihren Gehöften, ihren Herden und ihren Knechten und Mägden. Man darf unterstellen, daß es bei der Wiederherstellung der früheren Besitzrechte des Wehradels nicht eben sanft zuging. Doch an Widerstand gegen die Darius-Kommissare dachte keiner mehr.

Zum Bilde der Persönlichkeit des Großkönigs, wie wir es im siebten, letzten Kapitel zu zeichnen versuchen, gehört ganz unstreitig auch seine Fähigkeit, zahlreiche Unternehmungen gleichzeitig zu betreiben. Er hat, so lassen die Quellen ahnen, die Männer seines Stabes und seiner Kanzlei ständig in Atem gehalten. Während er seine Rückerstattungs-Kommissare über die iranischen Provinzen ausschwärmen ließ, die wahrscheinlich zugleich Stammrollen der Wehrpflichtigen anlegen mußten, kam ihm der schon im ersten Kapitel erwähnte Gedanke, endlich auch für die Iraner eine eigene Schrift zu schaffen. In eben jenem Susa-Winter 520/519 gab Darius seiner aus elamischen, babylonischen und aramäischen Sekretären bestehenden Hofkanzlei Befehl, unverzüglich eine ›arische‹ – also iranische – Keilschrift zu erfinden. Aufs höchste überrascht und verwirrt gehorchten die Schriftgelehrten. Da alle Schriften des Alten Orients in langer, vielfach verschlungener und mühsamer Entwicklung entstanden sind, mag ihnen der Auftrag des Großkönigs wie ein Schlag ins Gesicht ihrer feinen Bildung vorgekommen sein, die vielfach noch auf das Sumerische gründete, die klassische Sprache aller Keilschriftwissenschaft.

Allein, gegen den Befehl des Herrschers half alles innere Sträuben nichts. Wir sehen die elamischen und aramäischen Geheimschreiber, von ihren babylonischen Kollegen unterstützt, beim Schein der Ölfunzeln nächtliche Überstunden machen, vom Kanzleivorsteher zur Eile gedrängt. Das Ergebnis dieser hastigen Schrift-›Erfindung‹ war dann auch entsprechend unzulänglich, ein unbefriedigendes Gemisch von Buchstaben- und Silbenschrift. Gleichwohl, Darius bekam seine Schrift. Er machte Gebrauch von ihr wie nach ihm kein anderer Achämenide, und die Geschichtsforschung weiß ihm bleibenden Dank dafür. Denn nur die künstlich entworfene und daher einfache persische Keilschrift lieferte, es sei wiederholt, den Schlüssel auch zur Entzifferung aller anderen Keilschriften mit ihren Hunderttausenden von Urkunden.

Der Tempelbau zu Jerusalem

Ein Gotteswort des Propheten Haggai vom 29. August 520 hatte die aus der babylonischen Gefangenschaft heimgekehrten Juden aufgerufen, endlich den Tempel wiederaufzubauen, den Nebukadnezar im Jahre 587 zerstört hatte. Denn als Kyrus die Verbannten 538 nach Palästina zurückkehren ließ, bemühten sie sich eben erst einmal um ihr eigenes Unterkommen im verwüsteten Jerusalem. Nun ließ sich Gott vorwurfsvoll vernehmen: »Den Tempel wiederaufzubauen, dazu, so sagen die Leute, sei noch Zeit. Ist es

aber wohl Zeit für euch geworden, in holzgetäfelten Häusern zu wohnen, während dieses Haus noch in Trümmern liegt?« (Haggai 1:2.)
Das Volk von Jerusalem nahm sich die durch den Mund des Propheten gesprochenen Worte zu Herzen und machte sich beschämt und eifrig ans Werk. Da erschien plötzlich der Statthalter von Syrien, der Babylonier Tattannai, der dem Satrapen Vishtâna in Babylon unterstellt war, und stellte die Juden wegen des Tempelbaues zur Rede. Diese beriefen sich auf den Erlaß des Kyrus vom Jahre 538. Daraufhin richtete der Statthalter eine Eingabe an den Großkönig und bat um Klarstellung. Die Anfrage erreichte Darius in Susa zu Anfang des Jahres 519. Er ließ in den Archiven nachforschen. In der medischen Hauptstadt Hagmatâna fand sich tatsächlich eine Aktennotiz über die von Kyrus verfügte Genehmigung zum Tempelbau. Demgemäß schrieb Darius an den Statthalter von Syrien und an die ihm beigeordneten Iraner unter Führung des Meders Chshathrabrzana (›der das Reich hochbringt‹): »Mischt euch in Jerusalem nicht ein, sondern lasset für

Bild 41: Versuch einer Nachbildung des Tempel Salomos zu Jerusalem, der dem im Jahre 515 eingeweihte Neubau als Vorbild gedient hatte. (Entworfen von Th. A. Busink.)

die Arbeit an jenem Gotteshause den Ältesten der Juden freie Hand; sie sollen den Tempel an der alten Stelle wiederaufbauen.«
Damit aber nicht genug: »Aus den Steuereinkünften der Krone in Syrien sind die für den Bau erforderlichen Kosten unverzüglich anzuweisen. Auch alles sonst Benötigte wie: junge Stiere, Widder und Lämmer zu Brandopfern für den Gott des Himmels, ferner Weizen, Salz, Wein und Öl – alles soll nach Angabe der Priester zu Jerusalem Tag für Tag ungeschmälert geliefert werden.« Und als Abschluß eine geharnischte Strafandrohung für Widersetzliche: »Wer diesen Erlaß übertritt, für den soll man aus seinem Hause einen Balken herausreißen und ihn damit pfählen; sein Haus aber soll dem Erdboden gleichgemacht werden.« Zum Dank für die Fürsorge des Großkönigs sollen die Juden für das Leben des Darius und seiner Söhne beten. (Esra 6:6–11.) Angefeuert von Haggai und Sacharja, bauten die Juden den Tempel tatkräftig zu Ende. Am 1. April 515 konnte er feierlich eingeweiht werden. Bild 41 vermittelt einen ungefähren Begriff von seinem Aussehen.

Die Entsendung Udja-hors

In seinem Winterlager zu Susa beschloß Darius, den früheren ägyptischen Admiral und späteren ›Reichsarzt‹ des Kambyses, Udja-hor, in besonderem Auftrag nach Ägypten zurückzusenden.
Wir erfahren dies von Udja-hor selbst, nämlich aus der langen, im vorigen Kapitel schon erwähnten Hieroglyphen-Inschrift auf dem von ihm gestifteten ›tempeltragenden‹ Standbild (Bild 42). Wie mag es ihm während der Zeit der Wirren ergangen sein? Offenbar hatte Kambyses ihn als Leibarzt bei sich behalten, als er nach Iran zurückzukehren suchte; Udja-hor hatte den Großkönig jedoch nicht zu heilen vermocht, als dieser sich mit seinem Kurzschwert zufällig selbst verletzte. Darius hat den Ägypter danach als Leibarzt in seinen Stab aufgenommen, und so befand sich Udja-hor im Winter 520/519 beim Großkönig in Susa. »Da befahl mir Seine Majestät König Darius, nach Ägypten heimzukehren, um die [medizinischen] Abteilungen der ›Lebenshäuser‹ nach deren Verfall neu aufzubauen. Die Ausländer« – damit meint Udja-hor Perser – »brachten mich von Land zu Land und geleiteten mich nach Ägypten zurück, wie es der Herr beider Reiche [Ober- und Unterägyptens] befohlen hatte.«
Bei der Entsendung Udja-hors ging es dem Großkönig offenbar darum, durch ihn ägyptischen Ärztenachwuchs heranzubilden; »denn Seine Majestät kannte die Wichtigkeit der Heilkunst für die Genesung der Kranken«. Darius hatte Udja-hor einen persischen Reisewart beigegeben. Dieser

Bild 42: Der ägyptische ›Reichsarzt‹ und frühere Admiral Udja-hor, Vorsteher des Tempels zu Sais – von ihm selbst gestiftetes sog. ›tempeltragendes‹ Standbild, heute im Museum des Vatikans. Kopf und rechter Arm sind ergänzt.

führte eine vom Großkönig gesiegelte Lederurkunde mit, die ihnen Anspruch auf Verpflegung aus den Speichern und Schafherden der Krone gab. Solche Versorgungslager gab es an allen Heerstraßen des Achämenidenreiches – in dicht besiedelten Gegenden in Abständen eines Tagesmarsches, in Steppengebieten weiter gestaffelt. Erhalten hat sich nur eine einzige solche, einem Reisepaß entsprechende Urkunde, aus der Zeit um 408 v. Chr. Der damalige Satrap über Ägypten, Prinz Rshâma, hielt sich damals gerade in Babylonien auf. Von dort aus entsandte er einen neuen Gutsverwalter für seine in Ägypten liegenden Krongüter, den Ägypter Nechtihor. In dessen aramäisch geschriebenem Leder-Paß (Bild 43) ist zu lesen: Prinz Rshâma weist die (namentlich aufgeführten) Verwalter der Krongüter längs der Heerstraße von Elam nach Syrien und Ägypten an, Nechtihor als Tagessatz an Verpflegung zwei Liter Weißmehl, drei Liter Feinmehl, zwei Liter Wein oder Bier und einen Hammel auszuhändigen, seinen zehn Dienern je einen Liter Mehl sowie das für die Reit- und Tragtiere erforderliche Futter. »Gebt ihnen diese Rationen von Krongut zu Krongut, von Provinz zu Provinz, bis Nechtihor in Ägypten eingetroffen ist[39].« Der Darius-›Paß‹ für Udja-hor dürfte nicht viel anders abgefaßt gewesen sein.
In Ägypten angekommen, machte sich Udja-hor unverzüglich ans Werk, wahrscheinlich von dem ihm unterstellten Tempel zu Sais aus. »Ich tat, wie Seine Majestät mir befohlen hatte. Ich habe die ›Lebenshäuser‹ neu geordnet und mit den erforderlichen Studenten versehen, alle aus guten Familien,

Bild 43: In aramäischer Sprache ausgefertigter Paß des Prinzen Rshâma für seinen nach Ägypten reisenden Gutsverwalter Nechtihor aus dem Jahre 408 v. Chr.

kein einziger Sohn eines Armen darunter. Ich unterstellte sie der Aufsicht von Gelehrten. Auch hatte Seine Majestät angeordnet, daß ihnen alles Erforderliche zur Verfügung gestellt werde, damit sie ihre Kunst ausüben konnten[40].« Anscheinend besaß jeder größere ägyptische Tempel ein solches ›Lebenshaus‹ als Pflegestätte altererbten Geheimwissens. Angegliedert war ihr nicht nur eine Bibliothek, sondern auch eine ›medizinische Abteilung‹ oder Ärzteschule.

Der Handstreich von Sardes

Während der Aufstände gegen Darius hatte sich der schon von Kyrus als Satrap von Lydien eingesetzte Arvita (der Oroites der Griechen) zweideutig verhalten. Er fiel zwar nicht offen von Darius ab, doch nutzte er die Zeit der Wirren, um seinen Machtbereich (Lydien und Ionien) noch weiter auszudehnen. So brachte er Mithrapâta in Daskyleion um und eignete sich so auch Phrygien an. Daß er noch unter Kambyses den Beherrscher von Samos, Polykrates, arglistig nach Ionien gelockt und dort, in Magnesia am Mäander, qualvoll getötet hatte, mochte am Hofe noch hingehen.
Als Darius seine Machtergreifung abgeschlossen hatte, sandte er, wohl zu Anfang des Jahres 520, einen Herold nach Sardes und ließ Arvita an den Königshof laden. Der Satrap ahnte, daß er zur Rechenschaft gezogen werden sollte; er ließ den Königsboten während dessen Rückrittes unterwegs abfangen, umbringen und verscharren.
Jetzt, im Winterlager zu Susa, sann Darius darüber nach, wie er den ungetreuen Arvita entmachten könnte, ohne eigens einen Feldzug nach Westkleinasien unternehmen zu müssen. Denn als nächstes wollte er mit den spitzhelmigen Saken ostwärts des Kaspischen Meeres abrechnen. Nun besaß aber Arvita in Sardes eine beträchtliche Streitmacht, darunter eine Tausendschaft Perser-Garden. Der Großkönig besprach die Angelegenheit mit seinen Getreuen. Dreißig Offiziere erklärten sich freiwillig bereit, im Einzelgang Arvita aus dem Wege zu räumen. So mußte das Los entscheiden. Es fiel auf Bagaya, den Sohn des Rtavanta. Dessen Handstreich gegen Arvita verlief nach Herodot so:
Bagaya ließ als erstes von der Hofkanzlei eine ganze Anzahl für Sardes bestimmte Befehlsschreiben ausfertigen. Auf allen wurde das Siegel des Großkönigs abgerollt. Tatsächlich gab es – um das hier einzuschalten – nicht nur ein einziges solches Siegel, sondern mehr als dreißig; denn unter Darius durften alle höchsten Würdenträger, darunter sämtliche Satrapen, ein auf seinen Namen lautendes Königssiegel führen. Im Original hat sich

Bild 44: Abrollung des Darius-Siegels, das der Großkönig seinem Satrapen Farnadâta in Ägypten um 497 v. Chr. verliehen hatte, heute im British Museum in London. Am linken Rand auf Altpersisch, Elamisch und Babylonisch die Aufschrift »Ich, Darius, der König«.

von diesen Darius-Siegeln allerdings nur ein einziges erhalten (Bild 44); wahrscheinlich hat der Großkönig es im Jahre 497 in Ägypten seinem neuernannten Satrapen Farnadâta verliehen[41]. Von fünf weiteren Darius-Siegeln sind wenigstens Abdrucke auf elamischen Täfelchen aus Hofschatz und Hofkammer in Persepolis auf uns gekommen.

Alle diese Siegel zeigen den König mit Zinnenkrone als sieghaften Helden im Kampf mit Löwen, gehörnten Greifen oder geflügelten Stiermenschen. Ausnahmslos erscheinen auf den Darius-Siegeln Dattelpalmen. Vermutlich hat der Großkönig seine Siegel von elamischen Künstlern in Susa entwerfen und schneiden lassen; denn auf dem Hochland von Iran gibt es kaum Dattelpalmen. Sie waren auf den Siegeln zugleich Sinnbild der Fruchtbarkeit. Übrigens ist auf dem Siegel von Bild 44 auch der Streitwagenlenker, an seinem Kopfband erkennbar, ein Elamer. Am linken Rand des Siegels steht auf persisch (rechts), elamisch (Mitte) und babylonisch (links): »Ich, Darius, der König.«

Doch zurück zu dem waghalsigen Unternehmen des Bagaya. Er machte sich

im Spätjahr 520 nach Lydien auf den Weg. In Sardes vom Satrapen Arvita vorgelassen, übergab er der Reihe nach eine Anzahl der mitgebrachten Sendschreiben mit unverfänglichem Inhalt dem königlichen Hofschreiber. Ein solcher war einem jeden Satrapen unmittelbar vom Herrscher aus zugeteilt. Der Hofschreiber prüfte jeweils sorgfältig, ob das Königssiegel unverletzt war; erst dann las er die einzelnen Aufträge den am Satrapenhof Versammelten laut vor. Auf diese Weise wollte Bagaya herausfinden, ob die anwesenden Gardeoffiziere den Weisungen des Großkönigs gehorchten. Dies war bei den harmlosen Aufträgen ersichtlich der Fall. Dadurch ermutigt, zog Bagaya ein Königsschreiben hervor des Inhalts: »Perser, der König Darius verbietet euch, dem Arvita als Garden zu dienen!« Als die Offiziere dies vernahmen, legten sie zum Zeichen des Gehorsams ihre Lanzen unverzüglich Bagaya zu Füßen. Ihrer Treue gegenüber dem Großkönig jetzt versichert, zog er kühn das letzte Sendschreiben hervor. Es lautete: »Der König Darius befiehlt den Persern zu Sardes, den Arvita zu töten!« Kaum hatten die Garden diesen Befehl gehört, als sie ihre Dolche zückten und den Satrapen niedermachten. Berichterstatter Herodot fügt hinzu, und man spürt dabei seine innere Genugtuung: »Auf solche Weise ereilte den Oroites das rächende Strafgericht des ermordeten Polykrates.«
Bagaya überführte den beschlagnahmten Besitz des Arvita von Sardes nach Susa und erstattete dem Großkönig Bericht. Von den Schätzen, die der ungetreue Satrap in der Kroisos-Hauptstadt zusammengerafft hatte, vermittelt eine Anschauung Tafel 13. Unter den Sklaven des hingerichteten Satrapen Arvita, welche Bagaya von Sardes an den Hof nach Susa gebracht hatte, befand sich auch Demokedes, der griechische Leibarzt des Polykrates. Mit dem Beherrscher von Samos zusammen, war er 523 in Ionien in die Hände des Satrapen gefallen. Demokedes verschwieg jedoch seine ärztliche Kunst, weil er befürchtete, dann nie mehr in seine Heimatstadt Kroton heimkehren zu können, sondern als Leibarzt am Perserhof festgehalten zu werden. Diese Befürchtung war, wie wir im nächsten Kapitel sehen werden, durchaus begründet.

Der Palastbau zu Susa

Die Susiana ist als Schwemmland steinlos. Daher haben sich die elamischen Könige seit Urzeiten auf Bauten in Lehmziegeln und Backsteinen beschränkt. Darius indes wollte nach dem Vorbild der Kyrus-Paläste in Pasargadae sein neues Schloß in Susa mit riesigen Steinsäulen ausstatten, die auf einem Quaderfußboden aufruhten. Seine Baumeister wandten ein, das

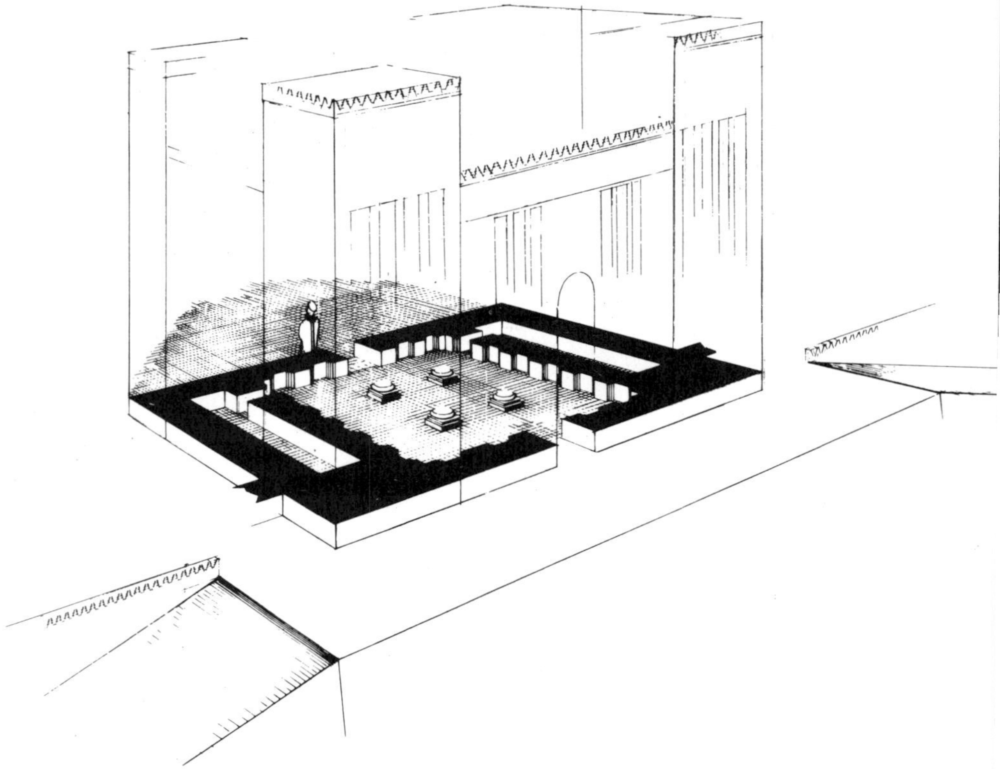

Bild 45: Das große Tor am Ostrand der Darius-Pfalz zu Susa, zeichnerische Wiederherstellung von Jean Perrot und Daniel Ladiray. Das Tor saß auf der gewaltigen Umfassungsmauer auf und hatte eine Tür nur an der Außenseite.

halte der Lehmuntergrund von Susa nicht aus, es sei denn, man schütte zehn bis zwanzig Meter Schotter auf.

Das focht den Großkönig so wenig an wie der Umstand, daß die für seinen Palastbau erforderlichen Steinblöcke aus den Zagros-Bergen fünfzig Kilometer nördlich von Susa geholt werden mußten. Er selber erzählt uns in einer Urkunde höchsten kulturgeschichtlichen Ranges, wie der Bau zustande kam. Aus dem Modell von Bild 38 ist die großartige Planung nur ahnbar. Erst die Freilegungsarbeiten der letzten Jahre haben die ursprünglichen Grundrisse ans Licht gebracht. Denn von der einstigen Pracht hat sich fast nichts erhalten.

Der große Säulenpalast oder Apadâna ist nämlich unter Artaxerxes I.

(465–424) »gänzlich niedergebrannt«. Dies berichtet dessen Enkel Artaxerxes II., der um 390 als Ersatz dafür eine neue Audienzhalle auf dem anderen, westlichen Ufer des Ulai erbaute. Für seinen eigenen Neubau erflehte er in seinen Inschriften den Schutz des Allweisen Herrn, Mithras und der Göttin Anahita »vor Zauberei und Behexungen«. Offensichtlich hielt Artaxerxes II. solche schwarzmagischen Einflüsse für die eigentliche Ursache des Brandes des Darius-Palastes.
Das große Tor im Osten der Darius-Pfalz in Susa ist sogar erst im Jahre 1973 aufgefunden worden. Die zeichnerische Wiederherstellung durch Jean Perrot und Daniel Ladiray vermittelt wenigstens eine Ahnung von der kraftvollen Schönheit der Darius-Bauten dort. In den Räumen zu beiden Seiten des quadratischen Mittelbaues haben einst klopfenden Herzens die Audienzsuchenden gewartet. Hier war es also, wo zur Zeit des Xerxes (nach dem Buche Esther) Mardochai »im Tor des Königs saß«, unter den vorwurfsvoll-prüfenden Blicken der dem Hofmarschall Hammâna unterstellten Torhüter.
Über die Entstehung der Palastbauten erfahren wir, wie schon angedeutet, sehr viele Einzelheiten von Darius selber. In mehreren dreisprachigen Inschriften, von denen zwei – eine elamische und eine babylonische – erst 1970 in Susa ans Licht kamen, erzählt der Großkönig:
»Der Palast, den ich in Susa erbaute, dessen Rohstoffe wurden von weither beschafft. Tief wurde Erde ausgehoben, bis zum gewachsenen Boden hinab. Als die Erde gründlich ausgeschachtet war, wurde dort Kiesschotter aufgeschüttet, teils vierzig Ellen [= zwanzig Meter] hoch, teils zwanzig Ellen. Auf diesem Kiesschotter wurde der Palast errichtet. Daß Erde tief ausgeschachtet und dort Kiesschotter aufgeschüttet wurde und daß Lehmziegel gestrichen wurden, das besorgten Babylonier.«
Im nächsten Abschnitt zählt Darius die Herkunftsorte der benötigten Bau- und Zierstoffe auf: »Balken aus Zedernholz [für das Dach] wurden aus dem Libanon-Gebirge geholt. Syrer schafften die Stämme bis nach Babylon, und von Babylon flößten Karer und Ionier sie bis nach Susa. *Yakâ*-Holz wurde aus Gandhâra und aus Kermân geholt.« Bei diesem Holz, heute *Djag* genannt, handelte es sich, wie Ilya Gershevitch erkannt hat, um die sehr widerstandsfähige Baumart *Dalbergia sissoo Roxb.,* deren braunes hartes Holz in Ostiran noch heute gerne für Haustüren verwendet wird. »Gold, das hier [zu Schmuckzwecken] bearbeitet wurde, holte man aus Lydien und Baktrien; Edelsteine, nämlich Lapislazuli und Karneol, aus Sogd (zwischen Oxus und Jaxartes); Türkise aus Chorasmien [im heutigen Raum Neishâbur]; Silber und Ebenholz aus Ägypten; Elfenbein aus Nubien, Sind und Arachosien. Das Farbmaterial, mit welchem die Terrassenmauer verputzt

wurde, stammte aus Ionien. Die hier gearbeiteten Steinsäulen holte man aus einem Orte namens Abirâdush in Elam.«

Aus dem anschließenden Abschnitt der Bau-Urkunde erfahren wir Näheres über die Herkunft der Meister und Handwerker. »Die Steinmetzen waren Ionier und Lyder; die Goldschmiede, welche das Gold verarbeiteten, Meder und Ägypter.« Sie waren auch die Meister, welche die Terrassenmauer bemalten. »Die Männer, die das Holz bearbeiteten, waren Lyder und Ägypter. Die Männer, welche die Backsteine brannten, waren Babylonier.«

In dieser Aufzählung vermißt man zwei Völker. Das eine sind die Perser. Offensichtlich haben sie bei keiner Bauunternehmung des Großkönigs mit Hand angelegt; sie beaufsichtigten lediglich die Handwerker und sorgten für ihre Verpflegung. Das andere nicht erwähnte Volk sind die Elamer. Das erscheint seltsam; denn daß sie vom Frondienst befreit gewesen wären, ist undenkbar. Elamer werden den Kiesschotter vom Ulai-Flußbett herbeigeschafft, die Steinblöcke aus Abirâdush herangewälzt und auch alle sonst vorkommenden Dienste geleistet haben. Abermals hat man den Eindruck, Darius habe die Elamer absichtlich übergangen, als nicht würdig, in seiner Bauinschrift genannt zu werden.

Wahrscheinlich waren jedoch Elamer in hellen Scharen damit beschäftigt, die von Darius befohlene neue Stadtmauer in Susa zu errichten.

Den Großkönig hatte es verdrossen, mit ansehen zu müssen, daß seit der Eroberung Elams durch den Assyrerkönig Assurbanipal im Jahre 646 die Stadtwälle in Trümmern lagen. »In Susa bemerkte ich«, so schreibt Darius in einer anderen dreisprachigen Inschrift aus der Zeit um 510, »daß die Mauer, die früher dort erbaut worden war, wegen Alters verfallen dalag. Da habe ich dort eine ganz neue Mauer erstellen lassen.« Auf den Überresten der elamischen Stadtwälle von einst entstand nun eine riesige Umfassungsmauer von 27 Meter Dicke! Tausende von Elamern dürften ein Jahrzehnt hindurch oder noch länger damit beschäftigt gewesen sein, die für diese Mauer benötigte mehr als eine Million Kubikmeter Lehmziegel zu streichen und aufzuschichten.

Darius beendet seine Palast-Bauinschrift mit der hochgemuten Feststellung: »In Susa ward viel Herrliches entworfen, viel Herrliches gebaut.« Daran fügte er die Bitte: »Möge der Allweise Herr mich behüten, auch meinen Vater Vishtâspa, und mein Land!« In den zuletzt (1970) gefundenen Inschriften erwähnt der Großkönig seinen Vater nicht mehr. Dieser war also zu der Zeit, da sie eingemeißelt wurden – wohl um 510 v. Chr. – bereits gestorben[42].

Über dieses Ereignis berichtet Ktesias, die Eltern des Großkönigs Darius

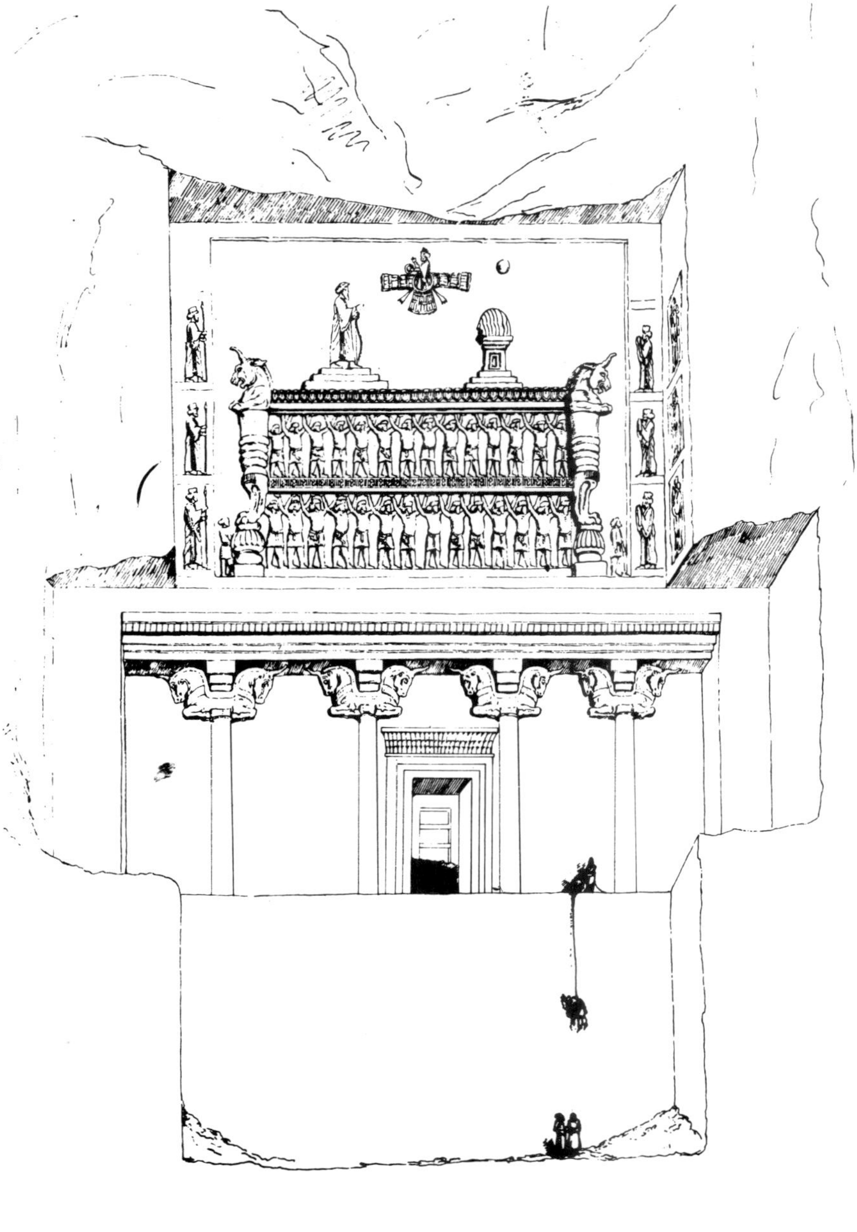

Bild 46: Zeichnung von Robert Ker Porter vom Jahre 1818, die zeigt, wie er zum Eingang des Darius-Grabes in Naqsh-e Rostam bei Persepolis hochgezogen wurde.

hätten das Grab besichtigen wollen, das dieser sich bei Persepolis, in der Felswand von Naqsh-e Rostam, hatte errichten lassen. Als die Magier – vermutlich standen sie auf der Felsfläche oberhalb der Grabanlage – die beiden zum Grufteingang hochzogen, sollen Schlangen sie erschreckt haben, so daß sie die Seile losließen, wodurch Vishtâspa und seine Gemahlin tödlich abstürzten. Darius habe in Zorn und Kummer alle beteiligten Magier köpfen lassen. Verbürgt ist dieser Bericht des Ktesias nicht, aber er ist auch nicht undenkbar. Die im Bild 46 wiedergegebene Zeichnung des Engländers Robert Ker Porter vom Jahre 1818 zeigt, wie er selber am Darius-Grab hochgezogen wurde, allerdings von dem Felsvorsprung aus, der sich etwa einen Meter breit vor dem Grabeingang hinzieht.

Der Feldzug gegen König Skuncha

Im Frühjahr 519, ehe in Elam die große Hitze einsetzte, brach Darius von Susa auf zu seinem ersten Feldzug gegen die Skythen oder Saken.
Die Iraner des Hochlandes waren mit diesen Völkerschaften, die sich vom Pruth bis nach Sibirien hin erstreckten, offensichtlich noch wenig vertraut, obwohl sie mit ihnen stammverwandt waren. In den ersten Jahren seiner Herrschaft sprach Darius von ihnen einfach als von ›Saken‹, noch ohne jede nähere Bezeichnung. Erst um die Mitte seiner Regierungszeit unterschied er in seinen Inschriften bei den Skythen Asiens zwischen ›spitzhelmigen Saken‹ und ›Haumaschwelger-Saken‹. Auf den Suezkanal-Stelen werden sie auf ägyptisch unterschieden als ›Saken der Marschen‹ und ›Saken der Steppen‹. Demnach siedelten die ›spitzhelmigen Saken‹ (tatsächlich trugen *alle* Saken spitze Mützen) wohl in den sumpfigen Niederungen der Einmündung des Oxus (des heutigen Amu Daryâ) in das Kaspische Meer – denn damals mündete der Strom noch nicht, wie heute, in den Aralsee. Die ›Haumaschwelger-Saken‹ hatten ihre Wohnsitze jenseits von Sogd, also jenseits des Jaxartes oder Syr Daryâ, im Raum des heutigen Ferghana und Taschkent.
Von dem Skythen-Feldzug des Jahres 519 wissen wir nur das wenige, das uns Darius selbst in der – später hinzugefügten – fünften Spalte der persischen Fassung der Behistân-Inschrift mitteilt[43]. Dieser Bericht, den wir oben, in Kapitel 1, schon kurz gestreift haben, lautet:
»Da marschierte ich mit dem Heerbann gegen die Saken. Daraufhin sind die Saken, die den Helm spitz tragen, gegen mich gezogen. Als ich an den Strom [den Oxus] herankam, bin ich mittelst Baumstämmen mit dem ganzen Heerbann übergesetzt. Dann schlug ich die Saken gar sehr. Einen Teil

nahm man gefangen; die wurden mir gefesselt vorgeführt, und ich ließ sie umbringen. Ihren Anführer namens Skuncha, den fing man und brachte ihn zu mir. Dort habe ich einen andern zum Anführer eingesetzt, wie es mir beliebte. Darauf ist das Land mein geworden.«

Darius nennt den Skuncha also nicht wie die übrigen von ihm besiegten Aufständischen einen ›Lügenkönig‹. Der Sieg über die Saken erschien ihm bedeutsam genug – nun, da er den Tod des großen Kyrus gerächt hatte –, ihn durch Einmeißelung des Skuncha mit seinem langen spitzen Helm am Felsen von Bisotun zu verewigen, obwohl deshalb die rechts vom ursprüng-

Bild 47: Die Abordnung der spitzhelmigen Saken an der Ostmauer des Audienzpalastes zu Persepolis.

lichen Bildwerk stehende elamische Inschrift zerstört werden mußte. Zwar wird auch Skuncha mit gefesselten Händen und einem Strick um den Hals dargestellt (Bild 12); doch lautet die persische und elamische Beischrift schlicht: »Dies ist Skuncha der Sake«. Offenbar wurde er nicht hingerichtet, nur verbannt. Den Namen seines Nachfolgers verschweigt Darius; er war aber gewiß ein Sake, kein Perser. Schade, daß auf dem Felsbildwerk nicht der herrliche Goldschmuck wiedergegeben werden konnte, der die Gewandung der skythischen Könige und insbesondere ihren halbmeterhohen Filzhelm zierte[44]. Auf dessen Spitze saß ein winziger Bergwidder aus getriebenem Gold als Sinnbild des *Chvarnah,* medisch *Farnah.* Es bedeutet die schicksalhafte Berufung zum Herrscher und läßt sich etwa mit der *Fortuna* der Römer vergleichen.

Das Verhältnis der Achämeniden zu den Saken unterschied sich auch nach dem Sieg über Skuncha von dem reinen Untertanenverhältnis, wie es seitens der übrigen Völker des Weltreiches dem Großkönig gegenüber bestand. Das hatte seine geopolitischen Gründe. Die Wandervölker der Steppen Mittelasiens bedrohten das Hochland von Iran seit Urzeiten bis in die Neuzeit hinein. Auf die Skythen folgten später die Hephtaliten oder Weißen Hunnen, die Seldschuken, die Mongolen, die Tataren, die Türkmenen und die Özbegen. Diese Steppennomaden abzuwehren, war immer eine Hauptaufgabe iranischer Herrscher. Dies galt also auch schon für die Achämeniden. Deren Macht war immerhin groß genug, um die ungebärdigen Saken wenigstens in eine Bundesgenossenschaft zu zwingen, und diese bewährte sich bis zum Untergang des Reiches im Jahre 330. Obwohl Darius die Saken in seinen Inschriften wie alle Reichsvölker als ›Untertanen‹ bezeichnet, durften sie in Wahrheit als Bundesgenossen selbst an seinem Hofe Waffen tragen (Bild 47) – ein Vorrecht, das außer den Persern nur Medern und Sogdern zustand. An der Osttreppe des Apadâna zu Persepolis stellen die spitzhelmigen Saken die elfte Abordnung. Ihre für den Großkönig bestimmten Gaben bestehen aus einem Hengst, aus goldenen Armreifen (T. 18) und aus Pelzmantel, Leibrock und Lederstrumpfhosen.

Tafel 25: Felsgrab des Darius am Berghang zu Naqsh-e Rostam unweit Persepolis. Die Flachbilder am Fuße der Felswand stammen aus der Zeit der Sassaniden (3. Jahrhundert n. Chr.).

Tafel 26: Medischer Leibpolizist des Darius, der außer Teppich und Peitsche den Stuhl trägt, den der Großkönig zum Auf- und Absitzen benutzte. Ausschnitt aus dem Flachbildfries an der Osttreppe des Apadâna zu Persepolis.

26

27

28

Als Darius im Herbst 519 von den spitzhelmigen Saken jenseits des Oxus, den gefangenen Skuncha mitführend, nach Iran zurückgekehrt war, überwinterte er wie im Vorjahr in Susa. Da meldete sich bei seinem Hofmarschall, dem Meder Farnaka, ein vornehmer Grieche mit dem Anspruch, er gehöre auf die Liste der ›Königswohltäter‹.

Es gab nämlich am Achämenidenhof ein Buch, in dem alle Männer verzeichnet waren, die sich um das Herrscherhaus Verdienste erworben hatten. Darin war außerdem vermerkt, welche Belohnung ihnen dafür zuerkannt worden war. Auch im Feld wurde diese Rolle mitgeführt, um darin die Namen derer festzuhalten, die sich im Kampf ausgezeichnet hatten. Diese Sitte ist möglicherweise von Kyrus eingeführt worden. Jedenfalls hat er den ostiranischen Stamm der Aryâspâ (›Iraner-Rosse‹) im Gebiet des Helmand-Flusses zu ›Königswohltätern‹ erhoben, weil sie in Gedrosien (Mekrân) seinen Heerbann mit Nachschub versorgt und dadurch vor dem Verschmachten bewahrt hatten. Deswegen wurden sie später, im Jahre 329, sogar noch von Alexander eigens ausgezeichnet.

Verwundert ließ Darius in Susa den Griechen, der behauptete, ein ›Königswohltäter‹ zu sein, vor sich kommen. Zu seiner Überraschung erkannte er in ihm Syloson wieder, den jüngeren Bruder des Polykrates von Samos, der ihm vor sechs Jahren in Memphis den prächtigen Purpurumhang geschenkt hatte. Erfreut fragte der Großkönig, wie er sich ihm erkenntlich erzeigen könne, und Syloson bat ungescheut, er möge ihn doch zum Nachfolger seines Bruders Polykrates ernennen, welchen Arvita als persischer Satrap von Lydien so schmählich umgebracht hatte.

Darius willigte ein. Doch dazu mußte Samos erst einmal von den Persern erobert werden. Der Großkönig bestimmte für diesen Feldzug seinen Helfer Nummer zwei beim Magiermord, Hutâna.

Zusammen mit Syloson brach Hutâna auf, zog an Ioniens Küste und setzte mit dem Heerbann nach Samos über. Anfänglich schien es, als wollten die Samier sich gütlich unterwerfen. Plötzlich aber leisteten sie heftigen Wider-

Tafel 27: Rückseite einer 1967 bei Persepolis gefundenen, altpersischen Steininschrift des Xerxes – in Wahrheit eine bloße Abschrift der unteren Grabinschrift des Darius, unter Weglassung des letzten Abschnittes.

Tafel 28: Rekonstruktion der Freitreppe und des ›Tors aller Länder‹ in Persepolis von Friedrich Krefter.

stand. Die Perser unternahmen einen Gegenangriff, kämmten wie bei einer Treibjagd die ganze Insel durch und brachten sie so – halb entvölkert – in ihre Gewalt. Daraufhin wurde jetzt, 518, Syloson Statthalter des Großkönigs über Samos. Die Geschichte seines Purpurmantels verbreitete sich durch die fürstliche Belohnung des Darius weithin. Damals prägten die Griechen ein neues Sprichwort. Wenn ein Hellene mit seiner prunkvollen Gewandung prahlte, sagte man spöttisch: »Aha, der reinste Mantel des Syloson! . . .«

Allein, schon nach wenigen Jahren starb Syloson, dessen drückende Herrschaft ebenfalls sprichwörtlich wurde. Ihm folgte als Königsstatthalter sein Sohn Aiakes. Zur Zeit des ionischen Aufstandes (499–493) hielt Aiakes zu Darius und sicherte sich dadurch den Besitz von Samos.

Die Ordnung Ägyptens

Auf einer Kalkstein-Stele im Louvre aus Memphis ist zu lesen: »Die Majestät dieses Gottes fuhr gen Himmel im Jahre 4 [des Darius], am vierten Tag des ersten Monats der Jahreszeit der Ernte.« Mit der ›Majestät dieses Gottes‹ ist jener Apis-Stier gemeint, den Kambyses angeblich mit seinem medischen Kurzschwert tödlich verwundet haben sollte. Dieser ruchlose Frevel hatte die Ägypter auf alle Zeiten hinaus gegen Kambyses erbittert. In Wahrheit starb dieser Apis, wie die Stele erweist, eines friedlichen Todes, und zwar am 31. August 518. Kurz darauf traf Darius selber in Memphis ein.

Zwar war der Großkönig schon im zeitigen Frühjahr aus Elam aufgebrochen. Er rückte indes nur langsam durch Syrien, Palästina und Arabien vor, um diese Satrapien fester dem Reichsverband einzugliedern. Gerne wüßte man, ob er sich in Jerusalem vom Fortschreiten des Tempel-Neubaues überzeugt hat, für den er aus dem syrischen Steueraufkommen die nötigen Mittel bewilligt hatte. Wahrscheinlicher ist, daß Darius der Mittelmeerküste entlanggezogen ist.

Von Gaza aus wählte er wegen der Nilüberschwemmung den Weg nicht durch das Delta, sondern südlich durch die Arabische Wüste. Den dortigen Scheichen legte er zwar keine Barsteuern auf; doch zinsten sie alljährlich große Mengen Weihrauch (Herodot spricht von dreißig Tonnen, was stark übertrieben erscheint) und wohl auch Myrrhen. Tafel 19 zeigt ein Bruchstück eines spätachämenidischen Flachbildes aus Persepolis mit zwei arabischen Gabenbringern. Die seltsam geformten, waagrecht gehaltenen Amphoren dürften Weihrauch oder Myrrhen enthalten haben. Die arabische

Abordnung am Darius-Palast bringt als Geschenke für den Großkönig ein Dromedar sowie feine Gewänder.
Anfang September 518 traf Darius, über das Wâdi Tumilât von Osten her kommend, wie schon erwähnt in Memphis ein. Wegen des verstorbenen Apis-Stieres fand er das ganze Volk der ägyptischen Hauptstadt in Trauer. In kluger Einschätzung der Stimmung setzte der Großkönig sogleich eine riesige Belohnung für denjenigen aus, welcher den neuen Apis ausfindig machen würde. Sie soll angeblich hundert Talente Gold betragen haben, was unmöglich ist. Denn dieser Betrag – umgerechnet rund neun Millionen Goldmark – wäre fast doppelt so hoch gewesen wie das ganze jährliche Steueraufkommen des reichen Ägyptens. Gleichviel, die Belohnung muß gewaltig gewesen sein, und sie erweckte den hellen Jubel der Ägypter, die Darius als wahrhaft frommen Pharao priesen.
Wahrscheinlich hat der Großkönig im Grunde seines Herzens die Ägypter belächelt, die einen Stier als Gottheit verehrten. Aber er war klug genug, sich bei der Priesterschaft als der eigentlichen geistigen Macht des Landes in Gunst zu setzen. So heißt es auf der erwähnten Stele auch: »Tatsächlich hat Seine Majestät [Darius] den Apis mehr geliebt als irgendein König.« Zwei Monate danach, am 9. November 518, wurde der verblichene Apis »in Frieden nach dem schönen Westen geleitet, und man barg ihn in der Totenstadt [zu Memphis], an jener Stätte, die Seine Majestät [der Großkönig] in einmaliger Weise ihm bereitet hatte, nachdem alle Zeremonien im Einbalsamierungssaal vollführt waren. Seine Majestät hat ihn verherrlicht, so wie Horus seinen Vater Osiris verherrlicht hat.« Darf man aus diesen schwülstigen Sätzen folgern, daß Darius sogar persönlich an der Beisetzung des Apis teilgenommen hat?
Jedenfalls unternahm der Großkönig alles, um die den Ägyptern verhaßte Politik des Kambyses vergessen zu machen. Der treue Udja-hor, der ihm vermutlich auch den Gedanken mit der riesigen Belohnung eingegeben hatte, ersann für Darius den Pharaonen-Namen ›Strahl des Sonnengottes‹. Erst durch einen solchen Thronnamen wurde er für die Ägypter zum gesetzlichen Herrscher. Auch dürfte Darius in Sais die von Udja-hor neuerrichtete Ärzteschule besichtigt haben. Als er ihn im Vorjahr von Susa aus nach Ägypten entsandt hatte, ließ er durch den ihn geleitenden Königsboten seinen Satrapen Aryavanda beauftragen, die führenden Militärs, Priester und Schriftgelehrten Ägyptens zusammenzurufen, damit sie die alten ›Gesetze‹ des Landes bis zur persischen Eroberung (525) herab sammelten und aufschrieben.
Dieser seinem Satrapen anvertraute Angelegenheit nahm sich Darius jetzt persönlich an; denn er war, wie Diodor zu berichten weiß, »entrüstet über

die Gesetzlosigkeit, die sein Vorgänger Kambyses in Ägypten an den Tag gelegt hatte. Darius suchte die Gesellschaft der Priester und beteiligte sich an ihren frommen Studien und an der Erforschung der in ihren heiligen Büchern niedergelegten geschichtlichen Ereignisse.« Die Geschichte der alten Pharaonen habe auf Darius einen tiefen Eindruck gemacht, und er habe diesen Herrschern nachgeeifert. (Vor allem aber hat der Großkönig den Tempeln ihre früheren Vorrechte und hohen Einkünfte erneut bewilligt.) »Aus diesem Grunde wurde Darius von den Ägyptern hoch geehrt.« Dies bestätigt auch die sogenannte Demotische Chronik: »Ihm gehorchten die Gaue des ganzen Landes wegen der Güte seines Herzens.«
Bei der Sammlung der ägyptischen Gesetze handelte es sich vornehmlich um die Stiftungs- und Befreiungserlasse, welche die früheren Pharaonen den Tempeln gewährt hatten und die von Kambyses großenteils aufgehoben worden waren. Als alle diese Verfügungen gesammelt waren, »schrieb man sie in eine Papyrusrolle bis zum Jahre 19« (des Darius = 503 v. Chr.). Die Kodifizierungsarbeit ging aber anscheinend bis zu seinem 27. Jahre weiter, also bis 495. »Man fertigte auf Papyrus eine Abschrift an in syrischer Schrift und in [ägyptischer] Briefschrift« – also in Aramäisch und Demotisch. Auf solche Weise ging Darius als letzter der sechs ägyptischen Gesetzgeber in die Geschichte ein[45].

Das Gold des Industales

Nachdem Darius im Laufe des Jahres 517 nach Iran zurückgekehrt war, bereitete er einen Feldzug nach Osten vor. Nicht nur sollte das aufständische Sattagydien wieder unterworfen werden, sondern ihm schwebte zugleich die Eroberung von Sind vor, die Kyrus nicht mehr gelungen war.
Darius zog, wahrscheinlich im Frühjahr 516, von Elam aus über Medien, Parthien, Chorasmien, Areia (Herât) nach Baktrien, wo ihn sein getreuer Satrap Dâdrshish empfing. Den Winter verbrachte der Großkönig in den

Tafel 29: Der Apadâna (Audienzpalast) des Darius in Persepolis. Rekonstruktion von Friedrich Krefter.

Tafel 30: Die Ostseite von Treppe und Unterbau des Apadâna oder Audienz-Säulenpalastes des Darius in Persepolis. Rechts der Hofstaat, links die Gabenbringer von 23 Völkerschaften. In der Mitte befand sich ursprünglich das Flachbild des thronenden Darius, das wahrscheinlich von Xerxes in das Schatzhaus übergeführt worden ist.

31

warmen Niederungen der Satrapie Gandhâra ostwärts von Kabul, schon im heutigen Pakistan.

Im Frühjahr 515 machte sich Darius an die Unterwerfung der Sattagyden, die 522 von ihm abgefallen waren. Die Lage der Satrapie Sattagydien (persisch *Thatagush* = ›[Land der] hundert Rinder‹) ist umstritten. Am Grabfelsen des Darius bei Persepolis trägt der Thronträger aus Sattagydien genau dieselbe Kleidung wie die Vertreter von Gandhâra und Sind, nämlich lediglich eine Art Lendenrock. Alle drei Völker siedelten somit im Tiefland. Daher dürfte Ernst Herzfeld das Richtige getroffen haben, der Sattagydien ungefähr mit dem Pandjâb gleichsetzte, also mit dem Gebiet um das heutige Lahore, zwischen Indus und Beas. Als Alexander im Jahre 326 über den Beas hinweg nach Osten vordringen wollte, verweigerten ihm seine Makedonen den Gehorsam. Sie waren bereit gewesen, für Alexander das gesamte einstige Reichsgebiet der Achämeniden zu erobern; aber darüber hinaus wollten sie unter keinen Umständen marschieren. Der Beas bezeichnet daher höchstwahrscheinlich die östlichste Grenze des Darius-Reiches.

Vom Pandjâb aus unternahm der Großkönig die Eroberung auch von Sind, also des südlich an Sattagydien anstoßenden Gebietes westlich des Indus bis zum Indischen Ozean. Damit fügte er dem Reich eine neue Satrapie hinzu. Hauptanreiz für diesen Feldzug dürfte der Goldreichtum Sinds gewesen sein. Sitz des Satrapen von *Hindush,* wie die Perser dieses Land nannten, wurde eine von Darius begründete Königsfestung am Indus südlich des heutigen Multan.

Herodot berichtet, als volkreichste Satrapie habe Sind jährlich 360 Talente Goldstaub zu zinsen gehabt. Dieses Steueraufkommen ergibt umgerechnet rund 30 Millionen Goldmark. Da ein Schaf in Iran damals 5,40 Goldmark kostete, hätte Darius mit dieser Summe mehr als fünfeinhalb Millionen Schafe kaufen können. Oder er hätte, da ein Söldner monatlich 24 Goldmark bezog, mehr als hunderttausend Mann Hilfstruppen anwerben können. Wahrscheinlich gab dieser riesige Goldzufluß dem Großkönig den Gedanken ein, eigene Goldmünzen prägen zu lassen, die dann nach ihm Dareiken (persisch *Dârayaka*) genannt wurden; vorläufig begnügte er sich jedoch noch mit den von Kroisos in Umlauf gebrachten lydischen Gold-Stateren. Tafel 20 zeigt einen Inder aus der Gabenbringer-Abordnung von Sind an der Apadâna-Ostmauer zu Persepolis: die Schwere

Tafel 31: Das Empfangs-Königstor des Darius in Persepolis.

der an einem Tragbalken hängenden Last deutet darauf hin, daß sich in den vier Gefäßen eben der begehrte Goldstaub befand.
Mit der Eroberung der neuen Satrapie Sind verknüpft sich eine geographische Großtat des Darius.
Vor seiner Rückkehr auf das iranische Hochland beauftragte er nämlich den Karer Skylax aus Karyanda, mit einigen persischen Kriegsschiffen die gesamten Küsten des Reiches zu erkunden und darüber einen Bericht zu erstatten. Karien, die Südwestecke Kleinasiens, stellte – neben Phönikien – dem Perserreich einen Großteil seiner Seeleute und Marinekenner. Ganze Scharen von Karern hatte Darius an den Persischen Golf umgesiedelt, damit sie dort die persische Schiffahrt organisierten und in Banneshu (beim heutigen Chorramshahr) einen Hafen errichteten. Auch als die für den Palastbau zu Susa benötigten Zedernstämme euphratabwärts nach Babylon gelangten, war es Aufgabe dieser Karer (neben zwangsumgesiedelten Ioniern), das Bauholz bis nach Susa zu flößen – das wurde oben schon angedeutet. Jetzt, im Herbst 515, erhielt der karische Kapitän Skylax von Darius den ›Forschungsauftrag‹ seines Lebens.
Skylax brach zu seiner Erkundungsreise noch von Gandhâra aus auf. Er fuhr den Kabul-Fluß stromab nach Osten bis zu dessen Einmündung in den Indus, und von da ab südwärts auf diesem Strom bis zum Indischen Ozean. Sorgfältig führte Skylax Buch über alles, was er unterwegs beobachtete. Eine solche Eintragung lautete beispielsweise: »Von da ab säumen den Indus auf beiden Ufern hohe Hügel, dicht mit Urwäldern und mit Akazien und Platanen bestanden[46].« Damals verlief der Strom allerdings wesentlich weiter östlich als heute, nämlich entlang dem sogenannten Hakra-Kanal.
Beim Indischen Ozean angelangt, erkundete Skylax, nach Westen fahrend, die Küste des Persischen Golfes bis zum ›Karer-Hafen‹ Banneshu. Von da aus unternahm er mutig die Umschiffung ganz Arabiens, bis er nach dreißig Monaten das heutige Suez erreichte. Seine für den Großkönig bestimmte Ausarbeitung veröffentlichte Skylax später in Hellas unter dem Titel ›Umschiffung‹, griechisch *Períplūs*. Leider hat sie sich nicht erhalten; doch nahm Hekataios von Milet sie in sein berühmtes geographisches Werk auf, das zwar gleichfalls verschollen ist, aber von Herodot und anderen ausgeschrieben wurde, so daß sich wenigstens in Umrissen ein Bild von der ursprünglichen Denkschrift des Skylax gewinnen läßt.
Darius hat den karischen Kapitän danach auch mit der Erkundung des Schwarzen und des Kaspischen Meeres betraut, wie er ihm in Indien schon angedeutet hatte. Anscheinend hat Skylax sogar Nordafrikas Küste bis hin zur Meerenge von Gibraltar erforscht. Gewiß hatten die Erkundungsaufträge des Großkönigs einen unmittelbar praktischen Zweck, doch Herodot

bemerkt dazu mit ganz richtigem Empfinden: »Betreffs Asien ist alles Wichtige durch Darius entdeckt worden.« Als Skylax seine Abhandlung in Hellas veröffentlichte, erfuhr dadurch das Abendland zum erstenmal von Indien überhaupt.

Der Feldzug gegen die Skythen Südrußlands

Das Jahr 514 verwandte Darius auf umfassende Rüstungen für einen Kriegszug gegen die Skythen im heutigen südlichen Rußland.
Den Satrapen von Kappadokien, Aryâramna, beauftragte der Großkönig mit der erforderlichen ›bewaffneten Aufklärung‹. Er sollte an der nördlichen Schwarzmeerküste landen und Männer und Frauen zu Kriegsgefangenen machen, um sie aushorchen zu können. Aryâramna fuhr mit dreißig Schiffen, sogenannten ›Fünfzigruderern‹, von Sinope über das Schwarze Meer nach der Krim. Außer einer Schar Kriegsgefangener brachte er auch den Bruder des dortigen Skythenkönigs mit, den dieser in den Kerker geworfen hatte, angeblich, weil er ihre Eltern mißhandelt habe. Die Aussagen der Gefangenen wurden an den Großkönig weitergeleitet, und dieser beschloß nun endgültig, im darauffolgenden Jahr 513 einen großangelegten Feldzug gegen die Skythen ›jenseits des Meeres‹ zu unternehmen.
Über seine Beweggründe ist viel gerätselt worden. Herodot, der zwei Menschenalter später in der Hafenstadt Olbia an der Bug-Mündung Nachrichten über den Darius-Feldzug einholte, meint, der Perserkönig habe damit (nach zwei Jahrhunderten) den Einfall der Kimmerier rächen wollen. Dieser Zweig der Skythen hatte zur Zeit des Mederreiches, unter Kyaxares II., längere Zeit hindurch in Iran die Vorherrschaft ausgeübt. Eduard Meyer hat in der von Herodot gegebenen – so nicht zutreffenden – Begründung den wahren Kern erkannt: Darius wollte der ständigen Gefahr nomadischer Einfälle von Norden her einen endgültigen Riegel vorschieben. Wahrscheinlich bedeutete der Skythenfeldzug in Europa zugleich die Vorstufe einer für später ins Auge gefaßten Unterwerfung von Hellas. Diese mißlang ihm freilich ganz, die Unterwerfung der Schwarzmeer-Skythen fast ganz. »Wie sollten Leute auch nicht unangreifbar sein«, fragt Herodot mit Recht, »die weder Städte noch Mauern kennen, sondern durchweg als Bogenschützen zu Pferd ihre Zelte mitführen, Leute, die nicht vom Ackerbau leben, sondern von ihrem Vieh, und die auf Karren wohnen?« Noch zwei Jahrhunderte später fürchtete Alexander bei seinen Kämpfen mit den Steppennomaden nichts so sehr, als daß es ihm genauso ergehen könnte wie Darius, der wegen seines Mißerfolges von den Hellenen verspottet wurde.

Vergebens drang Rtabânush, einer der Brüder des Großkönigs, in diesen, er solle doch nicht persönlich gegen die Skythen ziehen, die man so schwer zu fassen bekomme. Darius brach im Frühjahr 513 von Susa aus nach Kleinasien auf und marschierte bis zum Bosporus. In der Nähe des heutigen Rumili Hisar hatte Mandrokles, ein Baumeister aus Samos, im Auftrage des Großkönigs eine Schiffsbrücke über den Bosporus erstellt. Darius lobte das Werk des Samiers und überhäufte ihn mit Geschenken. Mandrokles ließ ein Gemälde anfertigen, das den Herrscher auf einem Throne sitzend darstellte, während sich sein Vielvölkerheer gerade anschickte, die Schiffsbrücke zu überschreiten. Später stiftete er dieses Bild dem Heiligtum der Göttin Hera in seinem heimatlichen Samos »zur Erinnerung an diese Schiffsbrükke; indem Mandrokles das Werk vollführte, das König Darius im Sinn gehabt hatte, erwarb er für sich eine Krone, für die Samier aber Ruhm«.
Der Großkönig ließ auf dem europäischen Ufer des Bosporus zwei Stelen aus weißem Marmor errichten, die eine in Persisch, Elamisch und Babylonisch beschriftet, die andere in Griechisch. »Darin erwähnte er«, so berichtet Herodot, »die Namen aller Vöker, die er mit sich führte; und er führte alle Völker mit sich, über die er herrschte.« Die Ionier hatte Darius beauftragt, mit der Flotte ins Schwarze Meer bis zur Mündung der Donau zu segeln und dort eine Brücke über den Strom zu schlagen. Er selbst setzte sich mit dem Landheer dorthin in Marsch.
In Thrakien stieß er nirgends auf Widerstand. Am Tearos angelangt, bewunderte Darius die schöne Gegend dort und ihre Quellen. Er gab Befehl, auch hier eine Stele zu errichten, auf der einen Seite in Keilschrift beschrieben, auf der andern in Griechisch. Nach Herodot, unserem so gut wie einzigem Gewährsmann für den Skythen-Feldzug, habe die Inschrift gelautet: »Zu den Quellen des Tearos mit ihrem schönsten und besten Wasser aller Flüsse kam, als er sein Heer gegen die Skythen führte, der beste und schön-

Tafel 32: Reste des Apadâna oder Audienz-Säulenpalastes des Darius zu Persepolis. Rechts im Hintergrund das ›Tor aller Länder‹, das von Xerxes zu Ende gebaut worden ist.

Tafel 33: Blick auf Persepolis. Im Vordergrund der Hundertsäulen-Palast des Xerxes, von Artaxerxes I. vollendet; links das Schatzhaus und der wiederaufgebaute Harem. Im Mittelgrund rechts der Apadâna des Darius, von dem noch dreizehn Säulen stehen; in der Mitte (am Terrassenrand) der Wohnpalast des Darius, links der Wohnpalast des Xerxes.

32

34

ste aller Sterblichen, Darius, Sohn des Hystaspes, König der Perser und des ganzen Festlandes.« Dies ist griechisch gedacht, nicht persisch. Aber man hat deswegen (irrigerweise) an der Tatsache der Stelen-Errichtung überhaupt gezweifelt: in der Mitte einer eindrucksvollen Doppelquelle in Yene nordwestlich von Bunar Hisar im türkischen Thrakien fand Eckhard Unger 1914 noch den Sockel der Darius-Stele[47]. Dem englischen General A. Jochmus hatte im Jahre 1847 ein Derwisch berichtet, bei Bunar Hisar sei ein Stein mit ›nagelartiger Schrift‹ (Keilschrift) gefunden und zum Bau eines Klosters im Landgut Teke Tshiftlik, eine halbe Stunde östlich davon, verwendet worden. Dieses Landgut ist 1829 von den Russen zerstört worden; vielleicht liegt die Darius-Stele noch immer unter den Trümmern dort verborgen.
Im Gebiet des heutigen Bulgarien leisteten die Geten Widerstand, der vom Perserheer jedoch rasch gebrochen wurde. An der unteren Donau angekommen, setzten die Truppen über den Strom. Die Ionier unter Histiaios von Milet hatten befehlsgemäß eine Schiffsbrücke erstellt, oberhalb des Flußdeltas, unterhalb der Einmündung des Pruth. Darius befahl ihnen, sie sollten die Brücke bewachen und zwei Monate auf seine Rückkehr warten. Sei er dann nicht erschienen, solle die Brücke aufgelöst werden und die Flotte heimkehren.
Offensichtlich war sich Darius über den Ausgang seiner gewaltigen Unternehmung im unklaren. Im günstigsten Falle durfte er hoffen, die ganze europäische Schwarzmeer-Küste zu umrunden und westlich des Kaukasus nach Asien zurückzukehren. Sollten die Skythen jedoch einer Feldschlacht ausweichen, in welcher das Perserheer infolge seiner zahlenmäßigen Überlegenheit unzweifelhaft Sieger bleiben würde, sah er voraus, daß er schon etwa nach Monatsfrist zur Donau hin würde umkehren müssen.
Und so kam es. Die Skythen verfolgten die Kriegskunst der verbrannten Erde. Sie wichen dem Kampfe aus, verschütteten die Brunnen, verwüsteten die Weiden und fügten nach Partisanenart dem Heer der Perser fühlbare Verluste zu, indem sie auf ihren flinken Rossen ständig die Nachzügler, den riesigen Troß, ja auch die Vorausabteilungen mit Pfeilen beschossen. Einen solchen Schwarzmeer-Skythen zeigt Bild 48, eine griechische Marmorfigur vom Westgiebel des Tempels der Aphaia auf der Insel Aegina aus der Zeit um 510 v. Chr. In der Folgezeit hielt sich Athen als Polizei ein Regiment Skythen in ihrer heimischen Tracht; wegen ihrer Bewaffnung nannten die

Tafel 34: Der ›königliche Held‹ bekämpft ein Ungeheuer, Flachbild aus Persepolis.

Athener sie einfach ›Bogenschützen‹. Als Aristophanes im Jahre 411 seine ›Lysistrata‹ uraufführte, betrat sogar eine skythische Polizistin die Bühne . . .
Darius durchzog ganz Bessarabien, mußte aber am Dnjestr unverrichteter Dinge wieder umkehren. Histiaios von Milet war schon im Begriffe gewesen, die Schiffsbrücke über die Donau abzufahren; doch kam der Großkönig nach der Zweimonatsfrist gerade noch rechtzeitig. Einen gewissen Erfolg hat er wohl erzielt, der ihn berechtigte, in seinen späteren Inschriften auch die ›Saken jenseits des Meeres‹ unter den von ihm beherrschten Völkern zu nennen. Auf seinen Stelen in Ägypten aus dem Jahre 496 hat er die europäischen Skythen jedoch nicht mehr aufgeführt – vielleicht weil die heimische Bevölkerung hämisch darüber gelächelt haben würde.
In Byzanz angekommen, übertrug Darius das Kommando seinem General Bagabâdhush mit dem Auftrag, das restliche Thrakien und danach auch das westlich angrenzende Makedonien zu erobern. Dadurch vergrößerte sich das Achämenidenreich um zwei weitere Satrapien. Der Großkönig überwinterte in Sardes, wo er seinen Bruder Rtafarnâh (›Glück der Rechten Ordnung‹) zum Satrapen von Lydien einsetzte. Als Bagabâdhush nach vollzogenem Auftrag in der lydischen Hauptstadt eintraf, wurde er für seine Dienste mit der Satrapie Arachosien belohnt. An seiner Stelle betraute Darius den Helfer Nummer zwei beim Magiermord, Hutâna, den Eroberer von Samos, mit dem Oberbefehl über die persischen Streitkräfte im kleinasiatischen Küstengebiet, und dieser unterwarf zahlreiche Inseln des Mittelmeers.

Die Erbauung des Suezkanales

Im Sommer des Jahres 512 besuchte Darius die Kyruspfalz Pasargadae. Dort überreichte ihm, wie es scheint, Kapitän Skylax, von Suez kommend, den Bericht über seine Küstenerkundung. Der Großkönig erfuhr so, daß man auf dem Seewege von Persien nach Ägypten reisen konnte. Vor seinem inneren Auge entfalteten sich bisher ungeahnte Möglichkeiten des Welthandels und damit des wirtschaftlichen Aufschwungs seines Riesenreiches, und so kam ihm der Gedanke, den Suezkanal zu vollenden, den Pharao Necho (610–595) begonnen, dann aber halb fertig aufgegeben hatte.
Wie stand es in Wirklichkeit um diesen Kanal-Torso? Ganz von seinem neuen Plan befeuert, suchte sich der Großkönig mit den in Pasargadae tätigen ägyptischen Fachleuten zu besprechen, doch ohne Erfolg. Daher machte er sich nach Persepolis auf, »der Stadt, die er am meisten liebte«,

Bild 48: Marmorbildnis eines skythischen Bogenschützen vom Westgiebel des Tempels der Aphaia auf der Insel Ägina aus der Zeit um 510 v. Chr.

wie es in einer ägyptischen Inschrift heißt. Auch hier berief Darius die zahlreichen, beim Bau seiner Pfalz tätigen ägyptischen Baumeister und Künstler zusammen und fragte sie nach dem Stand des unvollendeten Suezkanales. Ihr Sprecher gab jedoch zu, sie hätten Näheres davon weder gesehen noch gehört. Darum beschloß der Großkönig, ein Erkundungsschiff zum Roten Meer zu entsenden und die genaue Lage des Necho-Kanales sowie alle Begleitumstände ermitteln zu lassen.

Inzwischen besichtigte Darius den Stand der Bauarbeiten seiner »geliebten Stadt«. Damals, im Jahre 512, waren gerade die ungeheuren Mauern der Terrasse von Persepolis fertig erstellt. Sogleich benutzte der Großkönig die schöne Fläche der Südmauer, um vier Inschriften auf ihr anbringen zu lassen (Bild 49). Die beiden links sind in persischer Sprache abgefaßt, die zweite von rechts ist elamisch, die ganz rechts babylonisch geschrieben. Der Wortlaut ist im einzelnen verschieden. Nur in der elamischen Inschrift berichtet Darius: »Die Terrasse hier, wo diese Festung errichtet wurde – da war früher keine Festung erbaut gewesen. Nach dem Willen des Allweisen Herrn habe ich diese Festung erbaut. Der Allweise Herr hatte es so gewollt samt allen Göttern, daß diese Festung errichtet wurde, und so habe ich sie fest und schön und stark gebaut, wie ich es wollte. Mich möge der Allweise Herr schützen mit allen Göttern, desgleichen diese Festung und auch diese Terrasse insgesamt. Nichts soll geschehen, was ein treuloser Mensch im Sinne hegt!«

Aus der ersten persischen Inschrift erfahren wir: »Dieses Land Persien, das der Allweise Herr mir verliehen hat, dieses schöne Land, reich an Mannen, reich an Rossen, fürchtet sich nach dem Willen des Allweisen Herrn und nach meinem, des Königs Darius Willen vor keinem.« Gleichwohl bittet der Großkönig Gott, sein geliebtes Persien vor Feindesheer, Mißwachs und der ›Lüge‹ – also vor dem Widersacher Ahriman – zu bewahren. »Nicht möge ein Feindheer noch Mißwachs noch die Lüge dieses Land heimsuchen – dies erflehe ich als Gunst vom Allweisen Herrn; dies soll mir der Allweise Herr schenken samt allen Göttern!« In der anschließenden zweiten persischen Inschrift führt Darius seine europäischen Neueroberungen zwar an, doch noch ungenau, indem er nach den Ioniern des Festlandes und der Seegebiete einfach die ›Länder jenseits des (Schwarzen) Meeres‹ erwähnt. Erst einige Jahre später erscheinen diese Länder klar umrissen als Thrakien (›Skudra‹) und Makedonien = ›(Land der) Petasos-tragenden Ionier‹, wobei unter dem Petasos die den Makedonen eigene besondere, einem Schild ähnliche Kopfbedeckung zu verstehen ist.

Im Jahre 510 erstattete der Kapitän des ins Rote Meer entsandten Erkundungsschiffes dem Großkönig Bericht über den Zustand des unvollendeten

Necho-Kanales. Leider ist dieser Bericht nur ganz verstümmelt auf uns gekommen; doch ist darin von viel Sand die Rede und von der Notwendigkeit, Brunnen zu bohren, um Trinkwasser zu beschaffen. Die Hauptsache aber war die Feststellung: um den von Pharao Necho begonnenen Kanal fertigzustellen, müsse noch eine Strecke von umgerechnet 84 Kilometern ausgehoben werden.

Daraufhin gab Darius gemessen Befehl, dieses für damalige Zeiten wahrhaft gigantische Unternehmen durchzuführen. Der Großkönig mochte dabei nicht nur an die erfreulichen wirtschaftlichen Auswirkungen des Wasserweges vom Mittelmeer zum Arabischen Meer, Persischen Golf und Indischen Ozean denken, sondern sich auch sagen, die glückliche Vollendung dieses Werkes werde bei seinen Untertanen großen Eindruck machen und die Erinnerung an den nicht eben glückhaften Skythenfeldzug in Südrußland verblassen lassen.

Bild 49: Inschriften des Darius an der Südmauer der Terrasse von Persepolis; die beiden links sind persisch abgefaßt, die dann folgende elamisch, die ganz rechts akkadisch (babylonisch).

Auf dem Kanal konnten nebeneinander zwei Trieren oder Dreiruderer segeln, wodurch sich dessen Breite auf etwa 45 Meter errechnet. Schätzen wir die Tiefe des Kanals auf etwas mehr als drei Meter, so bedurfte es für eine Strecke von 84 km eines Erdaushubs von zwölf Millionen Kubikmetern! ... Satrap Aryavanda muß, um dem Befehl des Darius Genüge zu tun, ein Riesenheer ägyptischer Arbeiter aufgeboten haben, denen es gelang, das Werk in rund zehn Jahren zu vollenden. Im Jahre 498 v. Chr. wurde der erste Suezkanal fertiggestellt. Im Jahr darauf trat der Großkönig mit seinem gesamten Hofstaat von Susa aus seine dritte Ägyptenreise an, um den Kanal feierlich einzuweihen[48].

Dabei kümmerte es ihn wenig, daß damals in Ionien noch immer ein Aufstand schwelte, der zwei Jahre zuvor, 499, ausgebrochen war.

Persiens Statthalter in Milet, Aristagoras, war von seinem Schwiegervater Histiaios zum Abfall angestachelt worden, von jenem Milesier, der 513 für Darius die Brücke über die Donau erstellt hatte und den der Großkönig in ehrenvoller Stellung in Susa festhielt. Vergebens suchte Hekataios, der berühmte Geograph, seine milesischen Landsleute von dem Aufstandsplan abzubringen, indem er ihnen auf seiner bronzenen ›Landkarte‹ die schier unermeßliche Größe des Achämenidenreiches vor Augen führte. Sparta zwar weigerte sich, mitzumachen, aber Athen sandte den Ioniern zwanzig Kriegsschiffe. »Diese Schiffe waren der Anfang eines Unheils, das Hellenen und Barbaren gleichermaßen traf«, bemerkt wehmütig dazu Herodot. Denn zeitlebens verübelte Darius den Athenern ihre Beteiligung am Ionischen Aufstand, und so kam es zu den Kriegen zwischern Persern und Griechen, die für beide Völker verhängnisvoll wurden.

Aristagoras, der Führer des Ionischen Aufstandes, entsandte im Jahre 499 seine ganze Streitmacht über Ephesos, wo die Schiffe zurückblieben, zu einem Handstreich gegen die lydische Hauptstadt Sardes. Der Satrap über das westliche Kleinasien, Rtafarnâh, ein Bruder des Großkönigs, zog sich mit seinen Garden vor der feindlichen Übermacht in die Hochburg von Sardes zurück und rief persische Verstärkungen herbei. Die aufständischen Ionier steckten die Stadt in Brand, deren Häuser zumeist aus Schilfrohr erbaut waren oder zumindest Dächer aus Schilfrohr besaßen, mußten dann aber weichen und wurden bei Ephesos von den Persern geschlagen.

Jetzt zog Athen enttäuscht seine Hilfstruppen ab. Die Ionier führten ihren Aufstand allein fort, vornehmlich im westlichen Küstengebiet Kleinasiens. Sie gewannen auch die Karer für sich und konnten mit ihrer Flotte sogar Byzanz und den Hellespont erobern. Darius entsandte nun Histiaios nach Ionien in der trügerischen Hoffnung, dieser werde die Aufstandsbewegung eindämmen, die er doch heimlich selber angezettelt hatte. Die Feldherren

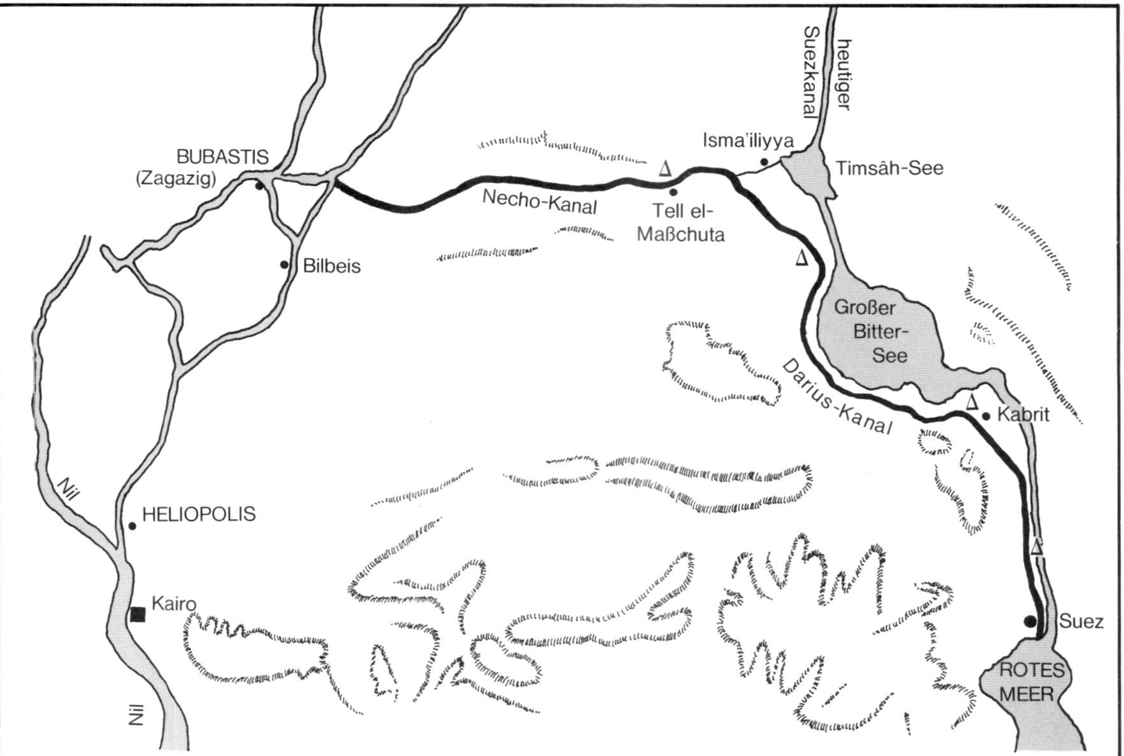

Kartenskizze 7: Verlauf des Suezkanales des Darius; Δ = Darius-Stelen. (Nach J. Ménant, Recueil de travaux 9 [1887] S. 133.)

des Großkönigs konnten zunächst nur Teilerfolge erringen. Doch Darius vertraute darauf, daß sein Bruder Rtafarnâh von Sardes aus schließlich obsiegen werde, und damit behielt er recht. Aristagoras mußte aus Milet fliehen und kam 496 in Thrakien um. Die ionische Hauptstadt wurde 494 von den Persern belagert, erobert und verwüstet, der Aufstand im Jahre darauf überall blutig erstickt, Histiaios gefangen und auf Befehl Rtafarnâhs hingerichtet. –

Im Frühjahr 497 also war Darius von Susa aus nach Ägypten gezogen, um den Suezkanal einzuweihen.

Dessen Verlauf zeigt Kartenskizze 7. Der Kanal ging vom Nil bei Bubastis (heute Zagazig) nördlich vom heutigen Kairo aus, also nicht – wie derzeit – vom Mittelmeer, und folgte zunächst dem alten Necho-Kanal ostwärts bis in die Gegend des heutigen Isma'iliyya. Er mündete aber nicht in den Timsâh-(›Krokodil‹-)See ein, sondern wandte sich vorher nach Südosten, umrundete den Großen Bittersee und verlief dann westlich vom heutigen Kanal gen Süden bis nach Suez und ins Rote Meer. Somit hatte der Darius-Ka-

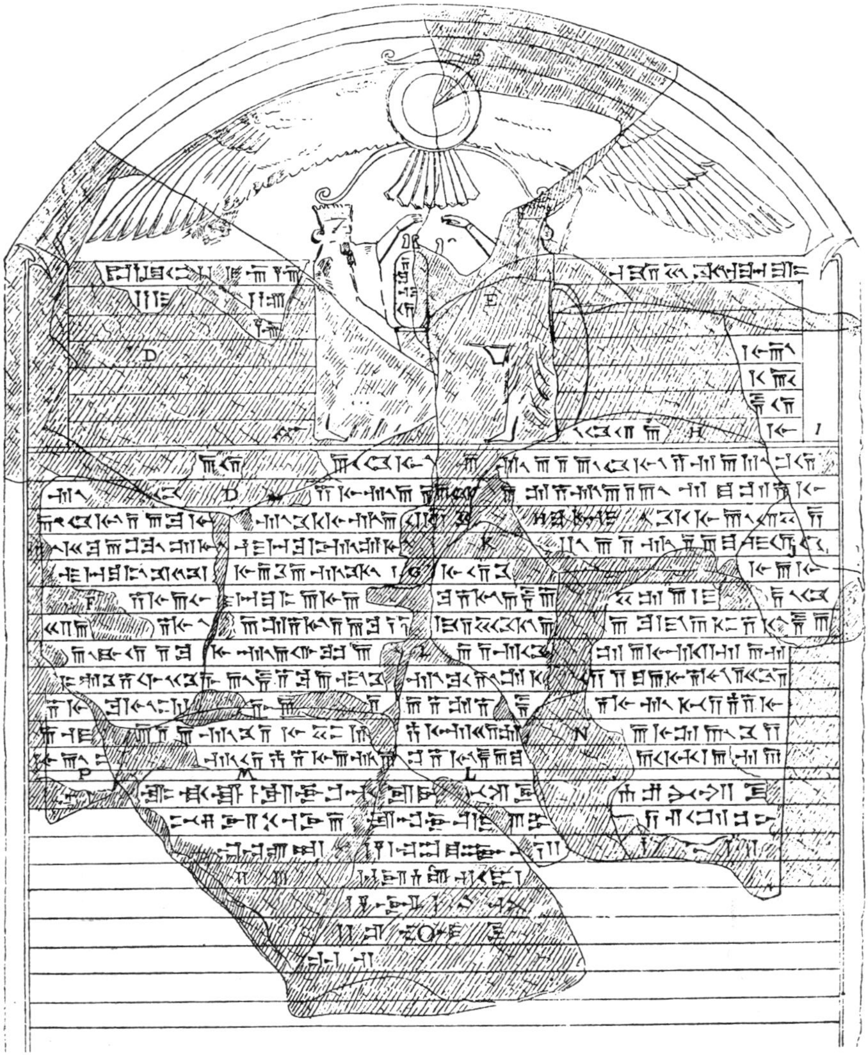

Bild 50: Darius-Stele von Kabrit in der Zeichnung von J. Ménant. Unter dem Sinnbild des Allweisen Herrn erscheint Darius doppelt, die Rechte anbetend erhoben. In dem Oval vor dem Großkönig links steht in altpersischer Keilschrift sein Name. Hinter der ganz verwischten Königsgestalt rechts enthalten sieben Zeilen in persischer Keilschrift das Königsprotokoll, links standen entsprechend vier Zeilen Elamisch und drei Zeilen Babylonisch. Die eigentlichen Inschriften beginnen mit zwölf Zeilen persischen Textes. Von der darunter stehenden elamischen Fassung sind nur sieben Zeilen erhalten, von der abschließenden babylonischen Fassung ist alles zerstört.

nal im Gegensatz zum heutigen Kanal, der durch die Bitterseen hindurchgeht, anscheinend nur – vom Nil stammendes – Süßwasser geführt, was die Schiffahrt sehr erleichterte. Von Bubastis bis nach Suez benötigte man damals vier Tagereisen.

Näheres über das große Unternehmen erfahren wir von Darius selbst. Auf Anhöhen seitlich des Kanales, von den Schiffen aus gut sichtbar, hat er über drei Meter hohe Stelen aus rosa Granit errichten lassen. Auf der einen Seite trugen sie Keilinschriften, nämlich in Persisch, Elamisch und Akkadisch (Bild 50); auf der andern Seite befand sich eine Inschrift in ägyptischen Hieroglyphen (Bild 51). Heute sind Reste von nur noch drei Stelen erhalten, eine vierte ist verschollen, doch mögen es einst erheblich mehr gewesen sein.

Die Keilschrift-Fassungen lauten nach Lobpreis Gottes und Herrscherprotokoll: »Kündet Darius der König: Ich bin *Perser.* Von Persien aus habe ich Ägypten in Besitz genommen. Ich hatte befohlen, diesen Kanal zu graben von dem Nil-Strome aus, der in Ägypten fließt, hin nach dem Meere, das von Persien ausgeht. Da wurde dieser Kanal ausgeschachtet, wie ich es befohlen hatte, und Schiffe fuhren von Ägypten durch diesen Kanal nach Persien so, wie es mein Wunsch und Wille war.«

Die viel ausführlichere Fassung in Hieroglyphen weicht gänzlich ab. Es ist ein Jammer, daß von ihr bloß unzureichende Bruchstücke erhalten geblieben sind, aus denen man den geschichtlichen Sachverhalt nur ahnungsweise herauslesen kann.

Zur Einweihung des Suezkanales hatte Darius, wie die ägyptische Fassung berichtet, zahlreiche Fürsten und Würdenträger eingeladen. Die Feier fand im Sommer des Jahres 497 statt, ein Jahr nach der Fertigstellung. Jemand – vielleicht gar der greise Udja-hor? – hielt eine Festansprache da, wo der Kanal bei Bubastis begann. »Du bist ... König für die Ewigkeit«, heißt es in der Hieroglypen-Inschrift. »Dein Befehl ... Sand ...«, was wohl besagen will: »Durch Deinen Befehl ist mitten durch Sand und Einöde dieser Kanal gegraben worden.« Dann geht es, wieder deutlich lesbar, weiter: »Seit Menschengedenken hatte man dort nie Wasser gefunden, man mußte [Trinkwasser] mitführen. Deine Majestät hat das erreicht, und jetzt fahren dort Schiffe. Was Deine Majestät ausspricht, das wird Wirklichkeit, genauso, wie alles sich erfüllt, was aus dem Munde des Sonnengottes Rê ausgeht.« Nach dieser Lobeshymne heißt es: »Da befahl Seine Majestät: ›Lasset dies alles auf Stelen einmeißeln ...!‹« und, nach einer Lücke: »Alles wurde gemäß dem Willen Seiner Majestät ausgeführt.« Die ägyptischen Inschriften enden mit dem Wunsch, Darius möge ewig leben und lange regieren. Ihr letzter Satz lautet: »Etwas Derartiges hat es niemals je gegeben.«

Nach beendeten Ansprachen betrat der Großkönig, so dürfen wir vermuten, gefolgt vom Kronprinzen Xerxes, das vorderste Schiff des ersten Geleitzuges, der den Suezkanal durchsegelte. Den noch von Kambyses eingesetzten Satrapen Aryavanda hatte Darius wegen Untreue abgesetzt und hinrichten lassen; sein Nachfolger war Farnadâta geworden, dessen ihm verliehenes Darius-Siegel in Bild 44 wiedergegeben ist. Im Gefolge des Großkönigs befanden sich gewißlich auch sein Schwiegervater und Lanzenträger Gaubarva; sein Kämmerer, der Meder Aspatshanâh; sein Hofmarschall Farnaka, ebenfalls ein Meder (Bild 32), sowie zahlreiche weitere Würdenträger.

Dann setzte sich der aus vierundzwanzig Schiffen bestehende Geleitzug hinter dem Flaggschiff nach Osten hin in Bewegung. Wahrscheinlich ist Darius auf seiner Triere bis nach Suez mitgesegelt. Um unserer Vorstellungskraft ein wenig aufzuhelfen, wage ich es, in T. 24 jene Nachbildung eines achämenidischen Dreiruderers zu bringen, der im Oktober 1971 anläßlich der 2500-Jahr-Feier Irans vor den Augen der erstaunten Zuschauer an der Terrasse von Persepolis vorbeiglitt ... Von Suez aus fuhren die Schiffe mit ihrer kostbaren Ladung, nämlich mit den Steuererträgnissen der Satrapie Ägypten, Arabiens Küsten entlang bis zum Persischen Golf beim heutigen Chorramshahr. Die ägyptischen Inschriften berichten, daß die Schiffe wohlbehalten dort anlangten; die Stelen dürften also im Jahre darauf (496) eingemeißelt worden sein.

Darius verbrachte den Winter 497/496 in Ägypten. Rastlos tätig kümmerte er sich um die Verwaltung des Landes, die der ungetreue Aryavanda vernachlässigt hatte, sowie um die von ihm verfügte Sammlung der ägyptischen Gesetze. Auch unternahm er Reisen im Lande.

Eine solche führte ihn 496 tief in den Süden, in die Libysche Wüste. Als der Großkönig, vom Nil kommend, nach fünftägigem Kamelritt die berühmte Oase Chârga erreicht hatte, wurde ihm berichtet, die Wasserführung der Oase habe stark nachgelassen. Auf seinen Befehl wurden aus Persien Meister der Bewässerungskunst geholt, die im weichen Sandstein dort unterirdische Kanäle gruben, jene unschätzbaren Qanâte, welche die Perser einst, wie in Kapitel 2 erwähnt, bei den Urartäern am Blausee kennengelernt und dann nach der Persis verpflanzt hatten. Zahlreiche der damals in der Oase

Bild 51: Darius-Stele von Tell el-Maßchuta in der Zeichnung von G. Posener. Im Oberteil zwei Fruchtbarkeits-Gestalten; zwischen ihnen die Kartusche mit dem Darius-Namen unter dem Sinnbild des Allweisen Herrn. Im Mittelteil zweimal zwölf Vertreter der Völker des Achämenidenreiches, ganz links der ›Skythe der Marschen und der Steppen‹.

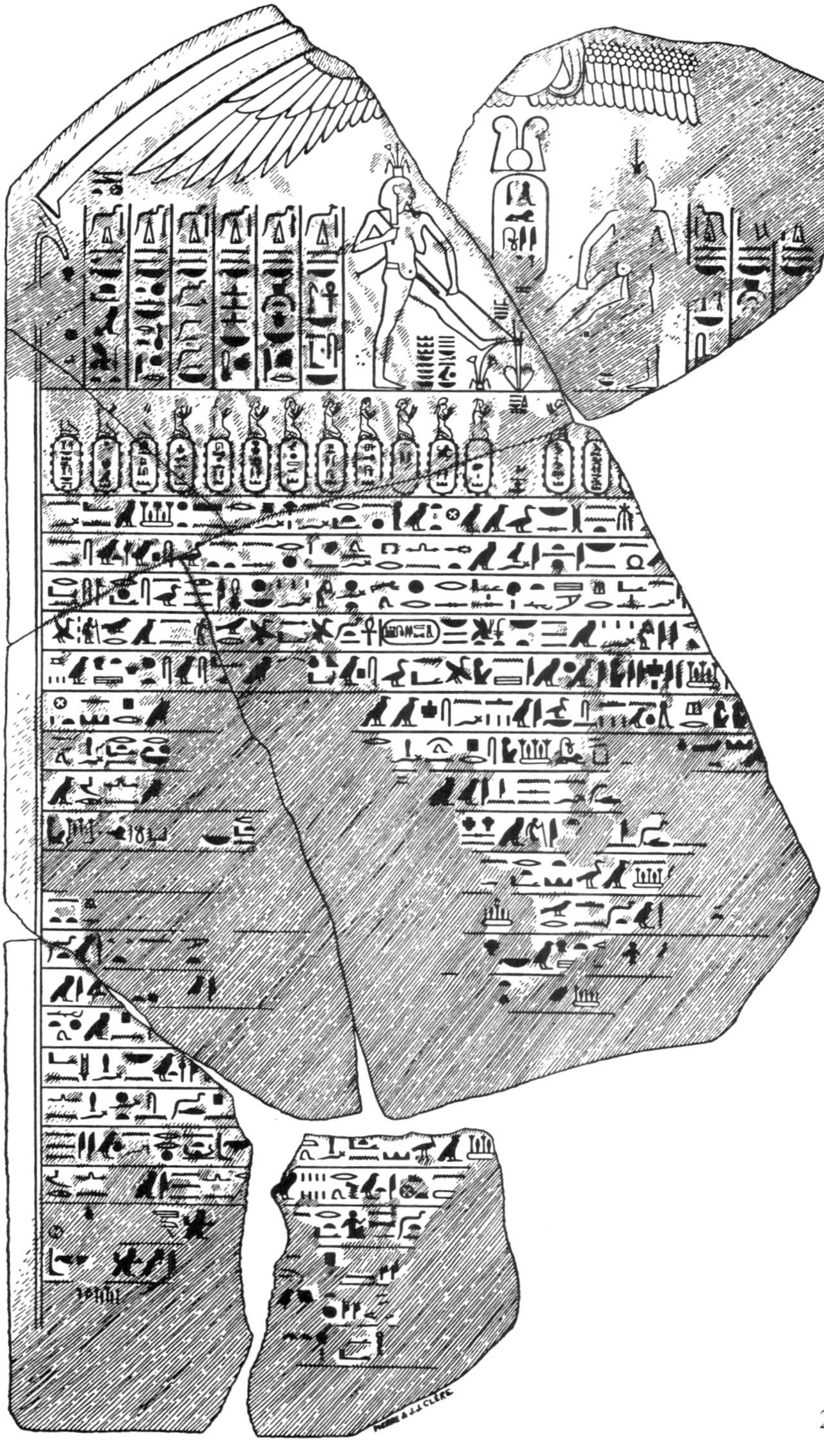

Chârga angelegten, oft über 120 Meter tiefen Qanâte sind noch heute in Betrieb, wenn zum Teil auch in vermindertem Maße; einige von ihnen liefern jedoch selbst gegenwärtig noch ununterbrochen zwei- bis dreitausend Liter Wasser je Minute.

Noch ein zweites Werk des Darius zeugt von seinem Aufenthalt in Chârga im Jahre 496: der aus nubischem Sandstein aufgeführte Hibis-Tempel (Bild 52). Dieses Gott Amon von Theben geweihte, verhältnismäßig sehr gut erhaltene Bauwerk enthält ausführliche ägyptische Inschriften in Hieroglyphen, meist in blau auf dem weißen Verputz. Die älteste Urkunde befindet sich an der Rückseite des Tempels; sie nennt Darius als Stifter und bildet ihn auch in ägyptischem Stil ab, allerdings ohne Uräus-Schlange, das eigentliche Zeichen der Pharaonenwürde. Der Tempel ist 44 Meter lang, 19 Meter breit; die Räume sind nach dem ägyptischen Tempelschema angeordnet. In zwölf Meter Abstand von der Ostwand des Vorraumes steht ein kleiner, wohlerhaltener Pylon, über und über mit Abbildungen und Inschriften bedeckt. Auf einer bronzenen Türangel ist in persischer Keilschrift vermerkt: »Darius der Großkönig, König der Könige.« Sein Urenkel Darius II. hat den Tempel im Jahre 424 erneuert und vollendet[49].

Bei der Einweihung des Suezkanales durfte sich Darius – er war damals dreiundfünfzig Jahre alt – auf dem Höhepunkt seiner Macht und seines herrscherlichen Wirkens fühlen. Etwas von diesem Hochgefühl als Weltreichherrscher persischer Abkunft ahnt man aus den schon angeführten Sätzen, mit denen Darius vom Kanalbau berichtete: »Ich bin *Perser.* Von Persien aus habe ich Ägypten in meine Gewalt gebracht.« Aus diesem Hochgefühl heraus gab er damals auch Befehl, in den größten Tempeln des Landes Standbilder von ihm aufzustellen. Bis vor wenigen Jahren wußten wir von dieser Maßnahme nur durch eine Notiz Herodots. Danach habe in Memphis der ägyptische Oberpriester eingewandt, die Darius-Statue dürfe aber keinesfalls vor die des – halb sagenhaften – Sesostris gestellt werden, weil dieser durch seine Siege über die Skythen Größeres geleistet habe als Darius. Das mag freilich auf sich beruhen. Bei den französischen Freilegungsarbeiten in Susa wurde nun aber Weihnachten 1972 eine solche Darius-Statue ans Licht geholt – das erste erhaltene Rundsteinbild eines Achämeniden überhaupt. Der völlig unerwartete Fund war eine archäologische Sensation ersten Ranges. Die – leider kopflose – Statue stammt aus dem Tempel von Heliopolis. Ihre Keilinschriften (persisch, elamisch und babylonisch) auf dem rechten Gewandteil des Großkönigs lauten (T. 22): »Der Große Gott ist der Allweise Herr, der diese Erde schuf, der jenen Himmel schuf, der den Menschen schuf, der die Freude schuf für den Menschen, der den Darius zum König machte. Dies ist die steinerne Statue, die

Bild 52: Der von Darius im Jahre 496 in der Oase Chârga gestiftete Hibis-Tempel, nach einer Zeichnung von Philipsborn.

der König Darius in Ägypten anfertigen ließ, damit der, welcher sie nachmals erblickt, sich bewußt sei, daß der *Perser-Mann* Ägypten besetzt gehalten hat.« Bei aller auf Gewinnung der Ägypter abzielenden Politik macht Darius hier doch keinerlei Hehl aus seinem Selbstbewußtsein als Weltherrscher *persischer* Abkunft. Die Inschrift schließt mit den Worten: »Ich bin Darius der Großkönig, König der Könige, König der Länder, König auf dieser großen Erde, des Vishtâspa Sohn, der Achämenide. Kündet Darius der König: Mich schütze der Allweise Herr und mein Werk.«

Wie bei den Suezkanal-Stelen ist auch bei dem Darius-Standbild der ägyptische Wortlaut viel ausführlicher. Er bedeckt nicht nur die linke Gewandhälfte, sondern auch den elamischen Dolch, die Gürtelschleife und die vier Seiten des Statuensockels. Seine Abfassung hat Darius jedoch offensichtlich den ägyptischen Schriftgelehrten überlassen. Es sind schwülstige, langatmige Wendungen ohne eigenpersönliche Züge. Sie enthalten einen Lobpreis der Götter und des Großkönigs, der als Herr von Ober- und Unterägypten und als oberster Gebieter der gesamten Erde bezeichnet wird. Der einzige menschlich-lebendige Zug ist in den Anfangssätzen enthalten, wo es von Darius heißt: ». . . der in den Herzen der Menschen Furcht erweckt und jedem, der ihn erblickt, als Herr der Macht erscheint.«

Allein, diese Macht wurde von den Ägyptern schon zehn Jahre danach angefochten. Satrap Farnadâta wurde 486 v. Chr. ermordet; das Land wagte es, von Darius abzufallen, weil die Perser bei Marathon besiegt worden waren. Xerxes hat dann – wohl schon im Jahre 485 – zwei der Standbilder seines Vaters aus den ägyptischen Tempeln nach Susa geholt, vielleicht aus der Befürchtung heraus, die Ägypter könnten sie zerstören. Die Möglichkeit, sie nach Iran zu befördern, war ja durch den Suezkanal gegeben. Die in Susa aufgefundene Statue stammt wie erwähnt aus dem Tempel von Heliopolis, das durch einen Kanal mit dem Nil verbunden war; die zweite mochte die aus Memphis sein. Jedenfalls wurden die beiden Standbilder auf ein Schiff geladen und bis unter die Mauern von Susa befördert. Dort verwandte Xerxes sie zum Schmuck des großen Tores, das zum Palast Zutritt gewährte, aber – wie sein Gegenstück in Persepolis – beim Tode des Darius noch nicht vollendet war. Von dem Darius-Standbild an der linken Seite der Innentüröffnung fand sich leider keine Spur mehr[50].

Abendliche Schatten: Marathon

Im Jahre 495 feierte Darius das Neujahrsfest zu Frühlingsbeginn wieder in seinem geliebten Persepolis. Den darauffolgenden Winter verbrachte er nach seiner Gewohnheit in Susa. Von dort aus traf er umsichtig die Zurüstungen für einen großen Feldzug gegen Hellas, im besonderen gegen Athen, das für seine Beteiligung am Ionischen Aufstand büßen sollte.

Mit der Führung betraute er Mrdunya, einen Sohn seines Lanzenträgers Gaubarva, den Mardonios der Griechen; ihn hatte Darius mit seiner Tochter Rtazaushtrish vermählt. Im Frühjahr 492 zog Mrdunya mit Heer und Flotte zugleich ins Feld. Doch ein Sturm vernichtete einen großen Teil seiner Schiffe, als diese versuchten, die Felswand des Athos zu umsegeln. Das Landheer vermochte gegen den Widerstand der Makedonen nur langsam vorzurücken. So mußte Mrdunya, selber verwundet, nach der völligen Unterwerfung Makedoniens umkehren.

Daraufhin vertraute Darius die Leitung des Zuges gegen Hellas dem medischen General Dâtish an. Ihm ordnete der Großkönig den Prinzen Rtafarnâh bei, den gleichnamigen Sohn seines Bruders, des Satrapen in Sardes. Dâtish verzichtete auf den mühseligen Landweg und schiffte im Sommer 490 seine Streitkräfte in Kilikien im südlichen Kleinasien ein. Denn seitdem Athen die Seerüstungspläne des Themistokles aufgegeben und sich ganz auf den Einsatz seiner Hopliten oder Schwerbewaffneten eingestellt hatte, beherrschte die persische Flotte das Mittelmeer.

Zunächst verlief alles nach Plan. Die Perser eroberten nach kurzer Belagerung Eretria auf Euboia. Die Stadt wurde niedergebrannt, die Bevölkerung wegen ihrer Beteiligung am Ionischen Aufstand nach der Susiana verbannt. Nun setzte Dâtish nach Attika über. Die Athener, fast ganz auf sich allein gestellt – die Spartaner trafen erst nach der Schlacht ein –, traten bei Marathon den zahlenmäßig weit überlegenen persischen und sakischen Streitkräften entgegen. Athens Schwerbewaffnete errangen am 11. September 490 den Sieg über die iranischen Bogenschützen und trieben sie in die Schiffe zurück. Dâtish mußte nach Asien zurücksegeln, und Darius erkannte, daß er in den Griechen einen Gegner gefunden hatte, der nur unter Aufbietung aller Kräfte des Weltreiches überwältigt werden konnte.

Während der umfassenden Vorbereitungen für den entscheidenden Angriff auf Hellas starb Darius in Persepolis, nach dreißigtägiger Krankheit, im November 486. Er wurde in dem von ihm selbst errichteten Felsgrab zu Naqsh-e Rostam bei Persepolis beigesetzt (B. 46, T. 25). Kronprinz Xerxes, sein ältester Sohn aus der Ehe mit der Kyrus-Tochter Atossa, damals vierunddreißigjährig, bestieg als sein Nachfolger den Thron des Achämenidenreiches.

7 DARIUS ALS PERSÖNLICHKEIT

Welches Bild dürfen wir uns von der Persönlichkeit des ersten Darius machen? Zunächst äußerlich: wir kennen eine ganze Anzahl Flachbilder, die ihn darstellen.

Das erste, von 520 v. Chr., befindet sich an der Felswand zu Bisotun. Das nächste, aus der Mitte seiner Regierungszeit, ist das Bildnis über seiner Gruft am Bergrücken von Naqsh-e Rostam (Bild 53). Alle übrigen Reliefs stammen aus der Spätzeit seiner Herrschaft und finden sich in seiner Pfalz Persepolis. Die besterhaltenen sind jene zwei Flachbilder, die im März 1936 im ehemaligen Schatzhaus des Darius freigelegt wurden. Sie stellen ihn als audienzgebenden Großkönig auf dem Throne dar; hinter ihm steht Kronprinz Xerxes. Beide Flachbilder gehörten aber, wie Ann Britt Tilia nachgewiesen hat, ursprünglich an die Stirnseiten der Treppen des Apadâna oder Audienz-Säulenpalastes des Darius. Das Flachbild, das an die Nordtreppe gehörte, um 495 entstanden, befindet sich heute im Teheraner Altertumsmuseum (Bild 54). Das Flachbild von der Osttreppe, nach 490 entstanden, wurde von Giuseppe Tilia wieder zusammengesetzt; einige Bruchstücke sind freilich verschollen. Dieses Relief ist im Schatzhausbereich zu Persepolis verblieben (Bild 55). Bei allen diesen Darstellungen des Großkönigs ist aber leicht zu erkennen, daß sie formelhaft sind, keine wirklichen Bildnisse mit Lebenstreue.

Wenn das Flachbild zu Bisotun Darius in natürlicher Größe wiedergibt, wäre er 1,73 Meter groß gewesen. Größer war er sicherlich nicht. Denn seine aus dem Felsen gehauene Grablege ist 1,92 Meter lang. In ihr befand sich aber noch der – wahrscheinlich goldene – Sarg. Vielleicht hat man Darius sogar mit seiner goldenen Zinnenkrone beigesetzt. Dann war er möglicherweise nicht einmal 1,73 Meter groß.

Der antike Geograph Strabon berichtet, Darius sei »der schönste unter den Menschen« gewesen, ausgenommen die Länge seiner Arme, »denn die reichten ihm bis zu den Knien«. Damit aber verkannte Strabon, wie Hubertus von Gall gesehen hat, das iranische Schönheitsideal. Im Awesta wird auch Zarathustra als schön gepriesen, »mit langen Armen«, und der Darius-Enkel Artaxerxes I. trug den ehrenden Beinamen ›der Langarmige‹.

Bild 53: Darius I. am Grabfelsen zu Naqsh-e Rostam bei Persepolis. Links die Zeilenenden seiner oberen persischen Grabinschrift.

Darius ist zwar nur vierundsechzig Jahre alt geworden, hatte sich aber offensichtlich guter Gesundheit erfreut. In seiner unteren Grabinschrift – auf sie kommen wir noch zurück – betont der Großkönig, Gott habe ihm nicht nur Weisheit verliehen, sondern auch körperliche Rüstigkeit. Aus griechischen Quellen kennen wir die Namen von zwölf Söhnen und sechs Töchtern des Darius; aber diese Überlieferung dürfte nicht vollständig sein. So erfahren wir beispielsweise aus den elamischen Hofkammertäfelchen von einer Königin Rtabâma (›Glanz der Rechten Ordnung‹), die in antiken Berichten gar nicht erwähnt wird; ob sie Darius Kinder geschenkt hat, wissen wir freilich nicht. Von der Tochter seines Lanzenträgers Gaubarva, die Darius schon als Prinz geheiratet hatte, besaß er drei Söhne, von der älteren Kyrus-Tochter Hutauthâ (Atossa) ebenfalls drei, von der jüngeren Rtastunâ (Artystone) zwei. Rtastunâ, seine Lieblingskönigin, besaß in der Persis mehrere Schlösser und Landgüter. Anfang April 503 hatte der Großkönig in Persepolis seinem Hofmarschall Farnaka befohlen, er solle hundert Hämmel aus seinen Krongütern sowie aus dem Hofkeller zweihundert Krüge Wein (also 1940 Liter!) der Königin Rtastunâ aushändigen lassen – offenbar, damit diese bei einem Neujahrs-Empfang den ganzen Hofstaat einladen und bewirten konnte. Nach Herodot habe Darius die Artystone so geliebt, daß er ein Bildnis aus getriebenem Gold von ihr anfertigen ließ. Beide Kyrus-Töchter haben ihn anscheinend überlebt.
Von einer Verletzung, die sich Darius im Jahre 519 zugezogen hatte, wissen wir durch seinen griechischen Leibarzt Demokedes. Der Großkönig hatte sich in Susa beim Abspringen vom Pferd den Knöchel verrenkt. Die alten Iraner kannten nämlich noch keine Sättel mit Steigbügeln. Offenbar hat Darius später verfügt, daß einer seiner Leibpolizisten – es waren mit Peitsche und Teppich ausgerüstete Meder – stets einen Stuhl mitzuführen habe. Daß dieser goldverkleidete Stuhl dazu bestimmt war, dem Großkönig das Auf- und Absitzen zu erleichtern, sah als erster Friedrich Krefter; seine Beobachtung wird durch eine Notiz des Dinon bei Athenaios bestätigt (T. 26). Zu der Zeit, als Darius sich den Knöchel verrenkte, war ›Reichsarzt‹ Udjahor mit besonderem Auftrag bereits nach Ägypten heimgekehrt. Die am Hofe verbliebenen ägyptischen Ärzte verschlimmerten durch ihre Behand-

Bild 54: Darius I. – Ausschnitt aus dem Thronrelief, das ursprünglich an der Stirnseite der Nordtreppe des Apadâna zu Persepolis angebracht war, dann – wohl unter Xerxes in dessen Spätzeit – ins Schatzhaus überführt worden ist; heute im Altertumsmuseum in Teheran. Der Großkönig hält in der rechten Hand das goldumkleidete Zepter, in der linken eine Granatapfelblüte mit zwei Knospen als Fruchtbarkeitssymbol.

lung das Übel noch. Schlaflos wälzte sich der Großkönig in Schmerzen auf seinem Lager im alten Elamerschloß zu Susa und befürchtete schon, nie wieder richtig gehen zu können. Da riet einer aus seinem Gefolge, er solle doch den Griechen Demokedes beiziehen, den einstigen Leibarzt des Polykrates von Samos, mit dem zusammen er in persische Hand gefallen war – das wurde oben schon berichtet. Demokedes hatte zwar seine ärztliche Kunst nach Kräften verheimlicht, weil er befürchtete, dann nie wieder in sein heimatliches Kroton nach Unteritalien heimkehren zu können. Jetzt erschien er zerlumpt und gefesselt vor Darius. Zwar wollte er anfänglich sein Können noch immer verleugnen, doch unter der Androhung der Folter lenkte er ein und übernahm es, den Großkönig zu behandeln.

Seine Behandlung hatte glänzenden Erfolg. Darius beschenkte den Arzt königlich auf seine Weise – nämlich mit schweren Fußfesseln aus lauterem Golde . . . Dieses Geschenk stellte ein Vermögen dar, aber es hatte zugleich einen bedrohlichen Hintersinn. Betroffen fragte Demokedes, ob der Herrscher ihm durch diese Gabe sein schweres Los als Gefangener noch drükkender fühlbar machen wolle? Darius war von dieser geistvollen Erwiderung entzückt, und aus einer plötzlichen Regung heraus gab er Weisung, man solle den griechischen ›Königswohltäter‹ zu seinen Frauen schicken. Der Leibkammerherr, welcher Demokedes ins Frauengemach führte, erzählte den Königinnen – der Atossa, der Artystone und all den anderen –, welch großen Dienst der Grieche ihrem Herrn und Gemahl erwiesen habe. Daraufhin tauchte, so weiß es Herodot, eine jede von ihnen eine Schale in die Truhe, welche ihr Gold enthielt, und beschenkte den Arzt damit so reichlich, daß der Haremsdiener, der ihn hinausgeleitete, hinter ihm so viele lydische Goldstücke aufsammelte, daß er selber reich wurde. Demokedes kaufte sich in Susa ein großes Haus. Darius machte ihn nicht nur zu seinem Leibarzt, sondern sogar zu seinem Tischgenossen, eine Auszeichnung, um die er am ganzen Hofe glühend beneidet wurde. Das einzige, was Demokedes im Perserreiche vermißte, war seine hellenische Heimat, nach der er sich in Sehnsucht verzehrte.

Ein Vierteljahrhundert später erfahren wir aus einem Hofkammertäfelchen aus Persepolis von einer Erkrankung des Großkönigs. Da es ein aufschlußreiches Streiflicht auf diese 1933/34 ausgegrabenen elamischen Urkunden wirft, von denen Richard T. Hallock im Jahre 1969 rund zweitau-

Bild 55: Thronender Darius – Ausschnitt aus dem Flachrelief im Schatzhaus zu Persepolis, ursprünglich an der Stirnseite der Osttreppe des Apadâna. Rechts die Hände des Kronprinzen Xerxes.

send veröffentlicht hat, gebe ich im folgenden die Einzelheiten, die sich dem Täfelchen Nr. 1853 entnehmen lassen.
Zur engsten Umgebung des Großkönigs gehörte damals sein Kämmerer, der Meder Aspatshanâh, der Aspathines der Griechen; er war für Gewandung und Bewaffnung des Herrschers verantwortlich. Ende September 494 erschien Aspatshanâh in der Hofkanzlei zu Persepolis und erklärte deren Leiter, dem Perser Virina, Seine Majestät wünsche, daß dem Babylonier Zhivaka als Verpflegung für zwei Monate 60 Liter Mehl zugeteilt werde. Diesen Befehl gab der Hofkanzleichef unverzüglich an den dafür zuständigen Sachbearbeiter, den Perser Buchtaitsha, weiter. Dieser wiederum ließ durch seinen elamischen Sekretär Ton zu einem Täfelchen formen und gemäß seinem Diktat beschriften. Auf dieser Urkunde rollte dann, solange der Ton noch weich war, Kämmerer Aspatshanâh sein elamisches Siegel ab, und zwar am oberen und am linken Rand. Das Täfelchen enthielt in elamischer Keilschrift die Anweisung an den Hofmehlspeicherwart Hachâya in Persepolis, besagtem Babylonier Zhivaka 60 Liter Mehl auszuhändigen.
Warum aber hatte Darius eigens seinen Kämmerer in dieser Sache losgeschickt? Der Großkönig war vom 30. Juli bis zum 26. September 494 in seiner Lieblingspfalz krank gewesen. Was ihm gefehlt hatte, erfahren wir aus der nüchtern-spröden Verwaltungsurkunde freilich nicht. Behandelt aber hatte ihn eben unser Babylonier mit dem gut persischen Namen Zhivaka (›Lebendig‹), der bereits sechs Jahre zuvor nach Persien geholt worden war. Zhivaka war nämlich von Beruf ›Salber‹. Mit seinen Salben nach babylonischen Geheimrezepten hatte er bei Darius tatsächlich Erfolg, denn das Täfelchen vermerkt, der Großkönig sei »vollständig genesen«. Die Hofkammer hatte indes versäumt, Zhivaka auf die Verpflegungsliste zu setzen. Darüber führte der ›Salber‹ während der letzten Behandlung offenbar beim Großkönig persönlich Klage, und schon befahl dieser seinem Kämmerer Aspatshanâh, das Nötige zu veranlassen. Die Zuteilung – einen Liter Mehl je Tag – stellte damals das Mindestmaß an Verpflegung für zeitweilig bei Hof Anwesende dar; Herr Zhivaka stand also in den Augen der Behörde auf gleich niederer Stufe wie ein Arbeiter oder Diener. Wir wollen aber annehmen, daß Darius seinen Salber angemessen belohnt hat, wenn auch wohl nicht so üppig wie seinerzeit den Griechen Demokedes.

Darius als Ordner des Reiches

Ehe wir uns dem ›Selbstportrait‹ zuwenden, das Darius in seinen Grabinschriften von sich als Weltreichsherrscher entworfen hat, suchen wir nach

einem Maßstab, der es uns ermöglicht, seine Aussagen sachlich zu überprüfen. Diesen Maßstab können wir am ehesten bei seinen Gegnern finden, also bei den Hellenen.
Kronzeuge der griechischen Welt in dem ›Verhör‹, das wir jetzt über Darius verhängen, ist Aischylos, der berühmte athenische Dichter, der im Jahre 490 als Schwerbewaffneter bei Marathon mitgekämpft und mitgesiegt hat. Seine Tragödie ›Die Perser‹ wurde 472 in Athen uraufgeführt. Wir haben bereits oben, in Kapitel 4, aus diesem Trauerspiel das Urteil angeführt, das der Dichter über Kyrus gefällt hatte.
Die Szene spielt in Susa. Großkönigin Atossa erhält durch einen Boten Kunde von dem Unheil, das die Perser unter Xerxes in der Seeschlacht von Salamis vom Jahre 480 getroffen hatte. Gemeinsam mit Atossa beschwört der Chor der persischen Würdenträger den toten Darius, aus der Jenseitswelt zu erscheinen. Zuvor noch hatte der Chor den Xerxes herb getadelt: »Alles betrieb er sinnlos ... Warum hat Darius nur / einst das Volk so unversehrt, / er, des Bogens Herr, gelenkt, / Susas eigener Gebieter?« (Ich führe die Stellen aus den ›Persern‹ in der Nachdichtung von Wolfgang Schadewaldt an.) Während der Beschwörung preist der Chor Darius als »einen Mann, wie ihn / noch nicht die persische Erde barg!« Er stellt Darius also noch über Kyrus und nennt ihn »den Einzigen«, einen »milden Vater« – »denn niemals verlor er Männer durch kriegverderbende Verblendung, / sondern ›*gottberaten*‹ war er genannt / den Persern, und gottberaten *war* er ...«
Als dann Darius aus dem Grabe aufsteigt, wirft sich der Chor zu Boden. Auf die Fragen des Großkönigs zögert der Sprecher der Würdenträger mit der Antwort: »Ich scheue mich, Dich anzusehen, / ich scheue mich, vor Dir Rede zu stehn / in altem Zittern und Zagen ...« Da ergreift Atossa selbst das Wort: »Der du durch ein glücklich Schicksal alle Sterblichen an Segen / übertrafst, da du, solange du der Sonne Strahlen sahst, / neidenswert dem Volk, ein selig Leben wie ein Gott geführt ...« Als der Großkönig nach beendeter Ansprache und Mahnung wieder im Grabe versinkt und die Königin sich entfernt, faßt der Chor sein Urteil über Darius in den Worten zusammen: »Ja, ach ja! Ein großes und tüchtiges, städteordnendes / Leben gewannen wir, als der greise, / machtvoll in allem ohne Falsch, der unbezwingliche König, / den Göttern gleich, Dareios, Herr war über das Land ... / während die persischen Satzungen / alles regelten ...«
Gewiß, dies ist Dichtung, aber sie wurde in Athen vorgetragen, also inmitten jener Männer, die unter Persiens Kriegen am furchtbarsten zu leiden gehabt hatten. Aischylos hätte es nicht wagen können, ihnen ein solches Bild von der Größe des Staatsmannes Darius zu entwerfen, wenn sie trotz

aller Gegnerschaft es nicht für geschichtlich wahr empfunden hätten. Auch die Griechen hegten Achtung vor dem Streben der Perser, durch »Satzungen alles zu regeln«. Nicht von ungefähr ist das persische Wort für ›Gesetz‹ *(dâtam)* selbst in die Sprachen der semitischen Nachbarvölker Irans eingedrungen. Das Gesetz des Großkönigs galt den Persern als irdische Entsprechung der göttlichen ›Rechten Ordnung‹, wie Zarathustra sie geoffenbart hatte. Dieser Anschauung begegnen wir denn auch bei Darius selbst auf Schritt und Tritt.

»Vieles, was übelgemacht war, machte ich heil und gut«, lesen wir in einer seiner Inschriften aus Susa. Ehe Darius die Macht übernahm und für Frieden und Ordnung sorgte, »waren die Länder in Aufruhr. Einer schlug den andern. Da bewirkte ich nach dem Willen des Allweisen Herrn, daß keiner mehr den andern schlug, sondern ein jeder an seinem gehörigen Platze blieb. Mein Gesetz – vor dem fürchten sie sich, so daß der Mächtige den Schwachen nicht mehr schlägt noch unterdrückt.«

Eben weil Darius innerlich willens war, die Rechte Ordnung auch unter den Menschen durchzusetzen, hatte Gott ihm die Herrschaft übertragen. Auf dieses Sendungsbewußtsein des Großkönigs wird im letzten Abschnitt dieses Kapitels noch zurückzukommen sein. Nach seinem Willen sollte alles ›am rechten Platze‹ sein, die Völker wie auch ihre Werke. »Viele Bauwerke« – Darius gebraucht im Persischen dafür den urtümlichen Ausdruck ›Hand-Gemachtes‹ – »viele Bauwerke, die verfallen waren, setzte ich wieder instand.« So drückt sich die babylonische Fassung der hier angezogenen Inschrift[51] aus; in der persischen Fassung sagt Darius etwas ungefüger: »Viel Hand-Gemachtes, das inzwischen nicht mehr an seinem Platze war, brachte ich wieder an seinen Platz.« Gottes ›Rechte Ordnung‹ sollte sich auf Erden so verwirklichen, daß unter der festen Hand des Großkönigs alle Menschen in Frieden lebten und alles ›am rechten Platze‹ gedieh.

Um dieser irdischen Rechten Ordnung willen hat Darius keine Mühen gescheut. Er hat das Riesenreich bis in den letzten Weiler hin durchorganisiert. Das Ergebnis war eine Verwaltung, die selbst nach heutigen Begriffen als vorbildlich gelten darf. Freilich, seine Perser mußten sich an diese straffe Ordnung, an die Verbuchung auch der geringfügigsten Ausgaben erst gewöhnen. Ihrem Unmut darüber machten sie dadurch Luft, daß sie Darius einen ›Krämer‹ schalten. Aber den Großkönig focht das nicht an, wenn das Murren überhaupt bis zu ihm drang, und der Erfolg gab ihm recht. Selbst seine neuzeitlichen Kritiker müssen zugeben: Darius war der fähigste Organisator der Alten Welt. Von diesem Erbe zehrt Iran noch heute. Der größte Nutznießer dieses Erbes aber war Alexander ...

An den Außenwänden über und neben seiner Felsgruft hat Darius in zwei dreisprachigen Inschriften ein geistiges Vermächtnis als Weltreichherrscher hinterlassen, das in der Geschichte des Vorderen Orients einzig dasteht.

Wahrscheinlich hat Darius sein Grab bei Naqsh-e Rostam gleichzeitig mit seinen Pfalzbauten in Susa und Persepolis begonnen, also um das Jahr 519 v. Chr., und es war lange vor seinem Tode vollendet, vielleicht schon um 510. Das Grabdenkmal war ursprünglich, weil sich im Laufe der Jahrhunderte zu Füßen der Felswand fünf Meter hoher Lehmschutt angehäuft hat, entsprechend höher und daher noch eindrucksvoller als heute. Den Schutt abzutragen, wäre auch archäologisch vielversprechend. Einstmals maß das Darius-Grab vom Boden bis zu seinem oberen Rand 38 Meter. Das kreuzförmige Denkmal gibt über einer geglätteten Fläche, die das Grab vor Eindringlingen schützen sollte, im Mittelteil genau den Wohnpalast wieder, den sich Darius im nahen Persepolis gebaut hatte. Im oberen Teil steht der Großkönig auf einem riesigen Throngestell, das von Vertretern der dreißig Völker des Weltreiches getragen wird. Darius hat die rechte Hand anbetend erhoben, die linke hält den Bogen – wie in Bisotun. Vor ihm steht ein Feueraltar, über ihm schwebt das Sinnbild des Allweisen Herrn. Der Entwurf geht auf Darius selbst zurück und wurde zum peinlich genau nachgeahmten Vorbild für alle späteren Achämenidenkönige. Die obere persische Grabinschrift befindet sich links vom Großkönig, die untere, stark verwittert, zwischen den beiden Säulen links vom Grufteingang.

Was nun enthalten diese Inschriften? Ich habe Jahre hindurch in meinen Übungen die Frage gestellt: »Wenn Sie sich jetzt in die Rolle eines Darius versetzen, dessen Machtbereich von Taschkent bis Benghasi, vom Indus bis an die Donau reichte –, was würden Sie der Nachwelt als Grabinschrift hinterlassen? ...« Die Antworten der Studenten kamen zögernd, unsicher, unbefriedigend; die meine wäre es, nebenbei bemerkt, auch gewesen. Für den großen Kyrus hatten die alten Griechen gleich eine gewußt: als Alexander im Jahre 330 nach Pasargadae kam, habe am Grabmal dort gestanden: »O Mensch, ich bin Kyrus, Sohn des Kambyses, der den Persern die Herrschaft errang, König von Asien. Mißgönne mir nun dies Denkmal nicht!« Gerne wüßte man, welcher Grieche sich das ausgedacht hat, denn persisch ist zumindest der Schlußsatz nicht. Obendrein war das Kyrus-Grab inschriftlos.

Darius hat sich den Inhalt seines Vermächtnisses gewiß reiflich überlegt. Er teilte seine Inschrift in zwei Teile, in einen sachlichen (oben) und in einen persönlichen (unten). Den Anfang der oberen Inschrift bildet der Lobpreis des Allweisen Herrn, Schöpfers Himmels und der Erde, der den Darius zum König machte, »den einen zum König über viele, den einen zum Gebieter über viele«. Dann stellt Darius sich selber vor als »Großkönig, König der Könige, König der Länder vieler Arten, König auf dieser großen Erde weithin, des Vishtâspa Sohn, ein Achämenide, ein Perser, Sohn eines Persers, ein Iraner, von iranischer Abstammung«. Unverkennbar spricht hier das ›Nationalgefühl‹ des Darius als Perser innerhalb der iranischen Völkerfamilie. Denn obwohl er sich im Urtext einen ›Arier‹ nennt, versteht er dies nicht im neuzeitlich-wissenschaftlichen Sinne: die Inder, nach unseren Begriffen Arier, gehörten nämlich für Darius nicht dazu. Daher muß das altpersische Wort *arya* mit ›Iraner‹ übersetzt werden.

Doch wie nun weiter? Ganz folgerichtig beschreibt der Großkönig als nächstes seine Machtfülle: »Nach dem Willen des Allweisen Herrn sind es folgende Länder, die ich – von Persien abgesehen – in meine Gewalt gebracht habe, über die ich herrschte, die mir Abgaben zinsten – was ihnen von mir gesagt wurde, das taten sie; mein Gesetz hielt sie in Zaum.« Dann gibt Darius die Namen von neunundzwanzig Völkern; in dieser Aufzählung der unterworfenen Länder fehlt naturgemäß Persien. Die Reihenfolge ist genau dieselbe wie bei den Thronträgern an der Felswand. Diese allerdings fangen links mit dem Perser an: wohl ist er ›frei‹, aber es ziemt ihm, als erster den Thron des Großkönigs mitzutragen. Die Namen der aufgezählten Länder bilden zwar eine etwas eintönige Lektüre; ich bringe sie aber doch, weil sie einen anschaulichen Begriff von der Ausdehnung des Achämenidenreiches unter Darius vermitteln:

Medien, Elam, Parthien, Areia, Baktrien, Sogd, Chorasmien, Drangiana, Arachosien, Sattagydien, Gandhâra, Sind, die Haumaschwelger-Saken, die spitzhelmigen Saken, Babylonien, Syrien, Arabien, Ägypten, Armenien, Kappadokien, Lydien, Ionien, die Saken jenseits des [Schwarzen] Meeres, Thrakien, Makedonien, Libyen, Nubien, Mekrân, Karien.

Dann erklärt Darius, weshalb er von Gott die Königsherrschaft erhalten habe: »Als der Allweise Herr diese Erde hier in Aufruhr sah, da übergab er sie mir. Er machte mich zum König, ich bin nun König. Nach dem Willen des Allweisen Herrn setzte ich die Erde an ihren rechten Platz. Was den Völkern von mir gesagt ward, das taten sie so, wie ich es haben wollte.« Im folgenden wendet sich der Großkönig dem Leser seiner Inschrift zu. Freilich ist diese so hoch oben eingemeißelt, daß kein damaliger Mensch sie hätte lesen können. Sollte also Darius von vornherein an uns Menschen einer wissenschaftlichen Spätzeit mit ihren Ferngläsern gedacht haben? Nein, er hat vielmehr dafür gesorgt, daß alle seine Bekundungen in Abschriften auf Stein, Ton oder Pergament verbreitet wurden. Daher konnte man Onesikritos, einem Kapitän im Stabe Alexanders, als er im Jahre 330 vor dem Grabfelsen stand, mitteilen, Darius habe geschrieben: »Ich war ein Freund meiner Freunde. Als Reiter und Bogenschütze war ich allen überlegen.« Diese Aussage findet sich sinngemäß, wie wir sehen werden, tatsächlich in der unteren Grabinschrift. Es gab also noch gegen Ende des Achämenidenreiches am Hofe Abschriften der Felsinschriften.

Was aber sagte Darius dem Leser seiner oberen Inschrift? »Wenn du nun bei dir denkst: ›Wie viele Länder hat wohl König Darius beherrscht?‹, so schau die Abbilder derer an, die den Thron tragen! Dann wirst du erkennen, dann wird dir klarwerden, daß des Perser-Mannes Lanze weithin vorgedrungen ist. Dann wird dir klarwerden, daß der Perser-Mann fern von Persien den Gegner geschlagen hat.«

Im vorletzten Abschnitt betont Darius, alles, was er getan habe, sei mit dem Willen und Beistand des Allweisen Herrn vollbracht worden. Dessen Schutz vor allem Unheil erfleht er für sich, für sein Königshaus und für sein geliebtes Persien. Den Schluß bildet eine an alle gerichtete Mahnung: »O Mensch! Des Allweisen Herrn Gebot dünke dich nicht widerwärtig! Den geraden Weg verlasse nicht! Lehne dich nicht auf!«

Die untere Grabinschrift

Damit schiene eigentlich alles gesagt, was ein Weltreichherrscher üblicher Art in einer gewissermaßen ›letztwilligen Verfügung‹ kundgeben mochte. Allein, Darius ging weit darüber hinaus. Er tat, was keinem König der Sumerer oder Babylonier, der Hethiter oder Assyrer in den Sinn gekommen ist: Darius dachte über sich selbst nach, um das Ergebnis dieser Selbsterforschung der Mit- und Nachwelt zu überliefern.

Auch die untere Grabinschrift beginnt er mit einem Lobpreis Gottes: »Der Große Gott ist der Allweise Herr, der all dies Wunderbare geschaffen hat, was sichtbar ist; der das Glück geschaffen hat für den Menschen; der Weisheit und Tüchtigkeit auf Darius den König herniedergesenkt hat.«

Es lohnt sich, diese Einleitung erneut durchzulesen. Darius empfand die Schönheit der Natur als eine Schaffung Gottes, die das Auge des Menschen erfreuen soll. Darüber hinaus hat Gott für den Menschen auch ein persönliches Glück geschaffen – man könnte das persische Wort *shyâtish* sogar mit ›Freude‹ übersetzen. Die Freude, das Glück ist ein Geschenk Gottes also nicht nur für die Mächtigen dieser Erde, sondern für *alle* Menschen ... Kein König des Zweistromlandes hat je so gedacht und gesprochen; Babylonier und Assyrer kannten nur den ›Schreckensglanz‹ ihrer Waffen und das Sklaventum ihrer Untertanen.

Erst jetzt wendet Darius sich selber zu, dankbar für die geistigen und körperlichen Vorzüge, die der Allweise Herr ihm verliehen hat: *Weisheit* und *Tüchtigkeit.* Diese beiden Begriffe bestimmen zugleich die Ordnung, in die sich alles folgende einzufügen hat. Der Großkönig gliedert nämlich seine Selbstaussagen in solche, die sich auf seine Wesensart, seinen Geist beziehen, und in solche, die mit seiner körperlichen Leistungsfähigkeit zu tun haben. Alexander hatte einen Aristoteles zum Lehrer; von persischen Philosophen am Darius-Hof wissen wir nichts. Was nicht besagt, daß es sie nicht gegeben haben könnte. Aber ob mit oder ohne Lehrer: Darius war ein klarer Denker.

Indem er nun seinen Charakter schildert, spricht er – und das ist bezeichnend – als erstes von seinem Gerechtigkeitsstreben: »Nach dem Willen des Allweisen Herrn bin ich so geartet, daß ich das Recht liebe, das Unrecht hasse.« Ähnlich hatte sich der Großkönig schon in der Inschrift zu Bisotun bekundet: »Nach Gerechtigkeit bin ich stets verfahren. Weder einem Reichen noch einem Armen habe ich Unrecht angetan.« Zwei Sätze weiter hatte Darius dort in seinem ursprünglichen Diktat, also in der elamischen Fassung von 520, hinzugefügt: »Unrecht habe ich keinem jemals angetan.« Diesen Satz hat er jedoch in der persischen Fassung von 519 gestrichen. Sollte er bei erneutem Besinnen gefunden haben, diese Behauptung gehe doch etwas zu weit? Wahrscheinlicher ist, daß Darius den Satz einfach deshalb tilgte, weil er bloß wiederholt, was kurz vorher bereits gesagt worden war.

Doch kehren wir zur unteren Grabinschrift zurück. »Ich will nicht haben, daß der Schwache des Starken wegen Unrecht erleide; aber ich will auch nicht haben, daß der Starke des Schwachen wegen Unrecht erleide. Was recht ist, daran habe ich Gefallen. Einem Lügenknecht bin ich nicht freund.« Der aus Zarathustras Lehre stammende Ausdruck ›Lügenknecht‹, altpersisch *drauzhana,* wörtlich ›trughaft‹, bezeichnet, wie wir sahen, einen Menschen, der es mit dem Widersacher hält, also einen ›Gottlosen‹.

Unvermittelt kommt Darius dann auf seine Gemütsart zu sprechen: »Ich bin nicht jähzornig. Auch wenn es in mir kocht, bezwinge ich meinen Zorn. Ich beherrsche meinen eigenen Sinn fest.« In Kapitel 5 haben wir die Vermutung geäußert, Darius habe sich diese Selbstbeherrschung in den sieben Jahren errungen, als er Lanzenträger des reizbaren, finsteren Kambyses war.

»Wer sich einsetzt, dem lohne ich es nach Verdienst. Wer Schaden stiftet, den bestrafe ich nach dem Schaden, den er angerichtet hat. Ich will nicht haben, daß ein Mann Schaden stiftet, und noch weniger, daß er, so er Schaden stiftet, nicht bestraft würde.« Es folgt ein großes Wort: »Was ein Mann gegen einen andern vorbringt, das ist mir nicht eher glaubhaft, bis ich mir die Aussage beider angehört habe.« Das *Audiatur et altera pars* (›Man höre auch den andern Teil!‹), wie es in dem Trauerspiel ›Medea‹ des Römers Seneca anklingt, berührt – ein halbes Jahrtausend später – wie ein fernes Echo des Darius-Leitsatzes.

Der nächste Abschnitt betont in dreifacher Wendung die Genugtuung des Großkönigs über tüchtige Mitarbeiter: »Was ein Mann nach besten Kräften leistet oder beschafft, darüber freue ich mich, daran habe ich sehr Gefallen, und damit bin ich wohlzufrieden.« Hieran schloß sich ein Satz, der in der elamischen und babylonischen Fassung so verwittert ist, daß er nicht entziffert werden konnte. In der persischen Fassung hat ihn der Steinmetz versehentlich ganz ausgelassen; er hatte in seiner Vorlage eine Zeile übersprungen. Zum Glück ließ Xerxes die untere Grabinschrift seines Vaters – freilich, und das muß man rügen, unter seinem *eigenen* Namen! – in einen Stein meißeln, den ein pflügender Bauer am 24. Januar 1967 bei Persepolis ans Licht brachte. Auf diesem Stein steht der fehlende Satz; auch dies ein Beweis dafür, daß es genügend Abschriften des Urtextes am Felsen gegeben hat. Der Satz – wir haben ihn oben schon einmal angeführt, weil er für Darius so kennzeichnend ist – lautet klassisch schlicht: »Auch beschenke ich treue Mannen reichlich.«

Daß dies keine leeren Worte waren, konnten wir schon im Laufe der seitherigen Darstellung beobachten. Alle Welt wußte, daß Darius einen ihm erwiesenen Dienst nie vergaß und daß seine Dankbarkeit dafür so manches Fehlbare aufwog. Dafür gibt es einen schlagenden Beweis.

Rtafarnâh, Bruder des Großkönigs und Satrap in Sardes, hatte im Jahre 494 den Milesier Histiaios, der maßgeblich am Ionischen Aufstand beteiligt war, in seine Gewalt gebracht. Rtafarnâh ließ ihn pfählen; den einbalsamierten Schädel des Hingerichteten sandte er seinem Bruder nach Susa. »Als Darius den Hergang erfuhr«, berichtet Herodot, »machte er den Verantwortlichen schwere Vorwürfe, weil sie ihm Histiaios nicht lebend geschickt hatten. Er ließ das Haupt des Ioniers waschen, sorglich behandeln und feierlich beisetzen, weil es einem Manne gehörte, der ihm und den Persern große Dienste erwiesen hatte.« Histiaios hatte, wie erinnerlich, beim Skythenfeldzug des Darius von 513 die Schiffsbrücke über die Donau erstellen und bewahren lassen. Rtafarnâh kannte seinen Bruder und hatte vorausgesehen, daß er den Verrat des Histiaios wegen seiner Verdienste verzeihen und ihm erneut eine einflußreiche Stellung übertragen würde. Das aber wollte der Satrap verhindern, weil es ihm zu gefährlich erschien.

Mit dem bisher Gesagten hatte Darius das angeführt, was er zu seiner ihm von Gott verliehenen ›Weisheit‹ zählte: »Solcher Art sind also mein Verstand und meine Entschlußkraft. Wenn du nun siehst oder hörst, was ich daheim bei Hofe oder draußen im Feldlager alles geleistet habe, so bekundet sich darin meine *Tüchtigkeit* über Sinn und Verstand hinaus. Darin nämlich besteht meine Tüchtigkeit, daß mein Körper leistungsfähig ist. Als Krieger bin ich erprobt.«

Hier hat Darius in seinem Diktat innegehalten. Es kam ihm nämlich der Gedanke, daß eben auch im Kampf nicht die bloße körperliche Tüchtigkeit den Ausschlag gibt, sondern daß es gerade in gefährlichen Lagen auf geistige Überlegenheit und auf Kaltblütigkeit ankommt. Er schwenkte deshalb von der Schilderung seiner ›Tüchtigkeit‹ noch einmal zurück zum Thema ›Weisheit‹. Freilich tat er dies in einem so langen und unbeholfenen Satz, daß sein Inhalt lange umstritten blieb. Ich übersetze ihn so:

»Wann immer ich auf dem Kampfplatz mit meinem Verstand festzustellen habe, ob ich einen Feind vor mir habe oder nicht, dann weiß ich mich kraft eben meines Verstandes und meiner Willenskraft über lähmende Angst erhaben, auch wenn ich wirklich einen Feind vor mir habe – ganz so, als hätte ich keinen vor mir.«

Um es einfacher auszudrücken: Darius findet, im Krieg habe nicht sosehr seine Körperkraft als vielmehr seine Kaltblütigkeit den Ausschlag gegeben. Plutarch weiß zu berichten, Darius habe oft gesagt, in Gefahren übertreffe er sich an Einsicht und Klugheit gewissermaßen selbst. Diese Überlieferung hat selbständigen Quellenwert, denn Plutarch kannte die Grabinschrift gewiß nicht. Doch schätzte Darius auch seine soldatische Tüchtigkeit nicht gering ein; vielmehr beschreibt er diese ganz unbefangen so:

»Kraftvoll bin ich mit Händen und Füßen. Als Reiter bin ich erprobt. Als Bogenschütze bin ich erprobt, zu Fuß wie zu Roß. Als Lanzenkämpfer bin ich erprobt, zu Fuß wie zu Roß. All die Fertigkeiten, die der Allweise Herr mir verliehen hat und die ich nach dem Willen des Allweisen Herrn anzuwenden vermochte – was ich vollbracht habe, das leistete ich durch ebendiese Fertigkeiten, die der Allweise Herr mir verliehen hat.«

Sind das ruhmredige Übertreibungen? In der neuzeitlichen Iranistik gibt es Stimmen, die Darius als einen Feigling hinstellen möchten. Auch sonst hat er bei manchen Fachgelehrten eine ›schlechte Presse‹. Wir bemühen uns um ein gerechtes Bild, indem wir die Quellen sprechen lassen und sie unvoreingenommen prüfen. Große Wirkungen in der Geschichte setzen, so meine ich, auch große Ursachen voraus. Ein Feigling könnte kein Weltreich erringen und zusammenhalten. Zudem: Darius tat ja alles, um seine Bekundungen in alle Welt hinauszutragen. Sollte er sich willentlich dem Spott und

Hohn seiner Untertanen aussetzen, indem er ihnen gegenüber seine soldatische Tüchtigkeit herausstrich, während doch alle es besser wußten? Das wäre doch höchst töricht gewesen. Dumm aber war Darius ganz sicher nicht, und daher ziehe ich vor, seinen Aussagen Glauben zu schenken.
Wie bei der oberen Grabinschrift, wendet sich der Großkönig auch in der unteren im letzten Abschnitt, nach einer leeren Zeile, an den Untertan seines Reiches. Er nennt ihn *maryaka,* was man mit ›Bursche‹ übersetzen könnte; das Elamische hat dafür ›Kind‹, das Babylonische ›Knecht‹. In diesem Schlußabschnitt zeigt sich Darius ganz ungescheut in der Rolle eines Erziehers von hohem Selbstgefühl. Ja, wie der Großkönig darin für sich selbst wirbt, mutet schon ganz neuzeitlich an:
»Du Bursche! Mache nun nachdrücklich kund, wes Art ich bin, ferner, welches meine Fertigkeiten sind und worin meine Überlegenheit besteht. Halte nicht das für etwas Besseres, was irgendwer dir ins Ohr flüstert. Höre vielmehr auf das, was von mir verkündet worden ist. Du Bursche! Was irgend sonstwer getan hat, das lasse dir nicht als trefflich vormachen. Was von mir geleistet worden ist, das sieh vielmehr an. Du Bursche! Sträube dich nicht gegen den Befehl! Keiner soll einwenden, er sei dazu außerstande. Denn ein widerspenstiger Untertan soll nicht gedeihen, und in der Heimat darf er fürderhin nicht wohnen bleiben!«

Darius als Bauherr

Über die von Darius geprägte achämenidische Kunst wird im zweiten Band ausführlicher zu handeln sein. Von seinem Wirken als Bauherr in Susa war oben schon die Rede. Was er in Mediens Hauptstadt Hagmatâna (Hamadân) geschaffen hat, harrt noch der Freilegung. So bleibt hier vor allem ein Wort zu sagen über die Stadt, »die Darius über alles liebte«, wie es in seinen ägyptischen Kanalstelen heißt – über seine oft schon erwähnte Pfalz Persepolis. Ihr altpersischer Name war *Pârsa,* also dasselbe Wort wie das für ›Perser‹ und ›Persien‹. Im Mittelalter tauften die Iraner den Ort *Tacht-e Dshamshid* = ›Thron des [Sagenkönigs] Yamachshaita‹.
Heute besucht der Reisende Persepolis in der Regel von Schiras aus, das etwa fünfzig Kilometer südlich liegt. Er nähert sich der riesigen Terrasse von Westen her. Wenn ihn der Zeitgeist noch nicht gänzlich abgestumpft hat, wird er sich beim Anblick der Überreste der Darius-Pfalz mit den dreizehn hochragenden Säulen einer Empfindung ehrfürchtiger Bewunderung nicht erwehren können. Hölderlins Wort (in seinem Gedicht ›Patmos‹) über »die feierlichen / die göttlich gebauten Paläste« mag ihm in den Sinn kom-

men. Im ganzen Vorderen Orient gibt es kein Bauwerk des Altertums, das sich Persepolis vergleichen könnte; im Abendland nur die Akropolis von Athen.
Die Luftaufnahme von Bild 56 aus dem Jahre 1935 zeigt die Lage von Persepolis am Hang eines Gebirgszuges, der persisch *Kûh-e Rahmat* = ›Berg des Erbarmens‹ heißt. Die Terrasse, auf der die Paläste stehen, ist teils aus dem Felsgestein herausgehauen, teils aus gewaltigen Quadern errichtet worden. Sie ist im Osten, also am Berghang, 430 Meter lang, im Süden 290, im Westen – zur Ebene von Marvdasht hin – 455, im Norden 300 Meter. Ihre Gesamtfläche errechnet sich auf 128 400 Quadratmeter.
Darius hat nicht nur den Ort selbst ausgewählt, sondern er hat auch die Entwürfe seiner – hervorragenden – Baumeister entscheidend bestimmt. Anders als in Susa, wo vieles vorgegeben war, konnte der Großkönig bei seiner Neugründung Persepolis ein Werk aus einem Guß planen und verwirklichen.
Persepolis war – neben Hagmatâna – die Sommerresidenz des Großkönigs und zugleich eine uneinnehmbare Festung mit der größten Schatzkammer des Reiches. Unvergeßlichen Glanz indes strahlte Persepolis aus als Stätte für die viele Tage währenden Neujahrsfeiern, zu denen bei Frühlingsbeginn der Hof von Susa herbeigezogen kam.
Die alten Meder lassen sich, auf ein Schlagwort eingeengt, als ›Gartenliebhaber‹ kennzeichnen. Ihnen ging nichts über einen von Lehmmauern umfriedeten, schattigen Garten mit hohen Pappeln und Platanen; einen solchen ›Hag‹ nannten sie *paridaiza*. Von den Medern haben wir also – über die Griechen – unser ›Paradies‹ bezogen. In einer solchen Betrachtung könnte man die alten Elamer als ›Frauen- und Schlangenverehrer‹ umschreiben. Für die alten Perser aber wäre, so scheint mir, nur eine Kennzeichnung als ›Terrassen-Sitzer‹ angemessen. Denn sie genossen mit Wonne den Blick von hochgelegener Stätte in die Natur – in »das Herrliche, was sichtbar vor Augen liegt«, wie Darius es ausgedrückt hat. Daher hatte der Großkönig in Susa wie in Persepolis den Hauptbau, seinen Audienzpalast, auf eine hohe Terrasse gesetzt. Von dort aus erfreute er sich – wie seine Perser es taten – an der Aussicht in die weiten Ebenen.
Um die wichtigsten Bauten in Persepolis kennenzulernen, unternehmen

Bild 56: Luftaufnahme von Persepolis (1935) von Erich F. Schmidt. Die schattenwerfende Terrassenmauer blickt nach Westen.

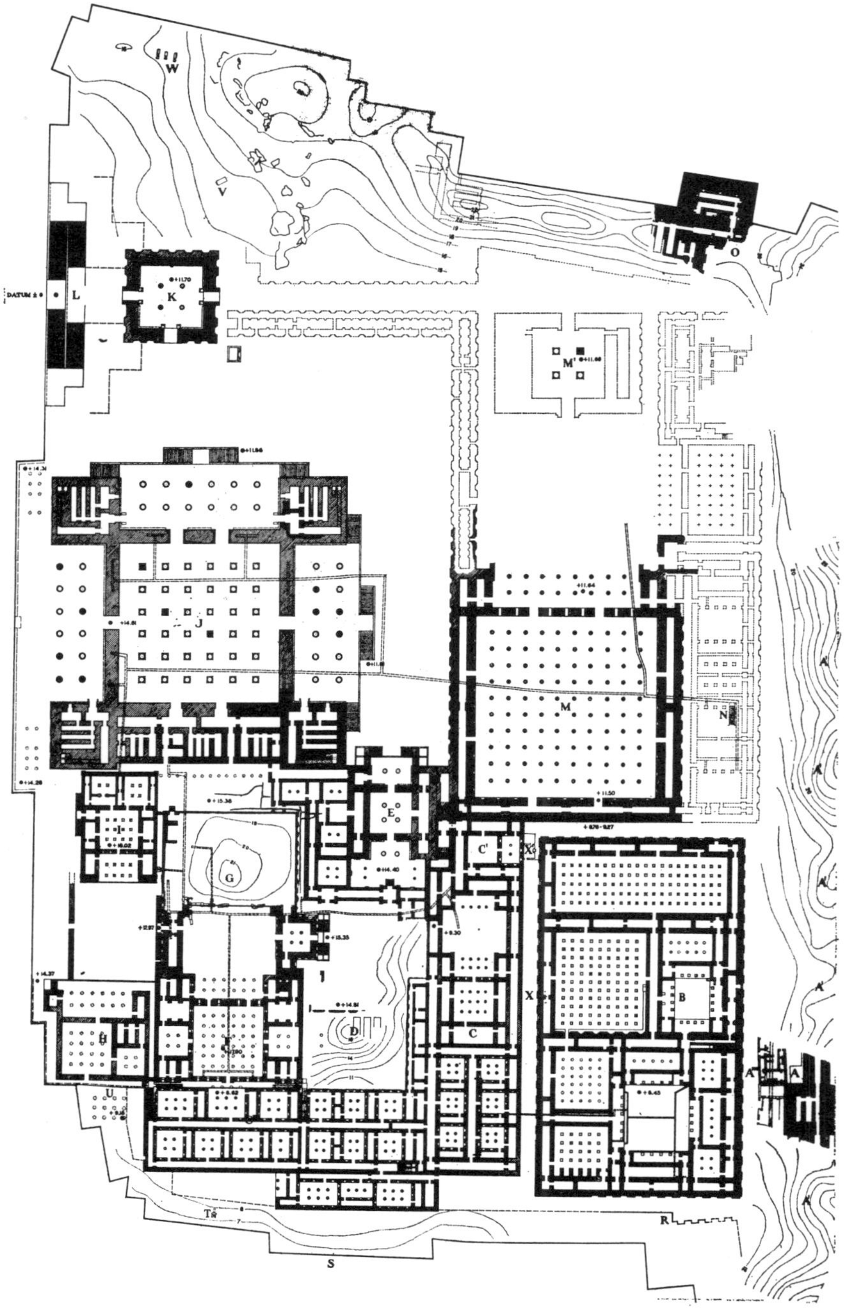
W
V
L
K
O
M
J
N
E
G
D
B
C
X
A
U
R
S
DATUM ± 0

wir einen kurzen Rundgang an Hand des von Erich F. Schmidt veröffentlichten Grundrisses (Bild 57).

Auf der Terrasse führt an ihrer Westseite eine wahrhaft königliche Doppeltreppe L, deren je 111 Stufen so flach sind, daß Darius und sein Hofstaat bequem hinaufreiten konnten. Oben empfängt uns das ›Tor aller Länder‹ K, das allerdings erst unter Xerxes fertig wurde. Durch die südliche Tür dieses Tores betreten wir den Haupthof. Von ihm aus begeben wir uns – beim Neujahrsempfang am 21. März – zum Großkönig in den Apadâna J. Sein Thron stand zwischen den vier mittleren Säulen der Südseite des quadratischen Audienzsaales. Für Vorlassungen in kleinerem Rahmen diente das (wie ich es nenne) Empfangs-Königstor E. Links grenzte wahrscheinlich die Hofkanzlei an, während nach rechts der Weg in den Harem C oder in den Hundertsäulenpalast M führte. Dessen Thronsaal dürfte für Empfänge vornehmlich der Garde bestimmt gewesen sein; er wurde erst von Xerxes erbaut, von Artaxerxes I. vollendet, war aber in der ursprünglichen Darius-Planung mitenthalten. Die Südostecke der Terrasse füllte das Schatzhaus B. Verhältnismäßig klein war der Wohnpalast I des Großkönigs, der sogenannte *Tatshara.* Sein Schlafzimmer maß 9,3 Meter im Geviert. Xerxes baute sich weiter südlich einen größeren Wohnpalast, das sogenannte *Hadish* F.

Darius' ganzer Stolz war der Apadâna mit seinen ursprünglich zweiundsiebzig Steinsäulen von fast zwanzig Meter Höhe und einem großen, luftigen Säulenzwischenraum von 8,64 Meter. Im September 1933 fand Friedrich Krefter an der Nordost- und Südost-Ecke des Audienzpalastes, in einem steinernen Behältnis wohlverwahrt, die von Darius eingemauerten Gründungsurkunden (Bild 58). Sie bestanden aus je einer goldenen und silbernen viereckigen Tafel von 33 cm Seitenlänge. Alle vier Tafeln bieten denselben Wortlaut in Persisch, Elamisch und Akkadisch. Im Lehm unter den beiden Grundstein-Behältern fanden sich jeweils vier Kroisos-Goldstücke sowie einige griechische Silbermünzen – sie sollten dem Bau wohl Glück bringen, vermochten indes Alexander nicht davon abzuhalten, den Apadâna in Brand zu stecken ... Eine der Silbermünzen kann nicht vor 515 geprägt worden sein[52]. In den Urkunden berichtet Darius: »Dies ist

Bild 57: Plan von Persepolis nach Erich F. Schmidt. Wichtigste Gebäude: L = Freitreppe, K = ›Tor aller Länder‹, J = Apadâna (Audienzpalast), I = Wohnpalast des Darius, E = Empfangs-Königstor, M = Hundertsäulenpalast, B = Schatzhaus, C = Frauengemächer, F = Wohnpalast des Xerxes.

das Reich, das ich besitze: von den Skythen jenseits von Sogd reicht es bis nach Nubien, von Sind bis nach Lydien. Das hat mir der Allweise Herr verliehen, der größte der Götter. Mich schütze der Allweise Herr und mein Königshaus!« Weil Darius als westliche Begrenzung seines Reiches hier noch Lydien nennt, nicht das 513 eroberte Thrakien, läßt sich die Grundsteinlegung ziemlich sicher ins Jahr 514 verlegen. Wahrscheinlich hat Darius ihr selber beigewohnt.

Bild 58: Goldene Grundstein-Tafel aus dem Apadâna (Audienzpalast) des Darius zu Persepolis, heute im Altertumsmuseum in Teheran. Oben die altpersische Fassung der Inschrift, in der Mitte die elamische, unten die babylonische.

Welchen Eindruck gewinnen wir bei einer Gesamtschau über Persepolis von der Persönlichkeit des Darius als Bauherr?
Es ist ihm gelungen, aus den Stilmitteln der Bau- und Zierkunst der Länder seines Weltreiches die verschiedensten Einzelbestandteile auslesen und so zusammenfassen zu lassen, daß ein neues Ganzes von überzeugender Harmonie und Vollendung entstand, das zwei Jahrhunderte hindurch unverändert fortbestand und weiterwirkte. Allein, darauf kommt es uns im Augenblick nicht an; wir fragen vielmehr nach der inneren Haltung, nach der Gesinnung des Darius, wie sie sich in Persepolis widerspiegelt.
Persepolis strahlt auf den Besucher etwas Feierliches, Friedliches, Festliches aus – aber nichts eigentlich Fröhliches. Auch ist auf den vielen Hunderten von Flachbildern der Darius-Pfalz nicht eine einzige Frau dargestellt ... Das einzige weibliche Wesen dort ist eine Löwin mit ihren Jungen, ein Neujahrsgeschenk der elamischen Abordnung für den Wildpark des Großkönigs. Männliches Selbstgefühl von feierlicher Strenge durchzieht ganz Persepolis. Es wäre aber irrig, daraus zu folgern, im alten Persien hätten die Frauen nur Heim, Herd und Harem gekannt. Gleichwohl verbannte Darius sie von seinen Reliefs. Auch bildet die achämenidische Kunst, das wurde schon einmal erwähnt, nie Nacktes ab. Die Perser waren eben keine Griechen ...
Während beispielsweise die Assyrerkönige sich nicht genug darin tun konnten, die Wände ihrer Paläste mit blutigen Szenen auszuschmücken, herrscht auf den Bildern von Persepolis tiefster Friede. Nur scheinbare Ausnahmen sind jene Kampfszenen, welche Darius als ›königlichen Helden‹ zeigen, wie er einem Ungeheuer – etwa einem Einhorn-Löwen – sein Schwert in den Leib bohrt. Diese Darstellungen in den Türlaibungen seiner Paläste versinnbildlichen den unablässigen Kampf des Großkönigs mit dem Widersacher; sie bilden Darius gewissermaßen als einen ›zarathustrischen Sankt Georg‹ ab. Auch das in Persepolis häufig anzutreffende Motiv eines Löwen, der einen Stier schlägt, ist nur ein Sinnbild. Die alten Elamer stellten die kalte Jahreszeit durch einen Stier dar, die heiße durch einen Löwen. Das erwähnte Motiv versinnbildlicht den Wechsel der Jahreszeiten im Frühjahr und nimmt so auf die Neujahrsfeste Bezug, die in Persepolis gefeiert wurden.
Zahlreiche Flachbilder der Königspfalz bemühen sich, die festliche Stimmung der Neujahrsfeiern wiederzugeben; aber diese Stimmung, das muß man zugeben, behauptet sich nur mühsam gegenüber dem feierlichen Ernst, der die Gäste erfüllte, die der Großkönig an *Nouruz* zu sich einlud. Bild 59 zeigt höchste persische Würdenträger – ihren Rang machen die breiten, goldenen Halsreifen deutlich – auf ihrem Weg zur Vorlassung im Emp-

Bild 59: Persische Großwürdenträger auf dem Weg zur Vorlassung beim Großkönig im Empfangs-Königstor in Persepolis.

fangs-Königstor. In vertrautem Gespräch halten sie sich an der Hand oder berühren sich freundschaftlich. Anscheinend freuen sie sich schon auf das köstliche Festmahl, das ihnen bevorsteht. Lustig sind sie jedoch nicht; das verbietet ihnen die tiefverwurzelte Ehrfurcht vor dem Großkönig. Aber sie zittern auch nicht vor ihm, denn sie alle kennen seine Gerechtigkeit – und seine Dankbarkeit für geleistete treue Dienste.

Das Sendungsbewußtsein des Darius

Unsere Zeit ist gegen das bloße Wort ›Sendungsbewußtsein‹ allergisch geworden. Man wird aber nicht abstreiten können, daß Darius zumindest für seine Person zuinnerst davon überzeugt war, von Gott die Sendung erhalten zu haben, Chaos in Ordnung zu verwandeln und damit zugleich unter den Menschen Frieden zu stiften.

Das Gefühl seiner Sendung bekundet sich besonders deutlich in der Palastbau-Inschrift zu Susa: »Der Allweise Herr, der größte der Götter, der schuf mich, der machte mich zum König, der übertrug mir dieses Reich, das groß ist, reich an Rossen, reich an Mannen. Nach dem Willen des Allweisen Herrn waren mein Vater Vishtâspa und mein Großvater Rshâma beide noch am Leben, als der Allweise Herr *mich* auf dieser Erde zum König machte. Dem Allweisen Herrn gefiel es also, auf der ganzen Erde einen Mann zu erwählen, nämlich mich ... Ich verehrte den Allweisen Herrn. Der Allweise Herr stand mir bei. Was ich zu unternehmen gedachte, das ließ Er mir wohlgelingen. Alles, was ich tat, das unternahm ich mit dem Willen des Allweisen Herrn.«
Schon in seiner frühesten Inschrift, am Felsen zu Bisotun, hatte Darius auch den Grund dafür angegeben, weshalb ihm die Machtübernahme gelungen war: »Deshalb nämlich standen der Allweise Herr sowie die anderen Götter mir bei, weil ich nicht treulos war, kein Lügenknecht und kein Frevler – weder ich noch meine Sippe.«
Darius nennt den Allweisen Herrn den ›größten der Götter‹, und er erwähnt neben ihm ›andere Götter‹. Dies könnte den Anschein erwecken, als habe der Großkönig doch keinen Ein-Gott-Glauben besessen. In seinen Inschriften schränkt Darius jedoch, vor allem an der Südmauer von Persepolis, die ›anderen Götter‹ neben dem Allweisen Herrn auf diejenigen ein, »die da sind«. Diese Wendung aber stellt die unmittelbare Verbindung zur Glaubenslehre Zarathustras her. Denn in der letzten Strophe des letzten Gesanges sagt der Prophet Altirans: »Das weiß der Allweise Herr: nur die da waren und *die da sind,* / sie will ich anbeten, mit Namen sie rufend ...«
Die Wendung »die da sind« umschreibt also jene Himmelsfürsten, die der Allweise Herr geschaffen und denen er bestimmte Aufgaben übertragen hat – im Gegensatz zu den Götzen, denen kein wahres, geistiges Sein eignet. Der Allweise Herr ist somit für Darius »der größte der Götter« in genau demselben Sinne wie auch für Zarathustra. »Die anderen Götter, die da sind« werden im späteren Zarathustra-Glauben als ›heilige Unsterbliche‹ bezeichnet; sie lassen sich für uns als ›Erzengel‹ umschreiben.
Zum Unterschied von ihnen, welche Darius neben dem Allweisen Herrn – ihrem ›Vater‹ – gläubig verehrte, brachte er den Göttern der Völker seines Weltreiches lediglich Duldung entgegen. Solche Duldung hatte schon Kyrus geübt. Sie wurde, trotz gelegentlicher Rückfälle unter Xerxes, ein Ruhmestitel der Achämeniden. Den Glauben seiner Untertanen außerhalb Irans zu schützen, empfand Darius als Verpflichtung – nicht nur aus politischer Klugheit, sondern um der ›Rechten Ordnung‹ willen.
Erhalten hat sich in diesem Zusammenhang der Inhalt eines Schreibens, das

der Großkönig an seinen Krongutsverwalter Gadâta in Ionien gerichtet hatte: »Ich erfahre, daß du meine Weisungen nicht in jeder Hinsicht befolgst. Daß du mein Kronland förderst, indem du aus Syrien Früchte in die Küstengebiete von Kleinasien verpflanzest, diesen Schritt lobe ich, und deswegen wird dir am Königshofe eine große Belohnung gutgeschrieben.« Gadâta kam also auf die Liste der ›Königswohltäter‹. »Daß du aber meine Vorschrift bezüglich der fremden Götter nicht einhältst, dafür werde ich dir, so du dich nicht besserst, mein Mißfallen empfindlich spüren lassen. Denn du hast den geweihten Gärtnern des Apollo [vom Tempel in Magnesia am Mäander] Steuern auferlegt und sie gezwungen, ungeweihtes Land zu bestellen. Damit verkennst du die Gesinnung meiner Vorgänger gegenüber jener Gottheit, welche den Persern stets die Wahrheit geoffenbart hat.«

Dieser Brief bezeugt sehr lebendig die eigenartige Mischung von Frömmigkeit und Dankbarkeit, wie sie Darius eigen war. Seine Duldung der Götter der Fremdvölker endete aber schroff dann, wenn der Frieden gebrochen wurde. Die aufständischen Ionier hatten im Jahre 499 in Sardes den Tempel der heimischen Göttin Kybele niedergebrannt. Zur Strafe dafür ließ der Großkönig fünf Jahre später den ionischen Tempel zu Didyma bei Milet zerstören und ausrauben.

Dagegen machte es Darius selbst in seinem heimatlichen Persien nichts aus, den Priestern heidnischer Tempel regelmäßige staatliche Opferspenden zukommen zu lassen, darunter für die elamischen Götter Humban und Simut oder für den babylonischen Wettergott Adad. Solche Spenden erhielten sogar nichtzarathustrische persische Kulte, bei denen man an Flüssen oder auf einem heiligen Berge opferte. Die Zuwendungen des Großkönigs bestanden aus Gerste, Mehl, Datteln, Feigen, Wein oder Bier, je nachdem. Verboten hatte er, Tiere für Schlachtopfer zu spenden, die Zarathustra verpönt hatte. Nun lag aber beispielsweise dem babylonischen Gott Adad viel mehr an solchen Schlachtopfern als an Schaubroten oder Trankspenden. Was taten seine findigen Priester? Sie sammelten die großköniglichen Gerste-Zuwendungen an, bis sie genug beisammen hatten, um dafür einen Hammel eintauschen zu können ... Opferschafe durften unter keinen Umständen geliefert werden, das wußten die Beamten der Hofkammer; wohl aber kam es ständig vor, daß staatliche Zuwendungen *umgetauscht* wurden, alles gemäß unveränderlichem Tarif, nämlich ein Hammel = 97 Liter Gerste im Werte von 5,40 Goldmark.

Von der Zuteilung staatlicher Opferspenden waren all jene iranischen Götter ausgeschlossen, welche Zarathustra bekämpft hatte, also im besonderen Mithra und die Anahita. Darius konnte seine Perser nicht daran hindern, ihren Söhnen Namen zu geben, die mit ›Mithra‹ zusammengesetzt waren, und er zwang sie auch nicht, sich wie er zum Zarathustra-Glauben zu bekennen. Aber er hat offensichtlich in Persien alle Kultstätten des Mithra und der Anahita schleifen lassen – sie waren in seinen Augen *daivâ,* also Götzen, und Götzen bekämpfte er.

Dafür hat uns Pompeius Trogus einen unschätzbaren Beleg überliefert. Während der Zurüstungen zum großen Feldzug gegen Hellas hatte Darius eine Gesandtschaft zu König Hamilkar nach Karthago geschickt, um ihn als Bundesgenossen zu gewinnen. Als erstes aber verlangte der Großkönig, die Punier sollten unverzüglich ihre schändlichen Menschenopfer abschaffen ... Es gibt inzwischen archäologische Beweise dafür, daß Karthager ihrem Götzen Moloch Kinder opferten. Davon hatte Darius Kunde erhalten, und diese heidnischen Greuel wollte er nicht dulden. Kein anderer orientalischer Herrscher des Altertums hat je an ihnen Anstoß genommen.

Wir wissen nicht, welche geistige Wirklichkeit Darius den Göttern der Völker seines Reiches beigemessen hat. Daß sie politische Macht ausübten, lag auf der Hand, und dementsprechend nahm er in seiner Politik auf sie Rücksicht, solange er sie nicht für teuflisch hielt wie etwa den Moloch der Karthager. Darius hat den Tempelbau der nach Jerusalem heimgekehrten Juden finanziert, aber auch den Hibis-Tempel in der Oase Chârga in Ägypten gestiftet. Freilich würde man hierbei gerne einen Unterschied sehen wollen. Die Juden haben – das wurde oben schon erwähnt – unter den späteren Achämeniden in ihren Eingaben stets auf ihren ›Himmelsgott‹ Bezug genommen, weil sie wußten, daß die Perser Jahwe mit Ahura Mazdâh gleichsetzten. Hatte auch schon Darius empfunden, daß er zum selben alleinigen Schöpfergott betete, wie die Juden dies seit der Zeit der Erzväter taten? Ich halte es für wahrscheinlich; beweisen läßt es sich nicht.

Erweisbar jedoch ist, daß Darius zu Gott ein ebenso inniges Gefühl der Verbundenheit besaß wie einst Zarathustra selber. Wie der Prophet Altirans betont auch der Großkönig: »Mir war der Allweise Herr freund«, und nachdenklich fügte er hinzu: »darum glückte mir auch alles, was ich unternahm.« Nur ein frommer Mensch konnte sich gedrängt fühlen, als Weltherrscher einer unscheinbaren Ziegelinschrift in Susa anzuvertrauen: »Mein ist der Allweise Herr – des Allweisen Herrn bin ich ...«

REGIERUNGSZEITEN DER ALTIRANISCHEN HERRSCHER

Mederkönige

Deiokes (Dahyauka) – bis 715 v. Chr.
Kyaxares (Chvachshtra) I. – 714 bis ca. 685
Chshathrita – ca. 684 bis 645
Phraortes (Fravartish) – 645 bis 623
Kyaxares II. – 623 bis 584, darin eingebettet 28 Jahre Skythenherrschaft
Astyages (Rshtivaiga) – 584 bis 550

Perserkönige

Achämenes (Hachâmanish) – bis ca. 690 v. Chr.

Teispes (Tshaishpish) – ca. 690 bis ca. 650

- Kyrus (Kurush) I. – ca. 650 bis ca. 600
  - Kambyses (Kambuzhya) I. – ca. 600 bis 559
    - Kyrus II. d. Gr. – 559 bis Juli 530
      - Kambyses II. – Aug. 530 bis Juli 522
- Ariaramnes (Aryâramna)
  - Arsames (Rshâma)
    - Hystaspes (Vishtâspa) [regierte nicht]
      - Darius (Dârayavahush) I. d. Gr. Sept. 522 bis Nov. 486
        - Xerxes (Chshayarshâ) I. Dez. 486 bis Aug. 564
          - Artaxerxes (Rtachshassa) I. Sept. 465 bis Dez. 424
            - Xerxes II. 424 (45 Tage)
            - Sogdyâna 423 (6 1/2 Monate)
            - Darius II. Febr. 423 bis 405
              - Artaxerxes II. 405 bis Dez.? 359
                - Artaxerxes III. 358 bis 337
                  - Arses (Rshâ) 337 bis 335
              - Kyrus d. Jüng.
              - Artostes (Rtaushtâ)
                - Rshâma
                  - Darius III. 335 bis Juli 330

ANMERKUNGEN

1 Vergleiche hierzu und zum folgenden Heinz Luschey, »Bisotun – Geschichte und Forschungsgeschichte«, *Archäologischer Anzeiger* (1974) S. 114–149. Eine Zeichnung der Inschrift dort auf S. 125.

2 Neu herausgegeben von der Wissenschaftlichen Buchgemeinschaft in Darmstadt 1972 unter dem Titel »G. Fr. Grotefends erste Nachricht von seiner Entzifferung der Keilschrift«. Eine deutsche Übersetzung aus dem Lateinischen mit Kommentar veröffentlichte Rykle Borger 1975 in dem Katalog zu der Ausstellung in Göttingen, die in jenem Jahr anläßlich des 200. Geburtstages Grotefends stattfand.

3 Den Nachweis, daß das heutige Sarpol das alte Halman und das noch ältere Harman fortsetzt, erbrachte Rykle Borger in: *Archiv für Orientforschung* 23 (1970) S. 1 ff. Die letzte Bearbeitung der babylonischen Inschrift stammt von Dietz Otto Edzard in derselben Zeitschrift Band 24 (1973) S. 73ff.

4 Vgl. zusammenfassend meinen Beitrag »Die Zusätze zur Darius-Inschrift von Behistan« in: *Archäologische Mitteilungen aus Iran,* Neue Folge 5 (1972) S. 243ff.

5 Vgl. dazu Carl Nylander in: *Opuscula Atheniensia* 8 (Lund 1968) S. 19–136.

6 Vgl. zu diesem ganzen Kapitel Leo Trümpelmann in: *Archäologischer Anzeiger* (1967) S. 281–298, Heinz Luschey in: *Archäologische Mitteilungen aus Iran,* Neue Folge 1 (1968) S. 63–94, und mein Buch *Neue Wege im Altpersischen* (Wiesbaden 1973), I. Kapitel.

7 Zur Herkunft der Perser aus Südrußland vgl. Wolfgang P. Schmid im Sonderheft 22 der *Innsbrucker Beiträge zur Kulturwissenschaft* (1966) S. 7 ff. Zu ihren Siedlungsgebieten: R. M. Boehmer, »Zur Lage von Parsua im 9. Jahrhundert vor Christus«, in: *Berliner Jahrbuch für Vor- und Frühgeschichte* 5 (1965) S. 187–198. Zu den unterirdischen Bewässerungsgräben: J. Laessøe, »The irrigation system at Ulhu, 8th century B. C.« in: *Journal of Cuneiform Studies* 5 (1951) S. 21–32; Carl Troll, »Qanat-Bewässerung in der Alten und Neuen Welt« in: *Mitt. der Österr. Geogr. Gesellschaft* 105, Heft II (1963) S. 313–330 mit reichem Schrifttum; Hans Wulff, »The Qanats of Iran« in: *Scientific American* 218 (1968) Nr. 4, S. 94–105.

8 Vgl. John Hansman in: *Iran* 10 (1972) S. 111ff., und Erica Reiner in: *Revue d'Assyriologie* 67 (1973) S. 57ff. Zu Elam im allgemeinen sei auf mein Buch *Das Reich Elam* (Stuttgart 1964) verwiesen.

9 Ernst F. Weidner in: *Archiv für Orientforschung* 7 (1931) S. 3 und R. Campbell Thompson/M. E. L. Mallowan in: *Annals of Archaeology and Anthropology* der Universität Liverpool 20 (Liverpool 1933) S. 86.

10 Deutung nach R. Hauschild in: *Mitt. des Institutes f. Orientforschung* 7 (Berlin 1959) S. 74. Im ganzen fußt dieses Kapitel 3 auf meinem Buche *Zarathustra* (Stuttgart 1961), wo sämtliche Einzelliteratur angeführt ist.

11 Daß der ursprüngliche Hauma der Saft getrockneter Fliegenpilze war, hat R. Gordon Wasson wahrscheinlich gemacht in: *Journal of the American Oriental Society* 91 (1971) S. 286–298; vgl. dazu auch I. Gershevitch in: *Mémorial Jean de Menasce* (Louvain 1974) S. 45–75.

12 Erstes Täfelchen in: *Vorderasiatische Schriftdenkmäler der königlichen Museen zu Berlin,* Heft V (Leipzig 1908) Nr. 42, zweites Täfelchen bei J. N. Strassmaier, *Babylonische Texte* IX (Leipzig 1890) Nr. 1.

13 Vgl. R. Borger und W. Hinz in: *Zeitschrift der Deutschen Morgenländischen Gesellschaft* 109 (1959) S. 117–127, von mir zusätzlich ergänzt.

14 Stephen Langdon, *Die neubabylonischen Königsinschriften* (Leipzig 1912) S. 220, dazu B. Landsberger in: *Festschrift für Halil Edhem* (Ankara 1947) S. 147 Anm. 1, und D. Baltzer in: *Welt des Orients* 7 (1973–1974) S. 91ff.

15 Sidney Smith, *Babylonian Historical Texts* (London 1924) S. 111.

16 Vgl. J. G. Pedley, *Ancient Literary Sources on Sardis* (Cambridge, Mass. 1972), passim.

17 Näheres bei R. D. Barnett in: *The Journal of Hellenic Studies* 83 (1963) S. 18f.

18 Vgl. J. B. Pritchard, *Ancient Near Eastern Texts relating to the Old Testament* (Princeton ²1955) S. 312ff., und B. Landsberger/Th. Bauer in: *Zeitschrift für Assyriologie* 37 (1926) S. 88ff.

19 Alle Quellenhinweise bei F. H. Weißbach in: Pauly-Wissowa, *Real-Encyclopädie der class. Altertumswissenschaft,* Supplementband IV (Leipzig 1924) Sp. 1147–1151.

20 Vgl. R. Borger in: *Orientalia* 34 (Rom 1965) S. 440.

21 Paul-Richard Berger in: *Zeitschrift für Assyriologie* 64 (1975) S. 192–203; Wilhelm Eilers in: *Festgabe deutscher Iranisten zur 2500-Jahr-Feier Irans* (Stuttgart 1971) S. 161–166.

22 Die Einzelheiten der Neujahrsgeschehnisse sind entnommen F. Thureau-Dangin, *Rituels Accadiens* (Paris 1921) S. 144f., P.-R. Berger in: *Actes de la XVIIe Rencontre Assyriologique Internationale* (Brüssel 1970) S. 155ff., und A. Leo Oppenheim in Band XV von *A Survey of Persian Art* (Gedächtnisschrift A.U. Pope [Tokio/London/New York/Teheran 1974] S. 3497ff.; Oppenheim hat durch verbesserte Lesung des Endes der Naboned-Chronik die anstößige Tatsache des »elamischen Gewandes« und der Bewaffnung des Kambyses herausgefunden).

23 In: *Iran* 10 (London 1972) S. 6. Arabische Geographen setzten den mittelalterlichen Ort Tavvâdj (= alt *Taukâ*) zwischen Kâzerun und dem Persischen Golf an, was genau auf Borâzdjân zutrifft.

24 Vgl. Paul Luft, *Iran unter Schah 'Abbâs II. (1642–1666),* Göttinger Dissertation 1968, S. 164f.

25 Vgl. zu diesen Figuren Trudy S. Kawami in: *Iran* 10 (London 1972) S. 146ff., und Sir Max Mallowan, ebenda S. 1. Daß es sich bei der Gestalt am Torgebäude um eine phönikische Gottheit handelt, erwies R. D. Barnett in: *Mélanges de l'Université Saint-Joseph* 45 (Beyrouth 1969) S. 416ff.

26 Die Maße werden David Stronach verdankt (*Iran* 2 [London 1964] S. 22ff.);

auch Carl Nylander (*Ionians in Pasargadae* [Uppsala 1970]) ging auf sie ein. Daß es sich um einen Bau in runden Maßen handelt, sah Leo Trümpelmann (*Zeitschrift für Assyriologie* 62 [1972] S. 155). Die Elle zu rund 52 cm ist die elamische Elle, welche die Perser übernahmen; Friedrich Krefter (*Persepolis, Rekonstruktionen* [Berlin 1971] S. 31) hat sie auf genau 51,36 cm ermittelt, die Königs-Elle auf 68,48 cm = 2 Fuß.

27 Die Deutung als Grab des Kambyses geht auf Ernst Herzfeld zurück (vgl. sein Buch *Iran in the Ancient East* [London/New York 1941] S. 214) und leuchtet ein, ist aber nicht erwiesen.

28 Vgl. M. San Nicolò in: *Archiv Orientální* 17/II (Prag 1949) S. 323–330.

29 Alle heimisch-ägyptischen Quellen zum Persereinfall bei G. Posener, *La première domination perse en Egypte* (Kairo 1936). Siehe des weiteren Friedrich Karl Kienitz, *Die politische Geschichte Ägyptens vom 7. bis zum 4. Jahrhundert vor der Zeitwende* (Berlin 1953). Den Namen des ägyptischen Admirals Udjahor-resnet habe ich zu Udja-hor verkürzt.

30 B. Meißner in: *Zeitschrift für ägyptische Sprache und Altertumskunde* 29 (Leipzig 1891) S. 123. Das Datum ist der 31. Dezember 524.

31 W. Spiegelberg, *Die sogenannte Demotische Chronik* (Leipzig 1914) S. 32. Er las 160 532 *deben* Silber zu 91 Gramm; G. Hughes (bei A. T. Olmstead, *History of the Persian Empire* [Chicago 1948] S. 91 Anm. 24) las nur 60 530 *deben*, was eine zu geringe Summe ergäbe.

32 Vgl. Hubertus von Gall in: *Archäologische Mitteilungen aus Iran*, Neue Folge 7 (Berlin 1974) S. 155f.

33 Nachweis durch J. Marquart, *Untersuchungen zur Geschichte von Eran* II (Leipzig 1905) S. 161.

34 W. B. Henning, »The Murder of the Magi«, in: *Journal of the Royal Asiatic Society* (1944) S. 135.

35 In: *American Journal of Semitic Languages* 55 (1938) S. 300ff.

36 R. T. Hallock in: *Journal of Near Eastern Studies* 9 (1960) S. 36–39.

37 *Archäologische Mitteilungen aus Iran*, Neue Folge 5 (1972) S. 247f.

38 Richard T. Hallock, *Persepolis Fortification Tablets* (Chicago 1969) No. 688.

39 Pierre Grelot, *Documents araméens d'Egypte* (Paris 1972) S. 311f.

40 G. Posener, a. a. O., S. 23; Alan H. Gardiner in: *The Journal of Egyptian Archaeology* 24 (London 1938) S. 157ff. Heinrich Schäfer in: *Zeitschrift für ägyptische Sprache* 37 (1899) S. 72–74.

41 Vgl. J. Yoyotte in: *Revue d'Assyriologie* 46 (1952) S. 165–167. Zu den Abdrukken von Darius-Siegeln auf elamischen Hofschatztäfelchen aus Persepolis siehe Erich F. Schmidt, *Persepolis* II (Chicago 1957) S. 18f. und Tafel 3; vgl. auch *Zeitschrift für Assyriologie* 61 (1971) S. 262 und 302.

42 Zu den Darius-Bauten in Susa vgl. F. Vallat in: *Studia Iranica* I (1972) S. 3–13, und W. Hinz in: *Acta Antiqua Academiae Scientiarum Hungaricae* 19 (Budapest 1971) Heft 1–2, S. 17–23; zuletzt M.-J. Steve in: *Studia Iranica* III (1974) S. 135–168 und IV (1975) S. 7–18. Zum *Yakâ*-Holz vgl. I. Gershevitch in: *Bulletin of the School of Oriental and African Studies* 19 (London 1957) S. 317–320.

43 *Archäologische Mitteilungen aus Iran,* Neue Folge 5 (Berlin 1972) S. 247 ff. Vgl. auch O. Szemerényi in: *Acta Iranica* Band 5 (Teheran/Lüttich 1975) S. 346–350.

44 Über den einzigartigen Fund einer solchen sakischen spitzen Kopfbedeckung (über 50 cm hoch) und seinen Goldschmuck aus einem Grab in Issyk bei Alma-Ata siehe Renate Rolle in: *Praehistorische Zeitschrift* 47 (1972) S. 76f.

45 Diodor I 95: 4/5; Polyaen VII 11: 7; G. Posener, a. a. O., S. 36–41; W. Spiegelberg, a. a. O., S. 30–32; W. Helck, *Geschichte des Alten Ägypten* (Leiden 1968) S. 259.

46 Vgl. Ernst Herzfeld, *The Persian Empire* (Wiesbaden 1968) S. 286 (erkannte die Platanen) und S. 282; W. W. Tarn, *Alexander der Große* (Darmstadt 1968) S. 576f.; F. Gisinger in: Pauly-Wissowa, *Real-Encyclopädie der class. Altertumswissenschaft,* Zweite Reihe, Fünfter Halbband (Stuttgart 1927) Sp. 619–646.

47 Vgl. seinen Aufsatz »Die Dariusstele am Tearos« in: *Archäologischer Anzeiger* (1915) Sp. 3–18, mit einer Nachschrift von F. H. Weißbach.

48 Zum Suezkanal des Darius vgl. meinen Beitrag in: *Archäologische Mitteilungen aus Iran,* Neue Folge 8 (Berlin 1975) S. 115–121, sowie das Buch von G. Posener, *La première domination perse en Egypte* (Kairo 1936) passim.

49 Zu den Qanâten vgl. H. J. Llewellyn Beadnell, *An Egyptian Oasis* (London 1909) S. 8, und allgemein Carl Troll in: *Mitteilungen der Österr. Geogr. Gesellschaft* 105, Heft III (Wien 1963). Zum Hibis-Tempel vgl. H. Brugsch, *Reise nach der großen Oase el Khargeh* (Leipzig 1878), und Norman de Garis Davies, *The Temple of Hibis in el Khârgeh Oasis,* Part III (New York 1953) passim.

50 Zum Statuenfund vgl. man die Beiträge von Monique Kervran, David Stronach, François Vallant und Jean Yyotte in: *Journal Asiatique* (1972) S. 235–266, vor allem aber Band 4 der *Cahiers de la Délégation Archéologique Française en Iran* (Paris 1974, erschienen 1975).

51 M.-J. Steve in: *Studia Iranica* III (Paris 1974) S. 7–28, 135–169 und IV (1975) S. 7–26.

52 Friedrich Krefter, *Persepolis. Rekonstruktionen* (Berlin 1971) S. 53.

NACHWEIS DER BILDTAFELN

Bild 1: (Darius-Denkmäler von Bisotun) Aufnahme von Leo Trümpelmann vom 6. April 1964, veröffentlicht mit freundlicher Genehmigung des Deutschen Archäologischen Institutes, Abteilung Teheran.

Bild 2: (Herakles bei Bisotun) Aufnahme M. Rostamy, Teheran, vom Jahre 1960, bald nach der Entdeckung des Bildwerkes beim Straßenbau.

Bild 3: (Darius-Denkmal von Bisotun) Zeichnung von Robert Ker Porter von 1818, veröffentlicht mit freundlicher Genehmigung der Orientalischen Abteilung der Eremitage zu Leningrad.

Bild 4: (Georg Friedrich Grotefend, Entzifferer der Keilschrift) Lithographie von C. Kiesel nach einem Gemälde von Fr. Winkelmann im Historischen Museum am Hohen Ufer in Hannover, veröffentlicht mit freundlicher Genehmigung des Museums.

Bild 5: (Grotefends Wohnung in Göttingen) Aufnahme Stadtarchiv Göttingen.

Bild 6: »Göttingische gelehrte Anzeigen« 1802.

Bild 7: (Keilinschrift) Entnommen Carsten Niebuhr, Reisebeschreibung nach Arabien und andern umliegenden Ländern, Band II, Kopenhagen 1778, Tafelwerk, Tafel XVIII. (Aus dem von Grotefend benutzten Exemplar aufgenommen.)

Bild 8: (H. C. Rawlinson, engl. Keilschriftforscher) Veröffentlicht mit freundlicher Genehmigung der Royal Asiatic Society, London.

Bild 9: (Erstfassung des Bisotun-Denkmales) Zeichnung von Leo Trümpelmann im Archäologischen Anzeiger, Berlin 1967, S. 287.

Bild 10: (Gerüstbau von Bisotun) Zeichnung von Heinz Luschey in den Archäologischen Mitteilungen aus Iran, Neue Folge Band 1 (Berlin 1968) S. 93.

Bild 11: (Xerxes-Goldschale) Aufnahme M. Rostamy, Teheran.

Bild 12: (Zwei Figuren vom Relief Bisotun) Aufnahme Leo Trümpelmann vom 5. April 1964, veröffentlicht mit freundlicher Genehmigung des Deutschen Archäologischen Institutes, Abteilung Teheran.

Bild 13: (Querschnitt durch einen Qanât) Zeichnung von H. Bobek in seinem Buch Iran, Probleme eines unterentwickelten Landes (1961) Abb. 2 auf Seite 21, Ausschnitt.

Bild 14: (Ausschachtung eines Qanât) Zeichnung von H. Wulff in der Zeitschrift Scientific American 218, Nr. 4 (April 1968) S. 96 (Ausschnitt).

Bild 15: (Sargon-Stele) Aufnahme von Heinz Luschey, mit seiner freundlichen Genehmigung veröffentlicht. Die assyrische Inschrift – 29 Zeilen vorne, 70 Zeilen hinten und links – ist stark verwittert. Sie wurde 1972 von L. D. Levine in Ontario veröffentlicht.

Bild 16: (Siegel des ersten Kyrus) Aufnahme des Oriental Institute der Universität von Chicago, mit dessen freundlicher Genehmigung veröffentlicht, durch Richard T. Hallock gütigst vermittelt.

Bild 17: (Zeichnung dazu) Zeichnung von Dr. Gudrun Ulbrich, Göttingen.

Bild 18: (Elamer und Perser) Aufnahme Hinz.
Bild 19: (Relief eines Kamels). Aufnahme Hinz.
Bild 20: (Palast-Rekonstruktion) Veröffentlicht mit freundlicher Genehmigung von Friedrich Krefter.
Bild 21: (Relief von Baktrern) Aufnahme Hinz.
Bild 22: (Stadtwall von Balch) Aufnahme Hinz.
Bild 23: (Mithras-Relief) Aufnahme Bildarchiv des Badischen Landesmuseums in Karlsruhe, veröffentlicht mit dessen freundlicher Genehmigung.
Bild 24: (Adorant in Sakavand) Aufnahme von Heinz Luschey von 1963, mit seiner freundlichen Genehmigung veröffentlicht.
Bild 25: (Feuerbewahrturm in Pasargadae) Rekonstruktionszeichnung von E. Beazley und M. E. Weaver, veröffentlicht von David Stronach in der Zeitschrift Iran, Jahrgang 3, London 1965, S. 12.
Bild 26: (Kyrus-Relief in Pasargadae) Aufnahme Hinz.
Bild 27: (Kroisos auf dem Scheiterhaufen) Zeichnung nach der Amphora des Myson im Griechischen Lese- und Übungsbuch von Kurt Person, Stuttgart, 2. Auflage 1956, S. 14.
Bild 28: (Kyrus-Zylinder aus Babylon) Veröffentlicht mit freundlicher Genehmigung der Trustees des British Museum in London.
Bild 29: (Babylon) Gemälde von Herbert Anger, entworfen von Eckhard Unger, entnommen dessen Buch Babylon – Die heilige Stadt nach der Beschreibung der Babylonier, Berlin/Leipzig 1931, Titelbild.
Bild 30: (Wohnpalast des Kyrus) Aufnahme Hinz.
Bild 31: (Kambyses-Grabruine) Aufnahme Hinz.
Bild 32: (Hofmarschall Farnaka) Aufnahme Erwin Böhm, Mainz.
Bild 33: (Kurzschwert) Aufnahme Erwin Böhm, Mainz.
Bild 34: (Perser mit Kopfbinde) Aufnahme des Oriental Institute der Universität von Chicago, veröffentlicht mit dessen freundlicher Genehmigung. Abgedruckt in Erich F. Schmidt, Persepolis II, Chicago 1957, Tafel 32 A.
Bild 35: (Darius und Leibadjutanten) Aufnahme von Leo Trümpelmann vom 6. April 1964, veröffentlicht mit freundlicher Genehmigung des Deutschen Archäologischen Institutes, Abteilung Teheran.
Bild 36: (Bisotun, Mittelstück des Reliefs) Aufnahme von Leo Trümpelmann, aufgenommen am 5. April 1964, veröffentlicht mit freundlicher Genehmigung des Deutschen Archäologischen Institutes, Abteilung Teheran.
Bild 37: (Bisotun, rechter Teil des Reliefs) Aufnahme von Leo Trümpelmann, aufgenommen am 6. April 1964, veröffentlicht mit freundlicher Genehmigung des Deutschen Archäologischen Institutes, Abteilung Teheran.
Bild 38: (Modell von Susa) Aufnahme der Französischen Archäologischen Delegation in Iran, veröffentlicht mit freundlicher Genehmigung von Jean Perrot.
Bild 39: (Gaubarva am Dariusgrab) Aufnahme des Oriental Institute der Universität von Chicago, veröffentlicht mit dessen freundlicher Genehmigung, erschienen in Erich F. Schmidt, Persepolis III, Chicago 1970, Tafel 23 A.
Bild 40: (Turm in Naqsh-e Rostam) Aufnahme des Oriental Institute der Uni-

versität von Chicago aus dem Jahre 1939, veröffentlicht mit dessen freundlicher Genehmigung, erschienen in Erich F. Schmidt, Persepolis III, Chicago 1970, Tafel 13.

Bild 41: Rekonstruktion des Tempels von Jerusalem durch Th. A. Busink in seinem Buche Der Tempel von Jerusalem von Salomo bis Herodes, Leiden 1970, Abb. 52.

Bild 42: (Statue von Udja-hor) Aufnahme der Vatikanischen Museen, veröffentlicht mit deren freundlicher Genehmigung.

Bild 43: (Lederpaß) Aus dem Buche Aramaic Documents of the Fifth Century B. C. von G. R. Driver, Oxford 1954, Tafel VIII.

Bild 44: (Darius-Siegelabdruck) Aufnahme des British Museum in London, veröffentlicht mit dessen freundlicher Genehmigung.

Bild 45: (Tor von Susa) Rekonstruktionszeichnung von Jean Perrot und Daniel Ladiray in den Cahiers de la Délégation Archéologique Française en Iran, Heft 4, Paris 1974, Seite 201, Abb. 17.

Bild 46: (Grab des Darius) Zeichnung von Robert Ker Porter von 1818, veröffentlicht mit freundlicher Genehmigung der Orientalischen Abteilung der Eremitage in Leningrad.

Bild 47: (Abordnung der Saken) Aufnahme Hinz.

Bild 48: (Skythe) Aufnahme Antikensammlung München, veröffentlicht mit deren freundlicher Genehmigung.

Bild 49: (Inschrift Persepolis) Aufnahme Hinz.

Bild 50: (Stele von Kabrit) Zeichnung von J. Ménant im Recueil de travaux relatifs à la philologie et à l'archéologie égyptiennes et assyriennes, Band 8, Paris 1887, S. 145.

Bild 51: (Stele von Tell el-Maßchuta) Zeichnung von G. Posener in seinem Buche La première domination perse en Égypte, Kairo 1936, Tafel IV.

Bild 52: (Hibis-Tempel) Zeichnung von von Philipsborn in Heinrich Brugsch, Reise nach der großen Oase el Khargeh, Leipzig 1878, Tafel II.

Bild 53: (Darius an seinem Grab) Aufnahme M. Rostamy, Teheran.

Bild 54: (Darius auf dem Thron) Aufnahme Erwin Böhm, Mainz.

Bild 55: (Darius auf dem Thron) Aufnahme Hinz.

Bild 56: (Luftaufnahme Persepolis) Aufnahme des Oriental Institute der Universität Chicago, veröffentlicht mit dessen freundlicher Genehmigung, erschienen in Erich F. Schmidt, Persepolis I, Chicago 1953, Tafel 4.

Bild 57: (Grundriß von Persepolis) Entnommen Erich F. Schmidt, Persepolis I, Chicago 1953, Fig. 21 (Beilage).

Bild 58: (Fundament-Goldtafel) Aufnahme M. Rostamy, Teheran.

Bild 59: (Persische Würdenträger als Gäste) Aufnahme M. Rostamy, Teheran.

NACHWEIS DER FARBTAFELN

Tafel 1: (Relief des Anubanini in Sarpol) Aufnahme Hinz, Göttingen.
Tafel 2: (Elamische Silbervase) Aufnahme Hinz, Göttingen.
Tafel 3: (Keshmar) Aufnahme Hinz, Göttingen.
Tafel 4: (Altäre in Pasargadae) Aufnahme Hinz, Göttingen.
Tafel 5: (Feuerbewahrturm in Pasargadae) Holle Bildarchiv, Baden-Baden.
Tafel 6: (Burgterrasse in Pasargadae) Aufnahme Hinz, Göttingen.
Tafel 7: (Kyrus-Palast in Borazdjan) Aufnahme Hinz, Göttingen.
Tafel 8: (Audienzpalast des Kyrus) Aufnahme Hinz, Göttingen.
Tafel 9: (Genienrelief in Pasargadae) Aufnahme Hinz, Göttingen.
Tafel 10: (Relief Fischmantelpriester) Aufnahme Hinz, Göttingen.
Tafel 11: (Grab des Kyrus) Holle Bildarchiv, Baden-Baden.
Tafel 12: (Nubische Abordnung) Aufnahme Hinz, Göttingen.
Tafel 13: (Lydischer Gabenbringer) Aufnahme Hinz, Göttingen.
Tafel 14: (Achämenidisches Trankopfergefäß) Holle Bildarchiv, Baden-Baden.
Tafel 15: (Greifenrelief) Holle Bildarchiv, Baden-Baden.
Tafel 16: (Mauerfries zu Susa) Holle Bildarchiv, Baden-Baden.
Tafel 17: (Marmornes Stierkapitell) Giraudon, Paris.
Tafel 18: (Goldarmreif mit Greifen) Holle Bildarchiv, Baden-Baden.
Tafel 19: (Arabische Gabenbringer) Aufnahme Hinz, Göttingen.
Tafel 20: (Indischer Gabenbringer) Aufnahme Hinz, Göttingen.
Tafel 21: (Skythischer Bogenschütze) Holle Bildarchiv, Baden-Baden.
Tafel 22: (Darius-Statue) Aufnahme Hinz, Göttingen, veröffentlicht mit freundlicher Genehmigung von Jean Perrot.
Tafel 23: (Schatzhaus zu Persepolis) Aufnahme Hinz, Göttingen.
Tafel 24: (Altpersische Triere) Aufnahme Hinz, Göttingen.
Tafel 25: (Darius-Grab) Holle Bildarchiv, Baden-Baden.
Tafel 26: (Stuhlträger) Aufnahme Hinz, Göttingen.
Tafel 27: (Xerxes-Keilschrifttafel) Aufnahme Hinz, Göttingen.
Tafel 28: (Freitreppe, Tor in Persepolis) Aufnahme Hinz, Göttingen, von dem Modell von Persepolis, das Friedrich und Maria Krefter angefertigt haben und als Geschenk der Bundesregierung zur Krönung des Schahs nach Teheran ging. Veröffentlicht mit freundlicher Genehmigung der Modellbauer.
Tafel 29: (Apadâna in Persepolis) Aufnahme Hinz, Göttingen, von dem vorgenannten Modell in Teheran.
Tafel 30: (Apadâna in Persepolis) Holle Bildarchiv, Baden-Baden.
Tafel 31: (Tripylon in Persepolis) Holle Bildarchiv, Baden-Baden.
Tafel 32: (Apadâna in Persepolis) Holle Bildarchiv, Baden-Baden.
Tafel 33: (Blick auf Persepolis) Holle Bildarchiv, Baden-Baden.
Tafel 34: (Relief des königlichen Helden) Aufnahme Hinz, Göttingen.

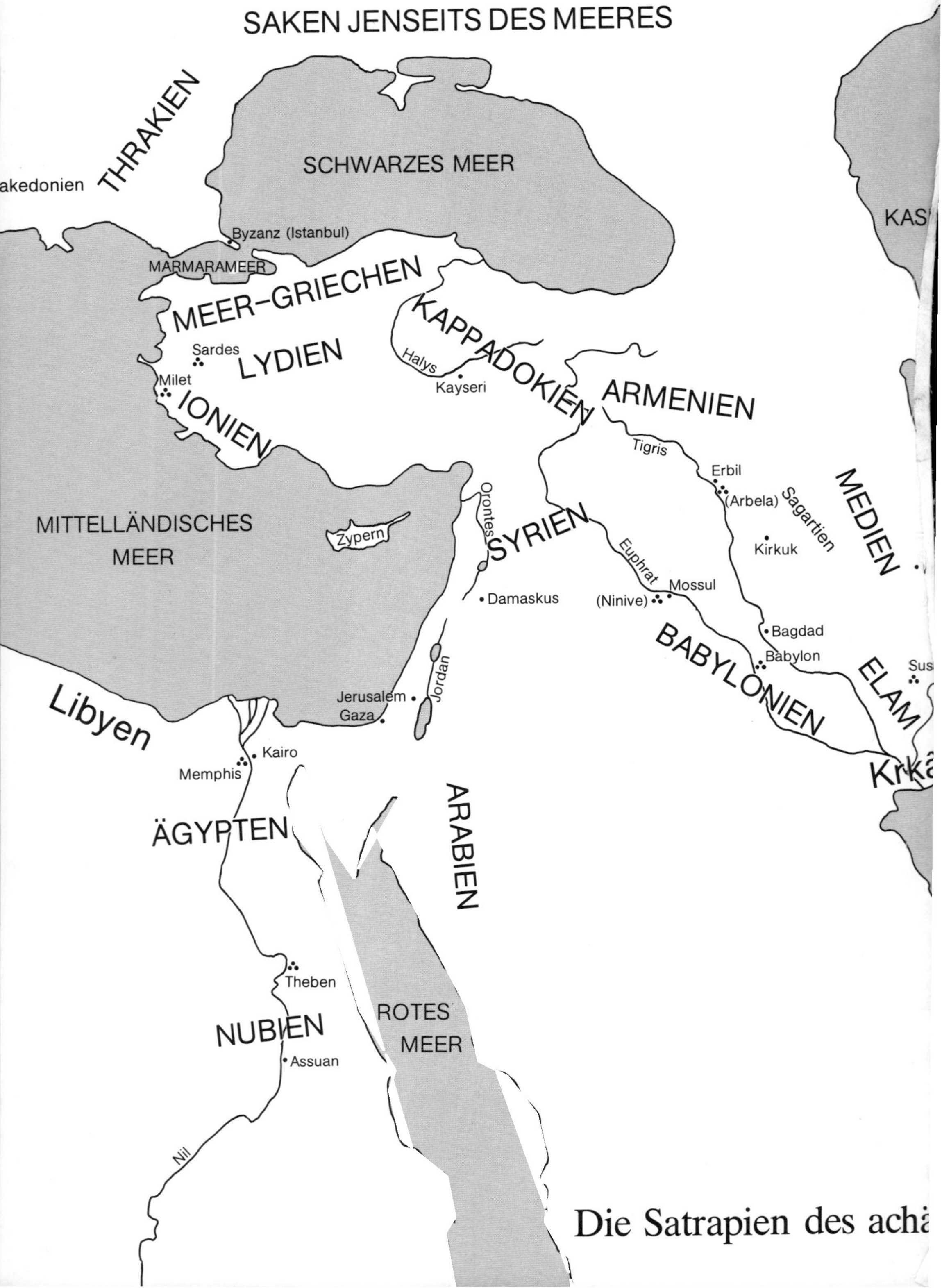

Die Satrapien des achä